凝煉知識品味閱讀

止學

揭示信仰的奧祕

羅軍 — 著

推薦序一

「知止者」的不懈追求！

2020年伊始，我們這個多難的民族，又遭遇了新冠疫情。人「止」於家中，心依然躁「動」。這場突如其來的瘟疫，既是天災，也是人禍，恐怕歸根結底還是人禍。天人關係問題再次進入人們的視線。值此困惑、迷茫之際，收到了羅軍博士的書稿——《止學》。在這樣一個特殊的時刻，跟隨羅軍博士的文字，重新思考人類文明的前世今生，似乎是一件特別應景的事情。

人類文明的全部成就，或可歸結為兩大類：一類是人類「征服」或「改造」外部世界的成果，其推動力是人的「欲望」。黑格爾說：「人類的行動都發生於他們的需要、他們的熱情、他們的興趣、他們的個性和才能」，就是說，都發生於他們「私人的利益、特殊的目的」。恩格斯贊同黑格爾的說法，認為「自從階級對立產生以來，正是人的惡劣的情欲——貪欲和權欲成了歷史發展的槓桿」。另一類則是人類「征服」或「改造」自身的成果，表現為對人的「欲望」的「控制」。近代以前，就人類的信仰體系而言，基本精神是一致的，這就是「節制」與「敬畏」。古希臘德爾斐神廟有兩條引人注目的神諭：「認識你自己和勿過度」。可以說，這是神對人發出的警示。猶太系諸宗教（猶太教、基督教和伊斯蘭教）都屬於禁欲主義的宗教。敬畏自然和節制欲望更是東方文明的主旋律。

以猶太系宗教為核心的西方傳統信仰體系，既扮演著自然解釋者的角色，又扮演著價值頒佈者的角色。文藝復興以降，隨著科學的發展和社會的演進，這個信仰體系出現了危機：上帝創世說已經成了一個「神話」，愛鄰如己、克服貪婪等訓誡更是被現代人視為不切實際的道德宣傳。按照湯因比和池田大作的說法，隨著傳統信仰體系的式微，三種新的宗教應運而生，這就是對科學進步的信仰、國家主義和共產主義。在他們看來，如果說傳統宗教是以控制人性欲望為其準則，那麼，新興宗教則是作為解放人性欲望、滿足自我的手段而產生的，弗洛姆更是把這一進程概括為「人想成為上帝自身」的企圖。這些新宗教不僅為西方社會所信奉，而且早已滲透到了東方社會。一兩個世紀以來，這些所謂「新宗教」的弊端已經顯露無疑。在此背景之下，很多有識之士開始反思傳統文明模式，以期構建一種能夠解決當代乃至未來人類困境的新信仰。羅軍博士的新著顯然是這種努力的一部分。

羅軍博士對「信仰」問題的思考和探索由來已久，幾年前問世的大作《中國人的文化仰望》便是這種思考和探索的結晶。可以說，《止學》和《仰望》的精神實質具有內在的一致性，讀者完全可以把二者作為姊妹篇來閱讀。「止學」的概念固然不是羅軍博士的首創，「止學」的精神更是傳統信仰體系的精髓。本書的特色是：立足人類幾千年的文明發展史，對傳統文化中的「止學」思想進行了系統梳理和挖掘，試圖構建一門集法則和功法於一體的「新止學」，並且放眼於「止學」在未來諸多領域的廣泛開展。給筆者留下印象最深的首先是作者對人類信仰公式的提煉和構建，其次是經過作者長期思索和實踐總結出來的「止功」。可以說，對於信仰缺失、人心惶惶的當下社會來說，《止學》的意義是無量的。

《止學》的立意無疑是高遠的，甚至可以說有「究天人之際、通古今之變」之「野心」。這種「野心」，包括書中展現的駕馭文獻的能力，都是筆者望塵莫及的。當然，書中的個別觀點和結論似仍有可討論之處。比如，作者預言：未來的信仰必將是實踐取向的，因而各種以解釋世界為己任的理論，包括用以解釋世界的「神」、「梵」、「道」等等概念必將退出歷史舞臺，甚至以往一切形式的信仰也必將終結。首先，強調信仰的實踐性，這是筆者所贊同的。但是，任何信仰體系恐怕都是以對世界的某種「解釋」為前提的。缺乏了這種「解釋」，任何「信仰」可能都會喪失其號召力。其次，正如作者所言：「新止學」本身就是對以往「止學」思想的繼承和發揚，所以，它應當是傳統的延續，而不是傳統的斷裂。更何況，甚至對傳統的「反叛」本身也是傳統的一部分。

初識羅軍博士時，他還是一名政府官員。與我過去形成的對於官員的刻板印象不同，羅軍博士不僅滿腹詩書，而且為人謙和。去年再見時，他已經辭去公職，創辦了成德書院。對於他的身份，我一直找不到一個合適的稱謂：企業家？政府官員？教育家？詩人？文人？似乎哪一個稱謂都詞不達意。就眼下而言，姑且稱呼他「知止者」吧！願「知止者」羅軍博士不負眾望，在探索人類信仰的道路上繼續前行，為我們呈現出更多的精神食糧！

北京大學　李超傑
2020年二月末於北京西郊徜徉集

推薦序二

止學就是正學

擺在大家面前的這部《止學》，是羅軍博士繼《中國人的文化仰望》之後的又一部哲學專著，在這部著作中，羅軍博士提出了自己的「止學」思想體系，這是繼王陽明「心學」思想之後，對文化哲學的一種新的闡發。

看到「止學」這個名字，我立即想到他的書院。與羅軍初次見面是在呼和浩特，本來很遙遠的距離，一旦飛機直達就顯得很近。進入書院後，我覺得意外而驚喜。他的書院不僅佈置典雅清新，而且書卷氣息濃郁，儒家文化特色撲面而來，讓人一下子氣定神閑，全然忘記這是在現代都市裡，而最引我注意的，還是書院的名字「成德」。

在「成德書院」的匾額前，我立即想到《孔子家語》的記載：「孔子之施教也，先之以詩書，而道之以孝悌，說之以仁義，觀之以禮樂，然後成之以文德。」我本人十分推崇這個記載，這麼短短的幾句話，卻完整呈現了孔子的教育體系及其內在邏輯，舉凡孔子教學的起點、路徑、重心、方法、目標，都可謂一目了然，講的明確而清晰。所謂「成德」，或者就是「成之以文德」，書院的名字可見書院的宗旨，體現了書院的目標和追求，彰顯了他的文化理念。成德，正應了他的「知止」，知止，成之以文德。

羅軍博士是中國傳統文化的弘揚者，常年堅持做傳統文化講座，深受聽眾喜愛，他是文化哲學的思想者，苦心孤詣，見解獨到。他的講座是他思想的鋪展，他的著作是他思想的凝結。他思考中國文化，思考人生觀、價值觀問題，他對當下的現實進行反思，希望人們做有信仰的人。尤其在當下物質主義至上而精神信仰迷亂的背景下，如何使國人自立自強，摒棄膚淺浮躁，以築牢民族文化根基，樹立時代文化仰望，這樣的沉思本身就難能可貴。

在羅軍看來，「復性」、「成德」應該是一個儒者的真生命所在。他對孔子有自己的深入思考，他認為，作為世界文化的高峰之一，孔子終身探討與擔當學術道義，他的偉大在於建立了中國文化的理想，樹立了後世人生的路標。孔子「以人導入」，研究「人」這一類存在本身，不僅為人的本質做了精神定性，為人的價值確定了神聖的來源，更為人的實踐路徑規定了源動力和方向。

羅軍提出「止學」，也許正是在「源動力」和「方向」意義上切入與鋪陳開來的。動力和方向是實踐的基礎，他的「止學」是實踐哲學，是儒家實踐論在「心學」基礎上的推進。他以為，從孔子到王陽明，儒家完成了「心學」的論述，這是解釋世界的形而上學階段。儒家畢竟是一種實踐哲學，應該使實踐修行法則從道德領域擴展到社會治理領域，去指引儒者的生命方向。

說到「止」，就會首先想到《大學》的「知止」以及「止於至善」，想到《老子》的「知止不殆」。羅軍指出，要消除以往哲學過多重視解釋世界之敝，就要讓「止學」從幕後走上前臺，把「知行合一」變為「止行合一」，並且作為社會治理的普遍指導性原則。正如孔子所言「我欲仁，斯仁至矣」所揭示的，在道德動力路徑上，心是仁的內在動力，成人成聖是人生命永恆的方向。「止」與「行」合一，就意味著「止」以「正」為前提，有學者解釋「正」字，曰：「守一以止」。止學，也與孔子「一以貫之」、老子「道生一」完全相同。止學就是正學，就是「守一以止」之學。

止學，應以教人知止為其要義。一方面，就像追求「止於至善」的「大學之道」，知止是一個很高的境界。歷史學家金景芳先生晚號「知止老人」，他的《知止老人論學》所選文章涵蓋各個領域，都是精審、老到、拔萃之作。另一方面，知止還意味著方向，意味著不忘初心。孔子強調士人「志於道」，王陽明說「志不立，天下無可成之事」。志者，心之所之也。知識就是力量，力量需要方向。所以，孔子說：「君子藏器於身」，更強調：「君子不器」。俗語有「碰瓷會武術，誰都擋不住」，人不知止，非常可怕！

羅軍希望儒學的未來是止學。在他看來，「止」也是欲望控制，道德與法治所應用的都是「止」的原則。人類自身擺脫危險和互害模式，就必須選擇控制和約束對物質的欲望，所以他認為人類發展需要「止學」。這樣說來，儒學「學以成人」也可表述為「學以知止」。羅軍的止學注重實踐，注重與本體認知的統一，就像王陽明的心學那樣，注重「事上磨練」，而不至流於空談。

總之，羅軍所闡發的止學也是一種修行法則。自西周以來，中國由尊命、尊神轉向了尊禮，開始真正轉向了人。所謂「文明以止」，要化成天下，就要懂得控制，學會克制，知所不能，行有法式。人只有在人文理念升騰之後，才「言有物而行有格」，才能主動格人心之非。

我非常欽佩羅軍博士的探索勇氣，他以自己的博學而真誠進行的探討深入而深刻。相信他的這部著作同樣會受到學者們的歡迎，引發人們的重視與繼續思考！

孔子研究院　楊朝明

2020年3月22日於曲阜.孔子研究院

前言
思想者的呢喃

2017年底，我辭去了體制內公職，在陰山下找了間院子，創辦了成德書院，開始講學和寫作生涯，書院並不對外營業，大多數時間是我學習的地方，在這裡會見一些文化界朋友，做一些學術性公益講座，院子裡有一塊荒地，我找周圍部隊幾個小戰士幫忙，開墾出一塊園子，訂做了一間涼亭、一座花架，種了一些桃樹、李樹，蘋果樹等，其他空餘地方我都用來種蔬菜，滿足自己和朋友們夏季的口福，園子起名「博學園」，夏季涼風習習，做完農活，在亭子裡泡茶歇息，一派田園風光，曾得意的做了一首詩：

野老江村氣定閑，耕讀掩卷望陰山。
花叢石隙清風過，書架廳簷冷月彎。
宦海紅塵兼兩忘，白雲流水自潺潺。
曾經王謝雙司馬，不及陶公采菊還。

放下了前半生的刀光劍影，心一下子靜下來，往日時光和久不見面的朋友反而記憶清晰起來，儘管多數時間只有我一個人在書院，但是我並不孤獨，每一天思想都在自由馳騁，那些過往的人和事就在眼前，我每天都在和他們對話，偶爾發出一些聲音，近乎呢喃，有一回，父親來看我，見我在菜園裡一邊勞動，一邊嘀咕，以為兒子心情壓抑得了憂鬱症，足足偷看了半個小時，待我回過頭來，他驚恐地問我：你是不是有病了？

人就是這樣，每個人都害怕孤獨，都願意活在一個集體中，但是未經檢驗的生活並不可靠，在塵海中的日子即使每天都在犯錯誤也渾然不知，孤獨並不可怕，可怕的是我們不會面對孤獨。我並不孤獨，每一天，都在思想海洋裡遨遊，如同自由的海魚，得歸其所，又怎麼可能孤獨？

很多朋友出於關心和好奇，總在問我為什麼能放下一切，從事文化事業，其實退出體制對我來說，並不是一個艱難的決定，一是年輕時由於生活困難，有過一段從事商業的經歷，奠定一些經濟基礎，不至於生活無著落。二是思想自由是我一貫的追求，不想為功名所累，後半生願為自己活一回。

當然能坦然做出這個決定，也源自我早年一些經歷。

大約20年前，我為了生計，被迫下海，做一些小的商業專案，很快就有人模仿，有人壓價競爭，還是我的朋友，為了友誼，我大度的退出競爭市場，和朋友保持了良好的關係，未料到市場並不是想像那麼好，朋友後來損失慘重，我一方面慶幸自己及時剎車，另一方面隱隱覺得，退讓有時並不是一件壞事。後來在一次更大的利益衝突中，我依然採取了主動退讓的辦法，雖然短期有損失，但是因為退出及時，避免了由於政策變化帶來的巨大隱患和損失。

生活的經歷磨練著人生，我逐漸適應了及時退讓的決策習慣，每當我感覺到環境不適時，我沒有強制自己迎難而上的習慣，也許不能避免平庸的生活，但我認為，人生最大的幸福就是自我快樂，而不是世俗意義的飛黃騰達。這些生活裡的絲絲縷縷經驗也會經常帶入哲學思考：什麼樣的人生才是好人生，退一步海闊天空指的是名利或是內心安定？

書院讀書這兩年，我痛快淋漓的做了自己最喜歡的事情，白天思考，晚上寫作，週末講學、閒暇會客，每日耕讀人生，物質生活做著減法，精神生活做著加法，在學習傳統文化的過程中，那個隱隱約約「做減法」、「退讓」、「控制約束」的線索越來越明晰，在我們傳統文化裡，一直存在一個偉大的「止」的思想，伴隨著中華文明，至始至終，連綿不絕，讓我下決心去深海裡探寶，好好的梳理一下，於是我開始了關於「止學」的研究，沒有想到，祖先在這裡留下的瑰寶那麼偉大，那麼雄奇，且從來都在實際生活中起著至關重要的作用。

一、「止學」的來源

總括而言，宗教與哲學的最基本問題就是「我是誰？從哪裡來？到哪裡去？」這三大終極問題。「我是誰」是世界的本體問題，屬於本體論範疇；「從哪裡來？」是世界的創生問題，屬於是宇宙論範疇；「到哪裡去？」是世界的運行問題，屬於實踐論範疇。這些都是哲學裡形而上學部分「不可知論」的領域，正是因為不可知，所以人類各說各話，形成了文化、哲學、宗教的方向性分歧。

西方哲學較為統一，這三個終極問題答案都在「上帝」身上，「上帝」是世界本體，是世界創造者，是世界運行者，也是最高道德、價值、真善美的代表。

東方哲學裡，印度文化首創「緣起性空」，以「空」來解釋世界的本體，較為抽象，在後來傳到中國過程中，又發展到「唯識不空」，即本體「阿賴耶識」不能為空，「阿賴耶識」是含有宇宙絕對精神之意，再後來到了禪宗階段，和中國文化高度融合，發展出「無住生心」的理境和「一心開二門」的創生模式，在禪宗意境中，「心」與「識」相通，將世界本體最終定位成為一種絕對精神，即阿賴耶識，也稱為如來、真如。

中國哲學最為抽象，對於三個終極問題的回答雖然都有，但由於重視實用主義傳統，對抽象的形而上學問題一直敘事宏大但不甚明確，使得按照西方哲學理解的這幾個基本哲學問題總那麼模糊的「藏」在古代經典中，且文化的高峰眾多，莫以為宗。

不過，究其總貌而言，中國和印度一樣，很早就走出了「神本」論，老子用「道」替代了「神」，此文化方向似乎被諸子百家接受，但道家之境界，遠高於人文，不屑於人間政治而意在逍遙無極，此後中國人上古時期涵有「人格神」意味那個「天」，在儒家文化的引領下，兵分兩路，各有風光。

一路發展成為「道德意義的天」，這一路子的「天」，顯然不能成為一種物質意義的「存在」，也不能具體的去「創生」，只能是價值意義的「實有」，並且是被「感知」到的，感知的主體是人，人的特質被孔子抓到了，稱之為「仁」，在孔子這裡「仁」是人的總精神，也是通感天地的總精神，因此儒家首創了一種「以人為本」的哲學，從人的本質特徵感悟到了「天」的本質特徵，即「仁」是天地萬物總的絕對精神。儒家的這個思路相當燒腦，且不易被理解，此後，孟子在「仁」的基礎上發明「心」，從此「仁」轉化為「心」，成就中國儒家文化的本體論，沿著此路，陸九淵、王陽明發展了「心」學，至王陽明而集大成，前後近兩千年儒家完成了本體論論述，此路核心是「心」為本體，「天」的道德意義是被「心」感知到的，所謂「盡其心者、知其性也，知其性則知天」，即為此說精髓。

另外的一路，繼承《易經》裡道體的「生生不息」傳統，發展了「天」的自然屬性，即創生性，創造萬物之本源，經荀子到朱熹，完成了對「天」的改造，此「天」不僅僅創生，也是萬物之總「理」，涵蓋著物質後面抽象之「理」，也涵蓋著精神層面的「理」，朱熹是這一路徑之集大成者。最高的「理」，就是「天理」，這一路徑與西方「上帝」作用相比，除了人格神特點去掉以外，其他意涵較為相近，總括而言，「天理」是涵蓋自然性和道德性的宇宙本體。

中國文化的兩大本體論述「心」與「理」，在王陽明那裡，試圖從認識論角度給予統一，發展出「心即理」，「心外無物」的哲學意境，從認識世界的角度看，類似西方文化裡面「世界是被人主觀定義」的說法，即「無心外之理」，此說顯然不能被神學論者接受，但中國文化總體而言百家融合、三教（儒、釋、道）為宗，而儒學為主，是文化史的事實。在儒家內部，「心學」與「理學」異路同歸，「心學」為主，亦是文化史事實。

探究世界文化的方向，發現在三個終極問題的解釋性回答性上，世界被分為了三個最大的方向，即神本論、空本論、心本論，其他一切文化，都在這三大方向之下，這三個方向，決定了兩千多年來人類的命運，並且這三個終極問題即是信仰的最核心問題，信仰裡一定包含著對世界的終極解釋。

沿著這樣的思路，我開始梳理世界三大文化方向，也是三大信仰方向，並歸納出人類信仰公式。

人類以往的信仰體系包含三個層次。

㈠ 解釋世界的終極問題。

1. 我是誰？（世界的本體是什麼，哲學中的本體論問題）
2. 從哪裡來？（世界是如何產生的，哲學中的宇宙論問題）
3. 到哪裡去？（世界是如何運行的，哲學中的實踐論問題）

㈡ 點明世界終極問題的精神之源。

引申：點明終極本體裡內含的道德根源（上帝的愛，佛的慈悲、儒家的仁等）

㈢ 終極目的：引導人類行為符合接近這個本體的精神性。（實證修行道路）

可以簡化為：

【世界本質是什麼＋世界怎麼創生的＋世界怎麼運行的】＋【內含的精神之源】＋【人類符合此規律的合適行為實證修行】＝信仰體系

這就是人類信仰公式。

從信仰公式裡，我們可以看到，人類信仰分歧主要在於第一層次，即對於世界終極問題的解釋。而第二層次（世界精神之源）其實是第一個層次問題的延伸，世界各文化、哲學、宗教都認為世界的總精神是向善的方向，是真善美的總括，表達不同，意涵大致相同。作為信仰公式裡第三個層次，關於教化人類實踐行為規則，我們發現各信仰體系下存在驚人的一致性，每一個信仰體系對人類的「教化」，雖然具體教義不一樣，修行規定不一樣，但是總的原則是一樣的，那就是「約束控制」，比如基督教、伊斯蘭教、佛教的誡律，比如儒家的「止於至善」、「知止而後又定」、「克己復禮」、道家的「知止不殆」，佛教的「止觀」等，都在表現同一個原則，即告訴人們「不能」做什麼，「不應」做什麼。

馬克思有一句名言：「哲學家們只是用不同的方式解釋世界，而問題在於改變世界」。世界的本體是什麼？怎麼創生？如何運行？一直是不可知論領域，各文化都有擁躉，不可知處的分歧人類折騰了幾千年，相互仇恨，不可調和，難道不該反思一下嗎？人類的故事無論理論上怎麼講，對於人的意義則永遠是「教化」，這也就是宗教、哲學、文化的終極目的——**用終極超越信仰來指引人的行為**。所以，重要的不是世界怎麼樣，而是人類應該怎麼做。在如何教化人類的問題上，世界各信仰體系驚人的一致，就是約束和控制人類的欲望，這一點應該足夠引起哲學家們注意。

線索從儒家開始突破。

被稱為中國群經之首的《易經》裡，這個人類生來俱有的實踐使命被說的簡單直接，《易經、賁卦、彖傳》裡有這樣一句話：「觀乎人文，以化成天下」，這是最早的「人文化成」思想，也就是「文化」的雛意。天下是人化成的，人是化育世界的主體，那麼什麼是「人文」呢？《彖傳》講：「文明以止，人文也」，「文」是指文章禮飾，「明」指的是道德光明，文章禮飾和道德光明有所「止」（控制或克制），那麼人文就體現出來了，有了「止」的意識，人之為人的特性就出來了，人類的文明就展現出來。

這是本書全部的切入點，沿著這樣的線索，我們流覽了人類文明的足跡，發現了「止學」一直暗藏在人類各文化體系，在指導人類實踐活動中，起著重要的作用，現在我們應該把它推上前臺了。

二、本書的主要內容及文化意義

本書的上半部分，主要是信仰世界的理論意義概述，對世界信仰的三大模式發展歷程做了概要梳理，從中發現揭示了人類信仰公式，在解構信仰公式基礎上，我們大膽得出結論：「**迄今為止一切人類信仰，在實踐上都是「止」的原則，解釋世界的形而上學信仰不斷更新，而人類實踐行為的信仰——「止學」終將永恆**」。

本書的下半部分，主要講述「止學」的前世前生，對儒學、道學、佛學和其他信仰裡關於人類修行關竅進行了梳理，探究了各文化中關於「止學」的線索和實踐，在面對未來性上，本書提出了「止學」對個人、家庭、國家以及政治、經濟、軍事、生態、科技、醫療、教育、藝術等一系列對應實踐原則。「止」的原則，不僅包括了個人的修身養性，也包含了社會發展、政治制度、經濟運行、法律調節、人與自然關係、環境保護、科技進步、倫理道德、宇宙意識等一切人類未來的方向，「止學」不可能給出每一件事情的具體答案，給出的是普世的啟示。面對當代人類文化面臨的一系列挑戰，本書站在人類學的意義上，嘗試做了探討和努力。

1.「止」的原則——關於人類的未來

「止學」的原則，是對人類發展進行反思、克制、逆返、還原的力量，是人之為人的根本特質，人類文明的歷史過程告訴我們：人就是一個需要被克制的動物，無「止」即無人。

面向未來，人類警惕的並不是如何快速發展，而是控制自己的欲望和無節制的開發，讓地球太平，讓宇宙和諧，讓人類更加幸福。所以新型的、面向未來的「止學」，是人類共同期盼的實證修行法，人類未來的目光必然是超越自我，超越地球，面向宇宙的法則。

「止」的原則，作為以往一切宗教文化對人類教化的核心，必然要從人類個體的修身養性發展到政治、經濟、軍事、醫療、教育、環境等一切人類存在的領域，也一定會跳出人類自身思維，從地球思維，走向宇宙思維。

未來的人類不管身在任何星球，解釋世界的法則也許會變，但是改造世界的法則是永恆不變的，人類存在於星空下，必然有對外部世界的改造過程，人類所信仰的，不是能做什麼，而是不能做什麼，約束和控制才是人永遠的精神標誌，它是物質的屬性，也是意志的屬性，同時是道德的屬性。

2.「心學」到「止學」——關於儒家實踐論的發展

對儒家而言，本書揭示了從前到未來儒者一貫的精神生活本質，發展了儒家實踐論內核，為儒家創新前行提供了思想源泉，這是儒家面向未來的「密鑰」。

自孔子到王陽明，儒家完成的是解釋世界的形而上學階段，完成了「心學」論述，儘管在實踐中「止學」一直在起著核心作用，但是一切信仰理論的弊端在於過多重視解釋世界，而忽略改造世界，儒家雖然是真正的實踐哲學，後學者總喜歡刨根問底，以「明德悟道」為己任，其實「復性、成德」才是儒者的真生命。王陽明先生深知此弊端，他提出的「致良知」、「知行合一」，要把實踐行動提高到與本體認知統一的地步，並且說明一切真知，都應該是「事上磨練」出來的，很不幸，後來之人依然願意把理論當作知識，不去真正實踐，以至於儒者總會背上「空談誤國」的罵名，實在值得反思。

所以，「止學」作為實踐哲學，就是在「心學」基礎上，把儒家的實踐論更大向前推進一步，把「知行合一」變為「止行合一」，使儒家的實踐修行法則從道德領域擴展到社會治理領域，不是具體的干涉指導，而是普遍原則性的指導，明確提出了儒者的生命方向，讓「止學」從幕後登堂入室。

止學是儒家真實的實踐史，儒家兩千多年來的思想內核是心學，未來將是止學。

進入現代文明以來，西方宗教信仰與現實政治實現了分離，宗教立足於人類精神領域，政治立足於人類社會生活領域，各得其所。儒家卻在進入現代文明後，顯得進退失據，在人的道德精神領域，由於長期有計畫的被現實政治打壓和調和，儒家之鮮活精神蕩然無存，而社會現實層面之一切不如人意地方又給儒家背鍋，成為儒家之不幸。

在當下，儒家並不要試圖恢復以前的政教合一，也不要試圖發展新的社會治理模式來改變社會，而是應該承擔起文化哲學在人類心靈和精神上的作用，承擔起人類內在修養、內在修行的作用，藉此來改變浮躁墮落的社會風氣。

具體而言，儒家在實踐領域的「止學」，內涵兩大基本原則，一是逆向於人的肉體欲望，實現精神的自我提拔；二是以至善良知為本，不違背人類普世價值。這是人類進入文明以來的共同實踐規則，也是人類共同創造的實踐歷史。

因此，「止學」是對人類一切實踐行為進行的抽象規定，而不是對具體的社會規則拿出的指導方案，現行社會的法律、條文、措施都是在社會治理領域的事情，儒家要尊重社會制度選擇，尊重人類發展階段，但是一定保持道德立法和監督者的作用，不僅要從道理上講明白，也要從實踐上起到無形化有形的作用。其中的「止度」是根據每一件事情的對應情況而不同，絕不能萬事一理，應該一事一理，萬事萬理，萬理不變其宗，其宗即為「止」，知止才能不殆。

由於近現代以來對傳統文化有秩序消解，中國大陸客觀上存在著文化的斷檔問題，對傳統文化的妖魔化和誤解比比皆是，而儒家進入近現代以來，理論創新處於停頓，多數時間和主要精力在於回應西方文化的挑戰，當代新儒家人物牟宗三、唐君毅等人發出《為中國文化敬告世界人士宣言》，完成了當代新儒家為儒學正名之時代任務，為匯通東西哲學、表述中國文化系統作出了傑出的貢獻，他們也曾試圖使儒家開發出新「外王」階段，如牟宗三先生的「坎陷」說，企圖從「良知的自我坎陷」，由「德性主體」轉出「知性主體」，從道德開出科學和民主，實際並無結果。究竟時代在變化，儒家過去的千年是政教合一時代，如今世界進入了現代文明，西方或者東方，宗教信仰與現實政治分離是一個總趨勢，儒家完全不必企圖發展出現實的社會治理模式，那樣反而是對儒家文化格局的降低，而是應該在實踐抽象原則上發展新的理論，站在社會更高層面，對現實的制度保持監督和道德規範作用，這也是符合儒家傳統又能與世界接軌的思路。況且基督教都沒有了這樣的野心，甘於退出社會治理，而進入道德倫理界，儒家也就應該發揮文化宗教的一貫作用，堅守道德界主戰場，一樣能開發出新的干預社會決策的高標準原則。

3.「止學」對現實社會問題的警惕與啓示

當今時代，信仰缺失、道德淪喪、倫理顛倒、價值錯亂是普遍的社會問題，在一個污染的精神環境中，每一個人都將受害，而率先實踐道德自覺的人必然傷害最大，這是一個道德重建的難題。

社會治理難題背後的邏輯就是精神信仰問題，一個人無論如何學習科學知識，無論有多麼高的社會地位，無論有多麼高的學術地位，都不能必然推導出其道德高尚、不背離人格、不違背價值。反之，我們常能看到很多高居廟堂之人阿諛奉承、假言獻媚而不知廉恥；很多「人生導師」衣冠楚楚、道貌岸然卻暗行品德淪喪之事；很多「職場精英」行為喪失良心底線，破壞社會風氣；更多社會底層人員少廉寡恥，喪失人倫。凡此案例，比比皆是，這個高速發展的年代，很多了把自己的心靈跑丟了，價值無法排序，倫理沒有底線，道德無根無源，信仰一片空白。

歷史會做檢驗，如果我們放任這樣的局面，不僅無法繼承優良的歷史文化傳統，也會為後代留下一個惡的傳統。因此控制、約束人類行為的哲學必須配合社會治理制度同時產生。「止學」就是這樣一門哲學，它是針對人類缺陷、正視人類弱點、直面人類心靈，修正人類行為的哲學；是煥發人類道德覺醒，提升人類主體意識，實現人類自由意志的哲學；他是深藏於人類所有信仰中的實證修行法則和教化法則，以往的歷史中，它深藏於幕後，未來它將走向前臺，成為一切信仰的實證修行法則。它對於當今社會普遍存在信仰缺失、道德淪喪、倫理顛倒、價值錯亂無疑是一門醒世哲學，對於我們恢復傳統文化，也會有所裨益。

三、本書的創新點

由於本人的學識粗淺，對於文化的細微之處尚不能精準把握，一些理論論述還處於原則性提出階段，有待於有識之士給予批評和完善，也期待同行能給予填磚加瓦，終成偉樓。儘管如此，本書提出了一些學術的見解，也試圖有創見性的發展。拋磚引玉，可以列舉一些，供大家參考。

關於信仰公式的揭示。其意義在於對世界信仰的模式做標準化探討，分析解構信仰體系的內在學理，拿其放之四海，在所有人類信仰中，都能得到對應，便於分層次比較分析。本書就是在此信仰公式基礎上，分析出人類信仰的分歧點和共同點，從而進入「止學」問題的研究，相信對其他研究者也會有所啟發。

關於用實踐邏輯把握信仰的觀點。通過還原語言和邏輯的特性和來源，把「信仰」這類精神領域的語言，定義為：「人類實踐行為的抽象」，並在此基礎上，按照實踐邏輯，即對立統一、品質互變、否定之否定這三大把握世界運動規律的辯證法則，來發展性的對信仰本質進行解構，指出了人類**應該用描述精神界的動態語言和邏輯把握真理，而人類都相反的應用了描述物質界的靜態語言和邏輯固定真理**。所以人類得到總是靜止和片面的真理，而社會發展是一個動態平衡的過程。這個觀點可以有效解釋各信仰體系在形而上學方面的分歧。本書在此基礎上大膽提出一切以解釋世界的形而上學信仰終將不斷更新終結，而人類的實踐信仰「止學」終將永恆的觀點。

在對「止以克物」問題的說明中，指出物質欲望的原點在於對他人財物的占有和掠奪，對他人物質的占有欲產生了兩個結果，一種是商品交換這種財產占有模式，其中的欺詐等行為構成了最早的道德問題；另一種是掠奪占有模式，產生了對財產的「再次分配」權力，對他人財產的再分配權力就是最早的政治。如果整個社會呈現的是每個人都以貪婪為底色的狀態，那麼每個人都將生活在一種危險之中，這就如霍布斯所說的：「一場所有人對所有人的戰爭」，每一個自然人都是自私而貪婪的，而資源是有限的，人們都在殘酷的相互殺戮，最終的結果對每一個人都是一場災難。聰明的選擇是避免這種情況的發生，人類在此利益計較思路下展現的解決方案是：道德的進路和法治的進路。道德的進路多保留在個人生活的宗教和信仰之中，而法治的進路體現在社會治理之中，他們所應用的原則是一致的，那就是「止」的原則，控制欲望的原則。無論在肉體性或是在精神性上，為了人類自身的擺脫危險和互害模式的需要，人類就必須的選擇控制和約束對物質的欲望，「止學」是人類發展的必然結果。

而在「止以治權」的說明中，對西方啓蒙思想家的「契約論」做了修正，指出並不是人民主動「讓渡」了權力，而是政治決策者把財產權的分配權力「越界」性放大，由單純的財產分配權力「越界」延伸到生命權、管理權、法制權、外交權等一系列權力，並產生了「政治」雛形。而未來政治的方向，是以「止」的原則，把政治統治集團「越界」的權力界定清晰，收取回來，或者授權管理。

本書在面對未來環保、科技、醫療、教育等一系列前瞻性問題上，也大膽提出了假設性觀點，並且以「止」的原則做了對應的關照。

當然，仁者見仁，每個讀者也許在不同領域能找到默契內心的觀點，本人就非常自足。

實踐信仰的本質就是生命哲學，「止學」就是生命寫就的哲學，就是用生命還原本體，回到本體的過程，並且這個過程是自我意識的覺醒，是人類主觀的自覺行為，是一個向最高的真善美邁進的行為。人類雖然自認為在不同的信仰中，其實在實踐上都有共同的特徵，就是「止」的原則規範。

明代一本奇書《性命圭旨》（尹真人高弟撰中央編譯出版社2012）對生命之道與「止」的關係做了闡述：

儒家之聖教曰：「安汝止，欽厥止，艮其止，止其方，緝熙敬止，在止至善——要而言之，無非為此性命之道也」。

安汝止：語出《尚書．益稷》，「禹曰：安汝止，惟幾惟康」。意為使你的心止於不動之地，心意安靜，才能更好地思維生命危險或安康之事。

欽厥止：語出《尚書．太甲上》，「欽厥止，率乃祖攸行」！意為您要通過克制自己達到的目的，遵行你的祖先的措施！這樣我就高興了，千秋萬世您將會得到美好的聲譽。

艮其止：語出《周易》艮卦，「艮其止，止其所也」。有一個廣泛流傳的說法是《易經》最早的版本《連山易》就是以「艮卦」為首卦，「艮，止也。時止則止，時行則行，動靜不失其時，其道光明。艮其止，止其所也。上下敵應，不相與也。是以不獲其身，行其庭不見其人，無咎也」。大意就是其時應當抑止就抑止，應當前行就前行。或動或靜適當而不違時，克制的道理就光輝明燦。就像不讓身體面向當被抑止的私欲，就如行走在庭院裡也兩兩相背，互不見對方被克制的邪惡，這樣抑止就不致傷害。

止其方：語出《周易》，恆卦象辭「君子以立不易方」。意思即心意控制於適當的方所。北宋大儒程頤釋曰：「常久其德，自立於大中常久之道，不變易其方所也」。此處上震為性，下巽為命又為理，有窮理盡性以至於命之象，又有動而順理行命之象，故為長久之道。

緝熙敬止：語出《詩經．大雅．文王》，「穆穆文王，於緝熙敬止」。《樂雅．釋詁》曰：「緝熙，光也」，光明之意。讚歎文王的道德克制、光明、誠敬、安靜。

在止至善：語出《大學》：「大學之道，在明明德，在親民，在止於至善。」

這些祖先珍貴的語言猶如遺珠，散落在歷史的長空之中，物轉星移，又寂然歸一，日月之行，若出其中，銀河燦爛，若出其裡，生命留止之處，亦為大道之所在。

祖先是在提醒我們什麼呢？

羅軍

2019年11月5日於成德書

引論
文明以止

遠古洪荒時代，人類與地球上其他動物並沒有拉開差別，在體格上並不能成為地球主宰，與其他生靈一樣，忍受著洪水、猛獸、山崩、地裂、饑寒、疾病等威脅，死亡的概率非常高，總之，人類並不可能天然的成為地球之王者，這是可以想像到的事情。

什麼時候，人類做到了與其他動物不同了呢？

歷史學家、人類學家等一切後代學者都可以有自己的判斷或者不同解讀，但是有一點，似乎可以得到公認：那就是人類有了「思想」以後。

有證據表明某些動物也有大約幾歲小孩子般的「思維」，但是站在人類的標準來說，「思想」是必須展現出來的、並能對環境有所改造的創造思維。動物也許有思維，但是沒有能「展現」出來，所以一般我們認為動物不具有思想，而人類確實具有了與其他動物不同的「思想」。

那麼，「思想」的本源是什麼呢？

那就是人類想借助某些工具或者力量改造世界、改變生活環境的初心。

可以想像，遠古那些準人類裡面有一些比較「聰明的人」，從某些危險生活過程裡或者食物的取得過程中得到了啓示，借助一些物品（還不能稱工具），他們可以打敗其他動物，或者取得一些食物，有效保護自己，於是一些簡單的人類行為動作就出現了，比如砍下樹杈作為武器、拔掉動物皮毛保暖、拿一些石頭去打獵等，這些早期下意識或者具有初步意識的人類行為，後來被稱作「勞動」，是人類有意識改造自然的開始。

馬克思認為「勞動」創造了人類，因為只有「勞動」這種有意識的人類行為，才使得人成為地球王者，與眾不同，才使得人具有不同於其他動物的特徵。而真正使人類與眾不同的是那顆願意「勞動的心」，那是人類最初的「思想」。

「思想」本質上可以一句話概括：人類改造世界的全部意識。人類最初的思想就是「改造世界」。

於是就有了一切我們所掌握的人類創造物品的歷史，比如發明農具、漁網、石斧、火、冶煉、種植、釀造……，發展到觀察天文、地理、水利、農時、結繩記事及至抽象語言出現，從初級文明進入高級文明。這些發明的先後順序，只具有考據學的意義，我們真正掌握的應該是人類心靈變化的歷史，隨著人類這種主觀能動的心靈一天天豐富起來，人類的存在環境也不斷發生變化，從不適應到適應，從不和諧到和諧，從滿足到衝突，地球與人類重複上演著變化的關係史。

「中國人」——姑且用來表述曾經在中國地理區域範圍內活動的古人類，顯然是早期人類裡頂級聰明的一支，不然怎麼會有顯赫的華夏文明，又怎麼可能有5000年連綿不斷的文明歷史。

有些骨子眼裡深具「科學」訓練的專家頗為保守，只願意或者只敢按照考古學的發現來敘述歷史，比如易中天說中國歷史只有3700年，又比如中國社會科學領域裡面最大的學術工程——「夏商周斷代工程」，也只是把中國歷史考證到夏朝建立於西元前2070年，也就是距今大約4000多年的歷史，這種論述無論準確與否，只能說是「科學考據」上的證據，於真實的歷史毫無意義，考古的新發現不斷突破現有的論述，良渚文化（距今約5300-4300年之間）的考古發掘就證明了這一點，亦表明用考古發現來論述的歷史只是「史料留下的歷史」，只是真實全幅歷史文化的一部分「佐料」，用這些「佐料」論述歷史顯得較為迂腐。

在哲學意義上講，人類的每一個文明不是石頭縫裡蹦出來的，沒有發掘的只是「考古的現狀」，從思想史的角度來說，到底是埃及文明早、印度文明早、或者中國文明早，沒有任何意義，都是地底下的事情了，留給科學家和考古學家慢慢研究吧，而我們應該真正關心的應該是哪一種文化對人類思想貢獻大，哪個民族率先找到了讓人類活得更好，活得更快樂的

「密碼」。

中國人的貢獻至少是世界上對人類自身貢獻最大的民族之一，為什麼這麼說呢？

這需要首先從文化的最高層面——信仰談起。

世界上早期人類信仰基本都是「以神導入」的模式，就是所謂「神創論」，主張神創造了這個世界，神主宰這個世界。西方從古希臘「多神論」到基督教的「一神論」都是這個思路，「上帝」創造世界、運行這個世界，知曉人類每一根頭髮並且無所不能，整個世界是「神」的絕對精神的展示，那麼人類的實踐活動本質上就是「上帝」的意志，都是「上帝」運行的結果，人的地位就會彰暗不明，不倫不類，歸結為動物之一種，不過是具有高級智慧動物而已。不僅如此，基督教甚至直接點明「人生來有罪」，由於亞當和夏娃偷吃禁果，人類生來就有罪，自身的靈性創造活動毫無意義，從生到死，不過是基督身體的一部分展現過程，是「贖罪」的過程，那麼人類「自我意識」何在？人生何其卑微？

中國人早期也無例外是「神創論」的思想，從甲骨文裡能發現，如「天帝」、「帝」、「天」等文字概念，有著鮮明人格神的特點，有發怒、生氣、懲罰人類等特徵，人類大概都有過這樣的歷史，因為彼時人類無法解釋那些超越自身想像的神秘力量。

但是中國人是最早走出「神創論」的民族，一般認為老子的「道」作為哲學概念提出，是世界上最早走出「神創論」的思想，老子說的那個道：**「惚兮恍兮，其中有象；恍兮惚兮，其中有物；窈兮冥兮，其中有精，其精甚真，其中有信」**。——有象、有物、有精、有信，這些描述，就完全排除了「神」的影子，作為先天地之宗，為萬物之母的「道」顯然具有世界本源的地位。可以說，中國人率先認為，作為世界本源的「道」，並不是那個絕對神秘超自然的「神」，雖然「道」變化莫測，我們還是能感覺到「其中有象、有物、有信、有精」，內含一種規律。

這樣一來，對人的意義就大不同了，按照基督教說法，「上帝」創造了世界，包括人也是「上帝」創造的，而人又是有罪的，人的地位在世間毫無主觀能動性而言，只是「上帝」精神的展示。而按照中國人的說法，「道」既然是世界的本源，那麼「道」的原則也是人的原則，在天為道，在人為德，「德」就是「道」的原則在人身上的一種展現，打個比方，假如「道」代表整個宇宙能量是一鍋湯，那麼挖出一勺子放在你的碗裡，就是你的「德」，理論上，每個人的「德」與天地之「道」是相通的，但是由於人是有限的動物，且每個人性質稟賦不同，能接受的宇宙能量也不同，每個人的載體是不同的，「德」因每個人自身個體差異而形成接收「道」的「儲蓄空間」不同，有了不同的展現，這就是所謂「道生之，德蓄之」之理。「道」是宇宙的創生原則，「德」是「道」在人身上的展現。那麼人生來就有種責任，用生命來弘揚「道」，達到最高的「道」，這個最高之道也被稱為「玄德」。「成德成道」是人與生俱來的使命，人的生命原始意義就此形成，這也是中國儒家的說法。

在另一部被稱為中國群經之首的《易經》裡，這個人類生來俱有的使命被說的更加明白。《易經、賁卦、彖傳》裡有這樣一句話：「觀乎天文，以察時變，觀乎人文，以化成天下」。這是說，觀察天文的作用，是瞭解宇宙時間形態的變化，而觀察人文，是為了化成天下，這就是最早的「人文化成」思想，也就是「文化」的雛意。

這裡面有兩層意思。

第一，化育天下，是人的責任，與「神」無關，與動物植物無關。我們所面對的世界，一般分為兩種形態的物質，一種是純粹的自然物，是宇宙自然生化而成，與人類無關，而另一類，就是有了人類以後，由人類發明創造而成的物品，是人類化成的，這個天下，才是完整的天下，人類是化成天下的主體。那麼中國人在這裡第一次提出一個有意義的世界是人類創造的，而不是「上帝」。「人文化成」簡稱就是「文化」，這就是文化的由來，我們也就順勢知道，文化其實從本質上講就是「人化」，這是從根源上的說明。

從語言邏輯上說，文化這個詞也是針對人來說明的，是針對人的專有詞，這個詞不能針對「神」來說，說這個「神」有文化，那個「神」沒文化，這是說不通的，因為「神」是無限、絕對的。這個詞也不能針對動物說，說這個豬有文化，那個雞沒有文化，動物無法展現出思想能力，所以文化只是針對人的專有名詞。中國人眼裡，化成天下就是人與生俱來的責任。

二、既然是人類化成天下，那麼文化就是人的主觀能動性及其創造物的全體展現，是一個系統，而不是一個名詞。一般來講，人類化成天下分為三個層面，一是器物層面，是勞動產品全部；二是理念層面，是包含法律、文學、科學以及所有社會制度全部；三是信仰層面，是包含終極哲學、宗教問題的全部，一般都必須回答我是誰（世界的本體論）、從哪裡來（世界的創生論）、到哪裡去（世界的實踐論）等形而上的問題。概括起來講，文化不是靜態的文明，而是人類靈性生命的歷史，包含人類永恆的思考，永恆的激情，永恆的創造。

人類的靈火從此點燃。

在《易經、賁卦、彖傳》裡，不僅講出了「人文化成」的重要觀點，而且揭秘了「人文」的特性，對「人文」做出了清晰明確的定義，並且揭示了中國文化在實踐修行方向上的密碼，破解了這個密碼，中國文化就一目了然，破解了這個密碼，一切中國傳統文化裡的難點將迎刃而解。

什麼叫「人文」呢？

《彖傳》講：**「剛柔交錯，天文也；文明以止，人文也」**

《易經》作為中國文化群經之首，主要談宇宙世界的變易規律。從卦辭看，賁卦：☶☲離下艮上，主卦是離卦，卦像是火，客卦是艮卦，卦像是山，火在山下，柔和襯托陽剛，剛柔交錯，陰陽互補，所以卦辭是「亨、小利而攸往」。暗含情況雖然很好，但是陰陽交錯複雜，一定要控制好火候，利用好形勢，引導消極因素到積極因素。

《易傳》是對卦辭的解釋，一般認為是孔子所寫，實際是很多先哲的結晶，孔子有非常重要的貢獻，《易傳》是將宇宙變易的規律轉化折射到社會制度和人間倫理中，給宇宙規律賦予人間道德。

天文，是剛柔交錯，純粹自然的現象，而人文呢，是「文明以止」，「文」是指文章禮飾，「明」指的是道德光明，文章禮飾和道德光明有所止（控制或克制），那麼人文就體現出來了。

為什麼一個「止」，就能顯現出人文呢？原來中國人發現，人類和動物根本的不同就是這個「止」，作為動物，就不懂「止」，想吃就吃，想睡就睡，想性交就性交，而人類之所以在萬類中脫穎而出，稱為生靈之王，就是因為懂了「止」，能有所為而有所不為，懂得了控制，那個人之為人的特性就呈現出來了。

換句話，要想人文化成天下，創造世界，首先要知道什麼是「文明以止」，重點在於控制，學會克制，懂得「不能」，知所不能，逆向修行，人文才能體現，世界才能化育改造。

這是中國人一個偉大的貢獻，也是中國文化的一個關竅。

何以「止」字能成為中國文化的一個關竅呢？這是本書論述的重點，順著歷史的線索，我由此發現，在世界其他信仰體系中，作為人類實踐修行，也一樣奉行著這個共同的法則。

要想把這個事情說清楚，需要一個漫長的梳理過程，我們一件一件的來敘述。

本書的上半部分，主要是信仰世界的理論意義概述，對世界信仰的三大模式發展歷程做概要梳理；而本書的下半部分，主要論述「止學」的前世今生，揭秘人類信仰的修行關竅，探究了各文化中關於「止學」的線索和實踐，在面對未來性上，本書提出了「止學」對個人、家庭、國家以及政治、經濟、軍事、生態、科技、醫療、教育、藝術等一系列對應實踐原則。

CONTENTS
目　錄

上部

信仰世界的理論意義概述

第一章
道術為天下裂

很多人會有一個疑問，面對同樣一個世界，爲什麼人類有不同的文化，並且這種文化經常不可調和，導致矛盾與衝突不斷，走向分裂？

這涉關對文化的理解。

文化按照中國人的理解，就是人文化成，就是人類對宇宙世界與生俱來的責任，中國人認爲世界是由人化育而成的，化育世界是人的責任和功能，目光是面向未來，但是西方人並不這樣認爲，因爲這個世界顯然還有一部分是宇宙自然生成的東西，這些是在人類還沒有產生之前就有的，目光是面對起源，所以這個世界另有造物主，他們認爲是「上帝」。

從文化的角度，在地球上所有物種裡面，只有人類由於文化的積累，在逐步演化的起步上具有超越性，而其他動物的存在，永遠是在一個不變的原點上。動物的起點永遠在自然界，人類在這個自然界之外，還有自身依靠自然界所創造的物質世界和精神世界，並且，只有人類才有由文化積累形成的精神世界，就如儒家所強調的，這是人與動物的本質不同。

其實中國人也沒有說世間萬物都是人類化育的，對於那些不是人類創造的自然之物，中國人的態度是「道法自然」，亦或「自化」、「固存」，本來如此的意思，這與西方的路子不同，「上帝」創造是外力法則，而「道法自然」是內力法則。在關於宇宙生成的問題上，從起點處，中國文化與西方文化就有了根本的分歧。

這些都是哲學的基本問題，無所謂誰對誰錯，在這個「說不清楚」的領域，主要看那個說法的跟隨者多，很多人討厭哲學，就是因爲哲學總是在不能明確的地方發力，總是在說一些「說不清」的東西，其實這就是哲學的魅力，這就是哲學的戰場，哲學就是不可言說處對世界的認識。換言之，哲學就是說那些說不清的事情，說的清那是科學的事情。

哲學源出希臘語philosophia，意即「熱愛智慧」，最早使用philosophia（愛智慧）和philosophos（愛智者）這兩個詞語的是古希臘哲學家畢達哥拉斯。1874年，日本啓蒙家西周，在《百一新論》中首先用漢文「哲學」來翻譯philosophy一詞，1896年前後康有爲等將日本的譯稱介紹到中國，後漸漸通行。

形而上的思考是哲學發展的本質。在原始社會中，人們對各種自然現象還不了解，打雷閃電、山洪暴發等自然現象激起了人們對自然和自身的探索和認識，這便是宗教的早期雛形，可以說，在這一時期，哲學以解釋宗教的形式存在。

哲學是西方辭彙，是由日本人翻譯介紹到中國來的，中國人以前不用這個詞，中國人用的詞是文化，人文化成。哲學與文化都是人類對宇宙世界的認識，哲學一詞偏重於解釋世界，潛含目的是改造世界，文化偏重於化育和實踐，但也包含著對世界的解釋。按說只是語言的表達或者觀察世界的切入點不同而已，後來很多學者居然因爲「中國有沒有哲學」這類問題吵翻天，中國沒有哲學又怎麼樣，影響了我們化成天下了嗎？西方有了哲學又怎麼樣，不也是爲了人活的更好嗎？

無論叫做哲學也好，文化也好，人類的思考都有一個特殊偏好，那就是「形而上學」偏好，形而上學是中國人的正宗名詞，《易經．係詞》裡說：「形而上者謂之道，形而下者謂之器」，所謂形而上，就是在事物具體形態之上，那些抽象的說不清的領域，是「道」的範疇，也是哲學的領域。

在這方面，西方人有同樣偏好情結，西元前60年，古希臘學者安德羅尼柯在編輯整理亞里斯多德的遺著時，把那些關於自然的學問、可以感知的學問編在一起，叫做《物理學》，把那些不能感知、說不清楚的、關於宇宙人生的認識另外編輯在一起，叫做Metaphysika，原初意思是「物理學之後」，中國人把他翻譯成《形而上學》。形而上學是哲學的偏好，或者可以說，哲學主要內容就是形而上學，就是研究那些說不清的地方，中西方在形而上學偏好處有高度的一致性。

可是就是因爲人類這個偏好，人類發生了分裂，產生了分歧，導致世界矛盾與甚至戰爭，爲什麼這麼說呢？

因爲說得清的遲早能說的清，說不清的似乎永遠也說不清。

人類最說不清的是三個終極問題，並且這個追問偏好很頑固，斷不了根。

所有的大哲學、大宗教、大文化都試圖回答三個關於宇宙人生的終極性問題：我是誰？（世界的本體是什麼）、從哪裡來？（世界是如何創造的）、到哪裡去？（世界是如何運行的），不然就是小哲學、小宗教、小文化。

人類目前存在的跨國家形態的大宗教、大文化都包含著對這三個基本問題的解釋和回答，儘管各說各的，但是必須解釋。

所有的大宗教、大文化都確信，假如宇宙人生有一種總的眞實的眞理，那麼一定有一個唯一的答案，而問題在於，每一個宗教或者哲學都認爲自己掌握的是世界的唯一眞理，其他的當然就不是了。

「一沙一世界、一花一天堂」，人類就因爲這些「說不清的」對世界的解釋分裂了，傷的還很深。

那麼，你也許要問，人爲什麼要對我是誰、從哪裡來、到哪裡去這些終極問題感興趣呢？

這來自人類兒童期的恐慌基因，就像你抹不去的童年記憶，早期人類因爲對看不見、摸不著、超自然神秘力量的恐怖和敬畏，總想試圖就這些問題給予合理解釋安排，以安自己或者部落群眾的內心，形成了這種記憶偏好。

歷史過程表明，早期人類幾乎無一例外的相信一種超自然、有無限能力的「神」的存在，這種原始宗教情結貫穿於每一個民族的歷史。

比如：古希臘的全能神「宙斯」，印度的「大梵」，中國的「天帝」等，都有人格神的特徵，處於文化吃奶期的人類，大家認識水準是一致的。

大約在西元前800-前200年這個時間段，世界上幾個早期文明國家相繼出現了一些智慧型人物，他們分別對世界做出了自己的解釋，並且帶領自己的民族開闢了各自的文化的方向，這個時間段，被德國思想家雅斯貝爾斯（1883-1969）稱之為「軸心時代」。這是個公認的神秘文化現象，是世界歷史上聖人層出的時代，世界開始豐富多彩。

儘管現在世界上有成千上萬的文化系統，有成千上萬的亞文化、子文化，但是按照哲學的形而上學分類，在回答我是誰、從哪裡來、到哪裡去這三個終極超越性問題上，世界迄今為止，就是三個人的方向，其他一切解釋都可以歸類到這三個人的方向中去。

這三個牛人是：耶穌、釋迦牟尼、孔子。

耶穌代表了有神論的信仰方向，認為神是世界本體，是世界的創造者，是世界的推動者，是價值的頒佈者，是道德之源頭。世界上一切以「神」為終極主宰的文化方向都可以歸類為這個模式，形成了世界上形形色色「信神」的人。

釋迦牟尼代表了「空」為世界本源的方向，但是後來從「萬法為空」，發展為「唯識不空」，那個識指的是「阿賴耶識」，在中國被翻譯為「真如」、「如來」等，是佛教的終極精神，相當於黑格爾後來講宇宙的「絕對精神」，佛教信仰匯聚了世界上林林總總走入「空門」的人。

孔子代表了中國文化的方向，以「心」為宇宙世界的主體，這個心，在孔子為仁，孟子稱心，王陽明曰良知，是道德的最高「果位」，是道德之神，是實踐之源，真善美的最高表達，沒有人格神意味，但是它是中國文化的「絕對精神」。儒家信仰匯聚了世界上前僕後繼的「有心」之人。

有沒有其他大的文化模式了呢？

沒有了，比如伊斯蘭教的「安拉」、道教的「元始天尊」、蒙古族「長生天」等，雖然信的「神」不同，但是哲學範式都屬於「有神論」的範疇。

另外，中國的道家雖然率先走出了神本，對形而上學的貢獻很大，但是「道」由於「生於有、生於無，有無共謂之玄，玄之又玄，眾妙之門」，（郭店簡本）那麼「玄」才是道家「終極本體」，使得道家之「玄」具有價值的無限超越，亦稱之爲「玄德」。「眾妙之門」之「妙」，在古代是形容神的專有名詞，而「神者，伸也」，神具有無限超越的精神特點，從而帶領中國文化走向「道德神」的哲學範疇，形成了中國文化無人格神特徵但又有神的道德價值功能範式，而其價值意境和孔子所代表的儒家文化「心」所表達的價值意境類同，道家之「道」與「德」表達的意涵和儒家「仁義禮智信」意涵類同，都是眞善美的最高果位，因此與孔子所代表的中國文化方向一致。（後章還有詳細論述）

而東漢時期產生的「道教」與老莊之道家根本就是兩回事，道教神系龐大複雜，屬於多神信仰，文化方向歸於「有神論」一類。

三大模式，三分天下，暗合了老子所說：「道生一，一生二、二生三，三生萬物」，如果世界的眞相是個「一」，那麼世界因爲人的看法不同而走向不同，所以莊子說：「道術爲天下裂」，從三處把天下分定了。

我們來逐一看下，三大文化主要決定了人類什麼方向？

第二章
一花一天堂——拜神的人

第一節　希臘諸神時代到理性神

考古學的證據表明，在上古時代，和中華文明並列的還有古埃及文明、古巴比倫文明、古印度文明，合稱「四大文明古國」。時間大約在前5000年到西元600年之間，順序大約應該爲埃及、巴比倫、印度、中國，之所以說大約，也是基於目前考古學的發現證據。其實文明是一個歷史學的概念，有一些文明因爲久遠或者只是考古學的零星證據，對於後代人來說，已經是故紙堆裡的故事了，影響甚微。比如南美洲神秘的「瑪雅文明」。

這裡有必要簡單討論下文明和文化的一個簡單區別，文明應該是文化所「化」出來的展示物及社會制度總稱，且文明是一個歷史的概念，而文化是是屬於思想史或者哲學史的範疇，文明或許有些成爲歷史陳跡，不能對後代有影響，而文化必然有一種傳承，對後代有一貫的精神影響，我們下面的論述，始終帶有這樣的觀點。

由於我的主要企圖是展示文化的核心內涵，並不著力去描述一個國家或者地區的文明，因此對後世影響力甚微或者還無法展現的部分，多數是宏觀性的帶過，我們集中精力去發現那些對人類思維、信仰有決定意義的人和事。

古埃及作爲相對於現代地理觀念的西方來說，有些勉強，但是由於埃及文明併入後來的羅馬帝國，並且對希臘文化、羅馬文化產生過影響，所以我們可以簡單去回顧一下。

古埃及文明是指在尼羅河第一瀑布及至三角洲地區，時間範圍大約在西元前5000年到西元641年阿拉伯人征服埃及的歷史之間，而專家們討論的古埃及文明時間範圍大約是西元前3100年到西元前30年羅馬帝國呑併埃

及的歷史，俗稱「法老王朝」時期。

埃及文明令人驚訝並且佩服的是它早於地球其他人種的發明，在文字、建築、農業、造紙、政治制度、法律、祭祀和神廟文化都有偉大貢獻，這其中凝結了古埃及人智慧的結晶。

作爲歷史遺跡的「金字塔」和「木乃伊」展示了埃及人對「死」的態度和看法。而神廟遺跡顯示了埃及人樸素的原始宗教，原始宗教崇拜貫穿了古埃及歷史，以「阿蒙」神爲代表的神族體系龐大，並且各司其職，說明埃及人和早期人類其他民族一個共同認識：人間現象背後，都有絕對超能的「神」在統治著宇宙世界，並且神系複雜。

作爲考古和思想史的部分，古埃及文明和古巴比倫文明大體形制一致，留給後世的多數是歷史的陳跡或者前人古書裡熱情的描述，在信仰的部分，我們注意到的是古埃及人相信「神」是世界的主宰。

古埃及原始宗教關於「神」的崇拜暗含了對於「我是誰？從哪裡來？到哪裡去？」這些終極問題的回答和假設。

而眞正對後世特別是現代西方文化有深遠影響的就是稍晚一些在地中海南出現的古希臘文明，應該叫做古希臘文化了，因爲它確實「化育」了很多思想，影響深遠。

古希臘是西方文明的主要源頭之一，古希臘文明持續了約650年（西元前800年至西元前146年），是西方文明最重要和直接的淵源。西方有記載的文學、科技、藝術都是從古代希臘開始的。古希臘不是一個國家的概念，而是一個地區的稱謂，其位於歐洲東南部，地中海的東北部，包括希臘半島、愛琴海和愛奧尼亞海上的群島和島嶼、土耳其西南沿岸、義大利東部和西西里島東部沿岸地區。

西元前5、6世紀，特別是希波戰爭以後，經濟生活高度繁榮，科技高度發達，產生了光輝燦爛的希臘文化，對後世有深遠的影響。古希臘人在哲學思想、詩歌、建築、科學、文學、戲劇、神話等諸多方面有很深的造詣。這一文明遺產在古希臘滅亡後，被古羅馬人延續下去，從而成爲整個西方文明的精神源泉。

考古學大致可以知道，在古希臘文明興起前，大約在西元前7000-6000年前後的新石器時代，希臘半島愛琴海地區就有人類的生產活動，地中海地區風平浪靜，島嶼眾多，氣候溫暖，是早期人類的良好棲息地，希臘文明顯然與海洋有密不可分的關係。

海洋文明以捕魚和海上貿易爲主，在希臘文化繁盛時期，城邦林立，貿易往來密切，貿易的特點是公平交易，因此契約意識強烈，這可以大約視作西方公平、正義、民主、法治意識的開端，而經濟的發達，有一批從城市相對富裕的階層中產生出來的「閒人」開始專門關注宇宙人生的大道理，這是西方哲學史的源頭。哲學家的誕生起源於「有閒」階層，這是一個傳統，即使到現在，哲學家也一定是那些願意拿出大量時間去研究與人類生產看起來不相關的抽象問題的人。

基於大海的深邃和不確定性，希臘文化開始的一個特點就是研究整個宇宙來源的傾向，早期一個希臘哲學家阿那克西曼提出「始基」問題，這個問題就是終極問題的開端：宇宙的本源是什麼？宇宙統一於何處？即「我是誰」的問題。

早在古希臘哲學產生之前，希臘文化就已經有了這種對「始基」問題探討的傾向，是以神話開始的，《荷馬史詩》和赫西俄德的《神譜》就體現了這種傾向，希臘神話表達了一種系統化的思想，古希臘有大大小小上千個「神」，「神」和人的界限不明，甚至可以穿越，有七情六欲，有嫉妒、生氣、愛情甚至亂倫，折射了早期人類發展階段的混沌狀態，《神譜》按照神的血緣、世襲、代際關係把他們整理出來，實際上是人類最早「權力意識」的一種折射。

古希臘神系複雜繁多，但是大致分爲兩大系列，一列是舊神系列，稱之爲泰坦神族，如天神烏拉諾斯、克洛諾斯，（克洛諾斯是烏拉諾斯兒子，殺父推翻了烏拉諾斯）、地神蓋亞等，舊神一個特點就是自然神，代表了自然界的超然力量，比如天神、地神、雷神、水神、海神、地獄神等。而新神就是奧林匹斯山神族，新神一個特點是代表了精神及價值，比如阿波羅、雅典娜、赫美斯、繆斯等代表了理性、智慧、文藝等較高層次的精神生活。舊神代表物質和欲望，新神代表了智慧和精神，新神的最高宇宙之神是宙斯，是舊神克洛諾斯兒子，代表了宇宙公理的正義之神。黑格爾在《美學》就有一節專門談新神和舊神的鬥爭，新神對舊神的鬥爭，就是精神對物質的勝利。

顯然能看出「神」的歷史就是人的歷史折射。

古希臘之所以成爲西方文化的源泉，更在於一大批「軸心時代」哲學家出現，即使在諸神時代，他們也很早慧的試圖來用人的思想理解世界，解釋世界，並且開創了哲學研究的先河。

首先湧現出的是自然主義學派——米利都派，用樸素的自然主義觀點去解釋世界的來源。

比如哲學第一人泰勒斯認爲「萬物的始基是水」；阿那克西曼德提出「萬物的始基是無定形」；阿那克西美尼提出「萬物始基是氣」等，這些解釋都用自然主義眼光試圖說明一切物質的基礎是「無定形」，頗有中國老子講「道」的那種「惚兮恍兮，其中有象」意境。而後來的畢達哥拉斯提出「數」爲萬物本源；赫拉克裡特提出「火」爲萬物本源，顯然把宇宙的始基看成一種可以定型的物質，特別是「數」概念提出，已經從眾多具體裡有了抽象的概念。

另一個自然主義學派是愛利亞學派。賽諾芬尼提出「一」的概念，認爲即使是「神」也應該爲「一」，而非「多」，「神」是宇宙整體，無所不能，所以是「一」；巴門尼德提出「存在」是宇宙最高範疇；芝諾提出歸謬法來證明存在和靜止。這些認識已經朦朧有了把「諸神」走向「一神」傾向，也有了理性尋找宇宙本源及運行規律的意識。

在這些哲學家提出的各類解釋世界「始基」觀點裡，其中提到了「邏各斯」和「努斯」的概念尤其值得注意，「邏各斯」代表物質的規律和理性，而「努斯」代表了精神、靈魂。

希臘自然哲學閃爍著人類探索精神與自然的靈光，但是在那個時代，我們還沒有證據能看出，這些哲學家能擺脫「神」創世界的認識，他們只是對人類所處的自然界做出解釋，在對未知世界的解釋裡，每一位哲學家的描述中，「神」作爲超然的存在，是天經地義的。

古希臘哲學的最高峰是哲學「三傑」——蘇格拉底、柏拉圖、亞里斯多德爲代表的精神哲學。蘇格拉底的靈魂哲學、柏拉圖的精神哲學、亞里斯多德形而上學代表了希臘哲學作爲世界哲學的偉大成就。

蘇格拉底主要探討的核心是靈魂問題，他認爲一切自然哲學沒有辦法解釋萬物來源的問題，只是看到了現象。它發展了自然哲學裡關於「努斯」的學說，他認爲「邏各斯」可以解釋萬物的規律、運動、矛盾必然性，但是面臨解釋整個宇宙因果關係時就混亂了，而只有「努斯」可以成爲整個宇宙的最終目的。萬物都有一個理性的「神」來支配著，並且這個「神」以善作爲目標來統一整個宇宙。可以看出，蘇格拉底發展的靈魂哲學，是從更加理性的推理中，證實了整個宇宙「神」的存在。爲了證明這種認識的有效性，蘇格拉底提出了「辯證法」，通過辯論和談論引導人們走向理性，**而理性也不過是爲了證明「神」的存在**，在這樣一個大前提下人的知識必然走向善的目標，從而人的理性、和應用理性的方法，都是爲了最終的道德目標——走向道德與善。他的名言：「認識你自己」就是告訴人們，知識就是美德，宇宙是「神」的統一安排，人的靈魂必須有一個目的，走向美德。蘇格拉底認識論哲學如果拋去「神」的前提，頗似中國經典《大學》裡所言：「大學之道，在明明德，在親民，在止於至善」。

柏拉圖作爲蘇格拉底的弟子，發展了蘇格拉底的哲學，並且做了更大的創新，他認爲在我們「現實世界」之外，存在一個完全獨立的「理念世界」，我們所感知的感性世界並不可靠，只有借助「邏各斯」理性，透過事物的「相」，抽象出那個絕對的概念，才是眞實的「理念世界」。比如白馬、紅馬、黑馬抽象出「馬」的概念，美德、美景、美人裡抽象出「美」的概念等，而世界一切事物，都可以抽象出一個理念，並且構成了我們不知道的獨立的「理念世界」。柏拉圖用「洞穴比喻」力圖證明在我們所認知的世界之外，存在一個彼岸的「理念世界」，而我們認知的世界，就如同洞穴裡奴隸的幻覺。柏拉圖認為，「理念世界」是一個完全自由的世界，這個世界充滿了規範、範疇、抽象等概念，具有永恆性、確定性、不變性、是一個沒有人性只有神性的世界。並且柏拉圖應用這種純粹的理念設想，提出了辯證邏輯的概念，辯證邏輯超越一般感性事物，具有絕對的普遍性和超越性，為後世黑格爾辯證法提供了理論資源。

希臘精神哲學的集大成者是柏拉圖的學生亞里斯多德。他發展了柏拉圖的理論，他認為柏拉圖學說造成了感性世界和理念世界的分離，兩個世界並不是一個在此岸，另一個在彼岸，而應該是一個連續統一的體系，柏拉圖是把個別和一般割裂了，而實際上個別和一般是事物存在的統一模式。一般就是個體事物本身，並且作為個別事物的目的而存在。亞里斯多德把個體與普遍作為柏拉圖哲學的昇華，是有積極意義的。柏拉圖的彼岸世界與現實世界是分離的，而亞里斯多德認為，理念世界其實是現實世界的原因，這樣才能解釋現實世界，我們不僅要知其然，更要知其所以然，這種因果性探索後來成為西方科學的核心精神。

亞里斯多德作為百科全書式的偉大哲學家，他幾乎在哲學的全領域建立了自己的體系。他不僅發展了柏拉圖的理念論，而且提出了自己認識世界的本體論，重點探討了「存在」與「實體」的概念，也提出了形式邏輯，對哲學的研究工具概念、判斷、推理做了探討，這些都成為西方哲學和西方科學未來發展的基石，成為後世西方哲學與科學源源不斷的「取水庫」。

亞里斯多德的一切哲學、科學體系，都統一在他的宇宙目的論體系中，在他的體系中，第一哲學就是神學，整個宇宙有一個等級結構，是由質料因、形式因、動力因、目的因構成的神學體系，整個宇宙可以看成一個有機整體，是由「上帝」（此非後來基督教的上帝）推動的，「上帝」是他的目的，整個宇宙因果關係、目的關係交替上升，最終目的就是趨向於「上帝」，這是「神」的大一統方向，這個「神」就是從蘇格拉底、柏拉圖延續下來的「理性神」，在價值和道德的領域，它的特徵就是至善。「神」是整個宇宙生命體，這個生命體每一個部分都合目的性，每一個部分都爲整體服務，這個「最高神」，作爲「理性的神」，是未來「基督教-上帝」的理論基礎，是具有絕對自由意志的「神」，並且有絕對的眞善美價值。而整個宇宙就是從自然界到「神」的一個不斷上升的結構，構成了亞里斯多德龐大形而上學體系。

希臘哲學關於「神」的線索我們可以做出下列總結：

一、希臘哲學無論自然哲學或者精神哲學，前提都是「神」的存在，也無法擺脫「神」的存在，是對感知世界知識的分類和解釋，對文學性以及雜亂的多神體系的理性規範和系統闡述。後世對希臘自然哲學關於「始基」的描述，或者其中關於物質世界的理性描述，理解爲唯物主義萌芽，顯然是一種誤解，希臘哲學並不有後世唯物主義那種意境。

二、希臘哲學發展出來的關於本體論、實體與存在、辯證邏輯、認識論、美學以及一切哲學的源點，都是在「神」的前提下，並且是以「神」爲目的前提下展開，爲未來基督教「耶和華上帝」做了理論準備。「上帝」作爲一種理性神的存在，在希臘哲學的最高形式裡已經形成理論和論證，這爲後來在羅馬帝國的歷史中出現猶太教和基督教奠定了理論基礎。

三、希臘歷史，無論科學、哲學，在最高形而上學領域，對宇宙世界的看法或者切入觀察點，都是「以神導入」，故事從神開始，一切不可知處，都是「神」的領域，也是信仰的基礎，與社會發展、科學進步並行不違。

古希臘文明因爲城邦林立而思想自由開放，開創了人類哲學的慧光時期，這個時候的希臘有點像中國春秋戰國時期，因爲諸侯國眾多而形成諸子百家，但是這種地理概念的聯合體，因爲沒有形成強大統一的國家政體，必然會被更強大的軍事政體所吞併。來自義大利亞平寧半島羅馬帝國的崛起，最終兼併了接收了希臘文明。

第二節　羅馬多神到一神時期

羅馬時代開啓的時候，也是城市聯合體，隨著追逐商業利益和開闢商道，在殘酷的對外兼併戰爭中一步步強大起來，首先實現了亞平寧半島的統一，逐漸開始對外擴張，從「王政時代」走向「共和國時代」一直走到「帝國時代」。

古羅馬指從西元前9世紀初在義大利半島（即亞平寧半島）中部興起的文明，古羅馬先後經歷羅馬王政時代（西元前753年到前509年）、羅馬共和國（西元前509年到前27年）、羅馬帝國（西元前27年到476年/1453年）三個階段。

羅馬共和國的擴張使羅馬超出了一個城邦的概念，成爲一個環地中海的多民族、多宗教、多語言、多文化大國。西元前27年，元老院授予蓋烏斯．屋大維「奧古斯都」稱號，羅馬共和國由此進入帝國時代。

羅馬帝國（西元前27年到476年/1453年，西羅馬帝國於476年滅亡，東羅馬帝國於1453年滅亡），是以地中海爲中心，跨越歐、亞、非三大洲的大帝國，中國史書稱爲大秦、拂菻。羅馬帝國是古羅馬文明的一個階段。

圖拉眞在位時（98年至117年），羅馬帝國達到極盛，經濟空前繁榮，疆域也達到最大：西起西班牙、高盧與不列顛，東到幼發拉底河上游，南至非洲北部，北達萊茵河與多瑙河一帶，地中海成爲帝國的內海，全盛時期控制了大約500萬平方公里的土地，是世界古代史上國土面積最大的君主制國家之一。

395年，狄奧多西一世將帝國分給兩個兒子，從此羅馬帝國一分爲二，實行永久分治。410年，日耳曼的西哥特人在領袖阿拉里克率領下，進入義大利，圍攻羅馬城，在城內奴隸的配合下打開城門，掠奪而去，此後在西羅馬帝國境內建立西哥特王國。476年，羅馬雇傭兵領袖日耳曼人奧多亞克廢黜西羅馬最後一個皇帝，西羅馬遂告滅亡。西羅馬帝國滅亡後，歐洲進入了近一千年的中世紀。

在世界歷史上，存在時間最長，影響區域最廣的帝國無疑是羅馬帝國，羅馬帝國作爲龐大的軍事聯合體，一直沒有形成強大的中央管理體制，國家維繫全部在於國君的軍事素質，軍事強人統治成爲傳統，由於羅馬帝國統治地域的廣泛，有機會把多地區的文明和商業聯通和發揚，希臘文明也最後被羅馬全盤接受。

作爲一個橫跨亞非歐、統治長達2000多年的大帝國，羅馬留給後世最大的精神財富不僅僅是商業、軍事、法律、藝術等，影響最大的是對後來歐洲政治有遺傳基因的民主政治和基督教。

羅馬是最早實現共和體制的國家，執政官、元老院、平民官三權分立貫穿始終，即使在帝國時代，國王的權力也在制衡中，這是近代歐洲民主制度的雛形。

在帝國時代，統一的帝國需要統一的意識形態，早期羅馬帝國主流宗教文化是一種全希臘化的自然主義多神教崇拜，這是一種混合體宗教。這種情況是在驍勇善戰的羅馬人以他們的武力征服希臘人之後，而反過來又被文質彬彬的希臘人以他們的傳統文化征服羅馬人所形成的一種宗教混合體，它在本質上是一種具有濃厚理性主義色彩的擬人化的多神崇拜宗教形態。從政教關係的角度來看，羅馬帝國宣導和維護的宗教總是與國家權力緊密聯繫在一起，整個帝國的歷代皇帝們都是爲了鞏固他們的政治權力而自覺的在法律之外努力尋求宗教基礎，他們實際上既是羅馬帝國世俗權力的最高掌握者，也是整個帝國宗教祭儀的最高主持者，他們一再宣導對皇帝的絕對個人崇拜，並且暗示天上的諸神與地上統治者有千絲萬縷的聯繫，從而鞏固統治地位，並把它確定爲一種宗教化的國家制度。

變化起源於羅馬帝國境內猶太教和基督教「一神教」的相繼興起。從宗教意識層面上講，多神教與一神教是根本對立的。在羅馬帝國歷史早期興起的猶太教和基督教「一神教」信仰是對希臘、羅馬文化中多神教和偶像崇拜的超越，原本也是在同多神教信仰和偶像崇拜的鬥爭中成長和發展壯大起來的，並且早期猶太教、基督教的被上帝啓示的一神教信仰與古希臘傳統的理性化一神論也有著天壤之別，特別是在所傳播的宗教觀念上，地上的世俗統治者與天上的神聖統治者是嚴格被分開的，這就與羅馬帝國皇帝們宣導和維護的帝國宗教祭祀目的直接發生抵觸，自然而然會被他們看作是對羅馬帝國世俗統治秩序的一種威脅。

最早從羅馬帝國統治的原猶太地區發展出來的一神教是猶太教。

當今世界上三大「一神」崇拜宗教分別是猶太教、基督教、伊斯蘭教，從歷史的角度看，他們都來源於猶太教，並且有著千絲萬縷的交集，他們的歷史回憶中都有一個共同的祖先亞伯拉罕，所以這三教也被稱爲「亞伯拉罕諸教」。

雖然猶太教信徒在目前世界裡人數不多，影響有限，但它是最早的一神教，搞清楚猶太教，也就相對瞭解基督教和伊斯蘭教。

古猶太人來源於兩河流域文明時期的美達不索米亞平原希伯來人，而希伯來人來源於更早的閃米特人，這是阿拉伯人和猶太人同源的祖先。大約西元前1800年前後，希伯來人祖先亞伯蘭（後改名亞伯拉罕）接收到了「上帝」的啓示：**「你要離開本族，往我指示地方去，我必叫你成爲大國，賜福於你，叫你名字爲王，你也叫別人爲福，爲你祝福的，我將祝福於他，詛咒你的，我必詛咒他，地上的萬族都要因你得福」**。——《聖經》亞伯蘭於是帶領部落從兩河流域的烏爾不斷遷徙，最後到了別是巴，即現今以色列貝爾謝巴。這段歷史把遷徙的原因歸結於「上帝」啓示，無意中談出了兩個事實。

一、亞伯蘭部落信仰的神是「上帝」。

二、「上帝」在他們部落信仰裡是唯一的「神」。

這是歷史中最早從「多神」到「一神」崇拜的記載。也有史料稱亞伯拉罕就是因爲宣傳「一神」崇拜，被當地「多神」崇拜的部落不容，才導致部落遷徙。

「多神」到「一神」崇拜的變化，在思想史上的意義何在呢？

很明顯，「多神」崇拜與道德無關，多數是對自然界超越力量的神化，並且這類「神」並沒有對人類自身表現出指引未來的關懷，反而經常是沒有理由的懲罰人類，而懲罰的理由和權力掌握在那些與「神」可以對話的「巫師」手裡，那是古代的特權階層，決定人的生死。

「一神」崇拜可以說是人類進步史裡最重要一環，說明人類對宇宙終極問題開始探求合理解釋以及對精神本源的探討，《聖經》曰：「太初有道，道就是神」，說明「神」不僅是創立宇宙者，也是給人類劃下生存規則的超越者，道的內涵包括了真善美的規定性和道德的全部，道就是「神」，說明「神」的本質也是「道」，是真善美，人的精神性來源寄託於此。

「一神」崇拜也說明了古猶太人對人自身意義的追求，他們認爲，沒有一個人是自我創造的，人類是自己以外的某種超級力量產生的生命體。每一個人隨時會發現，自己力量有限，需要「他者」的幫助，增加了人類對「上帝」的信仰和對他者的關懷。

並且這樣的「一神」，被理解成「無相無形無體」，又更加超越了古希臘時代那種有形、有道德瑕疵的「自然神」，由於它具有終極的超越性，在自然超越的屬性上，賦予了道德屬性，也就是說，「神」不僅是創造世界的可造物，並且「神」對人類的愛是與生俱來的，人類對「神」的感知從此不再是恐懼，而是感恩，人類的心靈得到澆灌和寄託。

這是「一神」崇拜的貢獻。

走到新的棲息地的亞伯蘭，按《舊約聖經．創世紀》說法，在99歲時，上帝與他立約：永賜迦南（今以色列、巴勒斯坦一帶），他後來改名亞伯拉罕，生子以撒，以撒生子雅各，繁衍成12部落，就是後來的以色列，在迦南永居。他們的「上帝」用閃族語EI表示，常用EI Shaddai（全能神）代指上帝即耶和華。

「我是耶和華、你們先父的上帝，即亞伯拉罕的上帝、以撒的上帝、雅各的上帝」。——《聖經》

猶太教和基督教前期的歷史描述是一致的，被寫在《舊約聖經》裡，而伊斯蘭教《古蘭經》裡對這一段歷史描述大致與《舊約聖經．創世紀》相同：真主「安拉」創造了世界，又創造了人，第一個人叫亞當，亞當和夏娃的後代一直到了諾亞，諾亞生了一個兒子叫閃（閃米特人），閃的後代傳到亞伯拉罕。亞伯拉罕第一任妻子生子以撒，第二任妻子生子以實瑪利，第一任妻子要求把第二任妻子和以實瑪利逐出部落，《古蘭經》敘述，以實瑪利後來到了麥加，後代在阿拉伯地區繁衍，稱爲穆斯林（實際的歷史是羅馬滅猶太國後，部分猶太人流亡阿拉伯地區與當地居民混居，因而有歷史中的印記）。而以撒的後代留在巴勒斯坦，稱爲希伯來人，後來稱之爲猶太教徒。也就是說，現在的以色列人和阿拉伯人遠古時期是一家人，本是同根生。

根據《舊約聖經．出埃及記》記載：在迦南定居的亞伯拉罕後代很快遭遇旱災，西元前1720年出走埃及避難，但不幸被埃及法老奴役了430多年，西元前1290年，不堪忍受的猶太人在先知摩西帶領下，歷經艱險，回到「流著奶和蜜的應許之地」，他的後代約書亞建立以色列王國。

在返回故地的西乃山（西奈半島）時，摩西受到「上帝」啓示，訂立了十誡：**我是耶和華，你們唯一的上帝；不可崇拜偶像；不可妄稱上帝名字；要守安息日；要孝敬父母；不可謀殺；不可姦淫；不可偷盜；不可做假證；不貪別人財物**。這就是摩西十誡，摩西把十誡刻成石版放入約櫃，這就是猶太教與「上帝」的約定，基督教稱之爲「舊約」。不過猶太教並不認可「舊約」這一說法，認爲約只有永恆的，沒有舊與新，而基督教把後來基督出現後上帝與人類定約另說成「新約」，猶太教從來不認可。

有了律法和約定，猶太教初步形成。

以色列建國後200多年不斷征戰，掃羅王建立君主制國家，大衛王遷都耶路撒冷，所羅門王建立第一聖殿，存放「摩西十誡」於約櫃進行祭祀典禮。所羅門死後，西元前933年，以色列分裂，南方2支部落稱猶太國，北方10支部落稱以色列國。西元前721年，亞述人滅北方以色列國，人種被同化消失；西元前586年，新巴比倫國王尼布甲尼撒二世滅南方猶太國，俘獲4萬多猶太俘虜到巴比倫囚禁了50年，史稱「巴比倫之囚」。

危難中，猶太先知以西宣傳耶和華爲保護神，提出以色列是上帝選民，致力於復興以色列，凝聚民族意識。西元前539年，波斯國王居魯士打敗巴比倫，放猶太人返回故地，建立第二聖殿，現今以色列的「哭牆」就是第二聖殿護牆的一段。波斯統治了猶太人200多年，猶太人相對自由富足。西元前333年，馬其頓國王亞歷山大取代波斯統治猶太族，猶太進入與希臘文化共存期；西元前63年羅馬進入巴勒斯坦，統治猶太人，戰亂迭起，猶太人開始流亡各地，此後1800年，猶太人流落世界各地，失去了家園祖國，飽受凌辱，二戰時，納粹瘋狂滅種猶太人，實施大屠殺，西元1948年，猶太復國主義在歷史原址上恢復建立以色列國。

深究猶太人長期的受迫害史，不得不說一個歷史的公案，那就是到底是猶太人背叛了與「上帝」約定出賣了基督，還是基督背離了猶太教教義？

這是一個關於基督教從猶太教分立和興起的關鍵性事件，也是解密基督教成爲世界第一大教的關鍵。

大約西元1世紀前後，耶穌降生在巴勒斯坦伯利恆，生下來8天後，按照猶太教的儀式進行了割禮，取名「耶穌」，意思是「主的拯救」。後世把耶穌誕生年定爲西曆紀年，誕生日稱爲「耶誕節」。

據《福音書》記載：耶穌幼年聰明好學，12歲時已認識到上帝是他的父，「智慧和身量，並上帝和人喜愛他的心，都一齊增長」。成年後，耶穌到施洗約翰那裡受洗，眞切感到自己是「上帝的愛子」。接著耶穌在曠野裡40天，經受撒旦的試探，拒絕了各種誘惑而選擇完成上帝「救贖世人」的重要使命。於是他開始宣傳天國（即上帝的國）的福音。先在猶太地南部，後又巴勒斯坦北部的加利利地區傳道。他宣講上帝的國近了，勸

人們要悔改，相信福音。耶穌在傳道時，選召了12名門徒，最初的，也是比較親近的是彼得、雅各、約翰。他們多數是漁民。除12門徒外，耶穌又設立470個人，差他們兩人一行去各地傳福音。耶穌的言論與行動觸犯了猶太教中占統治地位的大祭司、法利賽人和撒都該人，與社會上層當權者發生了衝突。他不同意法利賽人關於守安息日的煩瑣教條，斥責法利賽人等上層社會的民族偏見和等級歧視，主張上帝是愛，人們也要彼此相愛。他將猶太教律法歸結爲「盡心、盡性、盡意，愛上帝」和「愛人如己」，認爲這就是「律法和先知一切道理的總綱」。猶太教當權者撒都該派和法利賽派對耶穌極端仇視，他們千方百計要置耶穌於死地。猶太人逾越節前夕，耶穌被門徒之一加略人猶大出賣，被猶太教大祭司和差役拘捕，交給羅馬的猶太巡撫本丟彼拉多，並使彼拉多同意將耶穌釘於十字架上。《福音書》記載：耶穌死後第3天復活，並向門徒和衆人顯現，第40日升天，第50日差遣聖靈降臨。衆門徒領受聖靈，開始傳教。從此，基督教在羅馬帝國領域內逐漸傳佈，後來從猶太民族的宗教（猶太教）發展成世界性的宗教。

根據歷史的描述，耶穌出生在猶太地區，從出生到開始傳道，他自認爲都是傳的「猶太教」的道，那爲什麼不被猶太教相容呢？

大概有以下幾點原因：

一、教理上，他宣傳自己是「上帝的兒子」，這是與猶太教教義根本背離的。猶太教作爲歷史中一神教的開創教，歷經千年，根深蒂固，他們認爲「上帝」是無形無相無體，怎麼可能有一個人的「肉身」稱爲「上帝之子」，且耶穌暗示自己就是《舊約》裡面說的「彌賽亞」，（基督的原文是希臘語，是希伯來文「彌賽亞」（messiah）的希臘文翻譯，是「受膏者」的意思。）而猶太教認爲「彌賽亞」是一個凡人，是要建立世俗政權帶領猶太走出苦難的，而耶穌顯然不具備這個條件，他宣講自己「上帝之子」，那麼「上帝之子」必有神的特徵，耶穌一個凡人怎麼可能有神跡呢？

二、教義上，耶穌不同意猶太法利賽人關於守安息日的煩瑣教條，斥責法利賽人等上層社會的民族偏見和等級歧視，他將猶太教律法歸結爲「盡心、盡性、盡意，愛上帝」和「愛人如己」，認爲這就是「律法和先知一切道理的總綱」。這就改變和觸犯了猶太教當權者撒都該派和法利賽派的解釋教義權威，因此他們對耶穌極端仇視，千方百計要置耶穌於死地。

三、政治主張上，在羅馬帝國統治下大部分猶太教派開始妥協，另一部分教派痛斥這些人背離了猶太人與「上帝」的約定，爲了一點小利益出賣民族靈魂，主張反抗，這也側面說明了基督教早期屢次遭到羅馬帝國的鎭壓的原因，也是耶穌被猶太大祭司和叛徒猶大出賣的時代背景。

按照猶太教理解，是耶穌脫離了猶太教的教義和管理約束，自作主張，傳播「異教」，而按照當時的時代背景，耶穌是代表了猶太教裡的反抗力量。

偉大人物的偉大來自於他們不落俗套，敢於創新，每一個文化的創新都不是石頭縫裡跑出來的，而是站在傳統中的創新。

耶穌也是這樣，他的偉大在於他敢於去犧牲，用自己被「釘在十字架」上的犧牲喚醒民眾，門徒在他那裡得到了無法比擬的神秘宗教體驗，耶穌的善戰勝了一切，包括死亡。

最重要的是，耶穌通過被釘在十字架後的「復活」，拯救了世人的靈魂，耶穌也從此走出了猶太教只拯救自己民族的悲情情結，從單一猶太人的民族之愛超越昇華出來，把「上帝」的大愛，釋放在世界每個民族、每個人之上，從此「上帝」成爲世界所有人類共同的「上帝」，而非猶太人自己相信、並且只對猶太人選擇愛的「上帝」。

作爲宗教故事，復活節的重要性是基督教最重要的神跡體現，如果沒有復活，基督所傳的「福音」眞實性就無法證實；如果沒有復活，「彌賽亞」的故事就不能取信於人。

正是因爲有了耶穌「復活」，上帝與人類「新約」開始，「舊約」成爲歷史，新興的、未來成爲世界性宗教——基督教開始正式形成。

這就是基督教成爲世界最大宗教的原因，也是猶太教式微的原因。

可歎的是，由於猶太教出賣耶穌給羅馬人，後來猶太人在流浪歐亞各地中，受到基督教徒的迫害很深，眞是「本是同根生，相煎何太急」啊。

早期基督教傳教也是異常艱難，受到羅馬帝國十次大的迫害，十分慘烈，但是具有崇高理想信仰的基督教徒不僅沒有被消滅，而且有了新的「福音」，在理論和實踐上都得到了很大的發展，在羅馬帝國的其他民族裡，基督徒的佈道之路不斷壯大。終於在西元313年，羅馬帝國皇帝君士坦丁一世和李錫尼於義大利的米蘭頒發了一個寬容基督教的「米蘭敕令」，此詔書宣佈羅馬帝國境內有信仰基督教的自由，並且發還了已經沒收的教會財產，承認了基督教的合法地位。君士坦丁一世通過基督教神權統一了國內政治軍事，基督教借機通過世俗權力走向了無比高大的神壇。西元380年，羅馬皇帝狄奧多修將基督教正式定爲國教，並開始禁止其他宗教進行宗教儀式，基督教開始顯現出了「排他」性。

研究猶太教、基督教、包括後來伊斯蘭教等一神教早期歷史，都會發現他們從關注宇宙人生意義的「神創」開始，逐步與世俗權力有千絲萬縷的關係，並且憑藉世俗勢力走向國家意識形態，宗教在一定的時代總是恰如其分出現一個與時代脈搏息息相連，並且超凡智慧之「智聖」之人，帶領時代、帶領信徒建立信仰帝國。

宗教和政治結合，走政教合一道路，是一切大宗教的發展必經之路，基督教如此、伊斯蘭教、佛教、儒教也如此。

「多神」時代的神到「一神」時代的神，最大的不同在於對人類精神意義的探索升級，「多神」時代神都是自然的象徵，代表了人類對自然界多樣性的抽象想像，數量眾多的神對人類只有懲罰的力量，而沒有同情的善意，走向「一神」時代的神，無疑是宇宙間的精神象徵，是萬物的最高抽象，「神」就是用它的神跡來啓示人類，走向善，走向光明，並展開對人類行爲的規勸與修正。代表宇宙精神的「神」故事無論怎麼講，無非在教化人類，指導人類的行爲，這個線索貫穿人類史的始終。

第三節　上帝的背影

基督教在被羅馬帝國定爲國教後，隨著羅馬帝國的擴張，勢力不斷擴大，教會走向神權和世俗權力的結合。

最初，教會的最高主教是由羅馬皇帝兼任的，但是在西元445年，匈奴王阿提拉進攻羅馬時，當時的基督教主教利奧一世主動說服阿提拉退兵，威信大增，羅馬皇帝把大主教位置讓給利奧一世，使他稱爲歷史上第一位獨立於王權之外的「教皇」。

西元476年，西羅馬帝國被西哥特等蠻族入侵滅亡，在西羅馬帝國基礎上，產生了多個蠻族政權，但是西羅馬的文化影響依然存在，每一個蠻族政權的皇帝都希望在取得加冕時由「教皇」完成儀式，使得教皇成爲各歐洲封建主的仲裁角色更加明顯，地位不斷提高。

教皇和蠻族政權國王之間由此上演的一幕幕爭奪權力的鬥爭，幾乎貫穿了中世紀歐洲歷史，最終基督教教皇取得了勝利。

就像每一個理想主義團體的衰落規律一樣，基督教在走向了統治地位之後，喪失了早期的理想主義風格，逐漸走向了墮落、腐敗，特別是成爲宗教利益團體後，世俗勢力和教廷的鬥爭殘酷程度越來越高，教廷的歷史就成爲一部骯髒的發展史。

幾乎人類所有理想主義團體，在完成理論的高峰之後，一旦掌握世俗政權，無一例外有一個墮落的過程。

整個歐洲中世紀，長達千年的歷史，全部權力和信仰天空，都是在基督教的控制下，使得中世紀的歐洲，人類的理性暗淡無光。

不過，來自基督教內部的神學理性也有頗有建樹，首先體現在西羅馬時期的奧古斯丁（西元354年到西元430年）身上。

聖・奧勒留・奧古斯丁（西元354年11月13日－西元430年8月28日），**古羅馬帝國時期天主教思想家，歐洲中世紀基督教神學、教父哲學的重要代表人物。在羅馬天主教系統，他被封爲聖人和聖師，並且是奧斯定會的發起人。對於新教教會，特別是加爾文主義，他的理論是宗教改革的救贖和恩典思想的源頭。**

奧古斯丁的主要貢獻在於確立了基督教哲學，但哲學在他那裡依然是神學的婢女，是爲神學服務的，他主張信仰使人看見眞理，而理智使人多瞭解眞理，但信仰至上。

他發展了基督教的人性論，他認爲基督教人性論的核心問題就是「原罪」與「救贖」。奧古斯丁認爲只有善才是本質和實體，它的根源就是「上帝」，而罪惡只不過是「善的缺乏」或「本體的缺乏」。「上帝」作爲至善，是一切善的根源，「上帝」並沒有在世間和人身上創造罪惡。罪惡的原因在於人濫用了「上帝」賦予人的自由意志，自願地背離了善之本體。這種決定論的「原罪」和「救贖」理論使得基督教的人性論像上帝論和基督論一樣充滿了神秘主義色彩。「原罪」是先驗的和形而上學的罪，而「救贖」同樣也是先驗地被預定的。人的自由意志遭到了貶抑，人的邪惡本性使他不可能依靠自身的力量而向善，只有「上帝」的恩典才能使人重新獲得善良意志，並最終得到拯救。

奧古斯丁認爲，自從人類祖先亞當、夏娃因犯罪而被貶人間之後，現實世界就被劃分爲兩座城：一座城由按照肉體生活的人組成，是「塵世之城」，另一座城由按照靈性生活的人組成，是「上帝之城」，它是上帝的「選民」即預定得救的基督徒的社會，這是一座永恆之城。信仰上帝成爲物質生活和精神生活的分水嶺，跨越了紅塵才能進入天國，這頗有奧古斯丁早年作爲浪蕩公子而後受到啓示皈依上帝個人生活經歷的感悟。

奧古斯丁認爲一切美源自天主。美是分等級的，最高的、絕對的美是「上帝」，其次是道德美，形體美是低級的、相對的美。低級有限的形體美本身並無獨立價值，只是通向無限的絕對美的階梯，在這裡，上帝顯然是價值的源頭和頒佈者，美在最高處與善相同，進一步說明美是上帝對人的啓示，或者說是道德的另一種形態。

儘管奧古斯丁在基督教神學理論中試圖建立「哲學理性」，並且由於他本人年輕時放蕩的生活經歷，使得他的著作帶有體驗式的眞誠，爲他的著作增添了可信度，但是就本質而言，神學的理性還是神學，在哲學上依然無法建立「眞正的理性」，使得他的論述整體而言，由於從根本上解決不了上帝的「存在」，還是陷入不可知論中。

神學集大成者是後來中世紀經院哲學托馬斯．阿奎那（西元1225年至西元1274年）完成的，他顯然比奧古斯丁更多具有哲學的味道。

托馬斯．阿奎那（約西元1225年—西元1274年3月7日），**中世紀經院哲學的哲學家、神學家。他把理性引進神學，用「自然法則」來論證「君權神聖」說，是自然神學最早的提倡者之一，也是托馬斯哲學學派的創立者，成爲天主教長期以來研究哲學的重要根據。死後也被封爲天使博士**（**天使聖師**）**或全能博士。他所撰寫的最知名著作是《神學大全》**。

天主教教會認爲他是歷史上最偉大的神學家，將其評爲33位教會聖師之一。他是西歐封建社會基督教神學和神權政治理論的最高權威，經院哲學的集大成者。他所建立的系統的、完整的神學體系對基督教神學的發展具有重要的影響，他本人被基督教會奉爲聖人，有「神學界之王」之稱。

關於哲學與神學的關係，阿奎那繼承了他的老師大阿爾伯特觀點：哲學的問題只能以哲學的方式來處理，而神學問題，例如三位一體（聖父、聖子、聖靈關係）、道成肉身（耶穌的人性和神性關係）、創世復活（耶穌復活）等，是自然的理智所無法理解的，因而只能用神學的方式來處理。托馬斯從這種思想出發，進一步探討了哲學與神學的關係，並進而得出了「神學高於哲學，哲學是神學的奴僕」的結論。

阿奎那認爲神學是一種科學，以文字記載的經籍和教會傳統作爲學術的基本資料。而這些基本資料則是來自於天主在漫長歷史中給予人類的啓示，信仰和理性雖然是不同的、但卻是互相關聯的，這兩者是研究神學資料的主要工具。阿奎那相信這兩者是研究神學所不可或缺的，更確實的說，若要瞭解有關天主的知識，信仰和理性的交叉點是必須的。阿奎那結合了希臘哲學和基督教的原則，主張應該理性的思考並研究自然，就如同研究天主啓示的方法一樣。依據阿奎那的說法，天主透過自然給予人類啓示，也因此研究自然便是研究天主，而神學的最終目標，在阿奎那來看，便是要運用理性以理解有關天主的眞相，並且透過眞相獲得最終的救贖。

阿奎那相信天主所給予人類的啓示可以分爲兩種：一般的啓示和特別的啓示。一般的啓示可以透過觀察天主創造的自然秩序而獲得，這樣的觀察可以透過邏輯思考而獲得重要的結論，例如認知到天主的存在。雖然人可以透過對一般啓示的邏輯思考認知到天主的存在、以及一些與天主有關的事物，但有一些其他知識必須是要透過特別的啓示才能得知的。在阿奎納來看，耶穌基督顯示了天主的存在便是特別的啓示之一。而許多基督教的重要神學基礎，例如三位一體的概念，也都需要透過教會和經籍的傳播才能得知，而不能只透過邏輯思考獲得。

阿奎那認爲，「任何能使人類認清眞理的智慧都是由天主所先行賦予的」。不過，他也相信人類天生便有能力在沒有天主啓示的幫助下瞭解到許多知識，即使這種知識一直被啓示亦然，「尤其是與信仰有關的事物上」。

阿奎那作爲經院哲學的集大成者，一方面清楚天主存在是整個經院哲學理論的中心和基石，一方面也清楚關於天主存在的證明有無法擺脫的難題，那就是「基督教信仰的天主是無法驗證的，天主存在的基礎在於信仰者的想像或思維之中，並沒有客觀的實在性」。

從奧古斯丁到托馬斯、阿奎那，我們可以看到，在長達一千多年的中世紀基督教發展歷史中，神學家做了最大的努力，試圖從哲學和科學理性中證明「神」的存在，這是一切「神」信仰的基礎，但是他們發展起來的依然是認識論和邏輯學，是哲學的工具，在神學的方面，說一千道一萬，「神」學的本質就是「神秘」，就是不可言說，就是來自上帝的啓示，一切試圖說明「神」的存在理論，最後依然會陷在「神秘」之中，這是神學的悖論。

中世紀歐洲，理性神學雖然奠定了神學的基礎，從教會的本質來說，是高度利益化的宗教團體，教會控制者不斷膨脹的欲望以及對統治下信徒欲望的控制形成鮮明的對比，使得教會作爲神的代言人角色越來越虛僞，最終導致人們對於「神」的信仰產生了懷疑。

這個過程及其複雜和漫長，簡單來說，是由文藝復興、啓蒙運動、和歐洲工業革命逐步完成，最終促成宗教改革和歐洲資產階級革命，理性哲學重新占領舞臺，「神」的命運在歷史中跌宕起伏。

文藝復興是指發生在14世紀到16世紀的一場反映新興資產階級要求的歐洲思想文化運動。當時的人們認爲，文藝在希臘、羅馬古典時代曾高度繁榮，但在中世紀「黑暗時代」卻衰敗湮沒，直到14世紀後才獲得「再生」與「復興」，因此稱爲「文藝復興」。

文藝復興最先在義大利各城市興起，以後擴展到西歐各國，於16世紀達到頂峰，帶來一段科學與藝術繁榮時期，揭開了近代歐洲歷史的序幕，被認爲是中古時代和近代的分界。文藝復興也是西歐近代三大思想解放運動（文藝復興、宗教改革與啓蒙運動）之一。

中世紀的歐洲被認爲是個「黑暗時代」，主要原因在於基督教教會的黑暗統治。基督教教會成了當時封建社會的精神支柱，它建立了一套嚴格的等級制度，把上帝當做絕對的權威。文學、藝術、哲學一切都得遵照基督教的經典——《聖經》的教義，誰都不可違背，否則，宗教法庭就要對他制裁，甚至處以死刑。在教會的管制下，中世紀的文學藝術死氣沉沉，萬馬齊喑，科學技術也沒有什麼進展，黑死病在歐洲的蔓延，也加劇了人們心中的恐慌，使得人們開始懷疑宗教神學的絕對權威。

14世紀末，由於信仰伊斯蘭教的奧斯曼帝國不斷入侵東羅馬（拜占庭），東羅馬人帶著大批古希臘和羅馬的藝術珍品以及文學、歷史、哲學等書籍，紛紛逃往西歐避難。一些東羅馬的學者在義大利的佛羅倫斯辦了一所叫「希臘學院」的學校，講授希臘輝煌的歷史文明和文化等，這種輝煌的成績與資本主義萌芽產生後的優越性較爲結合，使得人們追求的精神境界是一致的，於是，許多西歐的學者要求恢復古希臘和羅馬的文化和藝術，這種要求就像春風，慢慢吹遍整個西歐。文藝復興運動由此興起。

義大利著名詩人但丁早在1300年左右就寫了《神曲》，反對教皇獨裁，但他被關入獄中，貧困而死，由此揭開了文藝復興序幕，歐洲各國文學家、哲學家、科學家、藝術家則從多個方面高舉反對教會神學大旗，公開宣揚人文主義精神，人文主義精神的核心是提出以人爲中心而不是以「神」爲中心，肯定人的價值和尊嚴。主張人生的目的是追求現實生活中的幸福，宣導個性解放，反對愚昧迷信的神學思想，認爲人是現實生活的創造者和主人。

高舉人文大旗的文藝復興對基督教會的愚昧統治是極大挑戰，也動搖了神學的基礎，引起了教會勢力的反撲和迫害。

其中比較引起教會恐慌和公開迫害的是天文學的發現，波蘭天文學家哥白尼1543年出版了《天體運行論》，提出了與地心說體系不同的日心說體系，沉重地打擊了早從亞里斯多德之前就已開始被天主教會接受的宇宙觀，使天文學從陳舊科學觀和宗教錯誤神學的束縛下解放出來，自然科學從此獲得了新生。

但哥白尼自始至終都是一個虔誠的天主教徒，他用科學的觀察否定了天主教會毫無根據卻又影響深廣的舊有知識。

他對宗教的虔誠達到什麼程度呢？讓我們從他那部傑作《天體之運行：導言》裡找出他的答案吧。他在《導言》裡是這樣寫到：**「如果眞有一種科學能夠使人心靈高貴，脫離時間的污穢，這種科學一定是天文學。因爲人類果眞見到天主管理下的宇宙所有的莊嚴秩序時，必然會感到一種動力促使人趨向於規範的生活，去實行各種道德，可以從萬物中看出來造物主確實是眞美善之源」**。

哥白尼挑戰的「地心說」是古希臘的大天文學家托勒密提出的，在西元二世紀時，托勒密總結了前人在400年間觀測的成果，寫成《天文集》一書，提出「地球是宇宙中心」的學說。這個學說一直爲人們所接受，流傳了1400多年。

托勒密建立了天才的數學理論，企圖憑人類的智慧，用觀測、演算和推理的方法，去發現天體運行的原因和規律，這正是托勒密學說中富有生命力的部分。中世紀的神學家吹捧托勒密的結論，卻隱瞞了托勒密的方法論，儘管托勒密的「地球中心學說」和基督教神學家的宇宙觀不謀而合，但是兩者是有本質區別的：一個是科學上的錯誤結論，可以予以糾正；一個是愚弄人類、妄圖使教會統治萬古不變的彌天大謊。哥白尼對此作出正確的評價，他說：「應該把自己的箭射向托勒密的同一個方向，只是弓和箭的質料要和他完全兩樣」。

「地球是宇宙的中心」的說法，正好是「神學家的天空」的基礎，哥白尼的發現使得教會利用天文學大肆斂錢的目的失敗，所以他遭到教會嚴密的監視和迫害，他的著作臨死才得以出版，而另一位天文學家布魯諾就非常不幸了。

喬爾丹諾·布魯諾（西元1548年—西元1600年2月17日），文藝復興時期義大利思想家、自然科學家、哲學家和文學家。作爲思想自由的象徵，他鼓舞了16世紀歐洲的自由運動，成爲西方思想史上重要人物之一。

他勇敢地捍衛和發展了哥白尼的太陽中心說，並把它傳遍歐洲，被世人譽爲是反教會、反經院哲學的無畏戰士，是捍衛眞理的殉葬者。由於批判經院哲學和神學，反對地心說，宣傳日心說和宇宙觀、反對宗教哲學，這些在他所處的時代中，都使其成爲了風口浪尖上的人物，1592年布魯諾被捕入獄，最後被宗教裁判所判爲「異端」，燒死在羅馬鮮花廣場。

哥白尼和布魯諾代表的文藝復興時期人文精神的巨大解放，儘管他們還沒有從根本上去懷疑神學，但是科學的精神一旦釋放，給人類帶來的理性精神力量就無與倫比，經濟基礎上，資產階級在文藝復興後不斷崛起，帶動了歐洲進入工業革命時代，而工業革命更加促進了科技進步，歐洲從蒙昧時代進入近現代。而法國興起的啓蒙運動從政治思想上推動了歐洲資產階級革命，他們鼓吹的自由、民主、正義、公平和「天賦人權」等觀念，深刻的影響了歐洲資產階級革命，對現代歐洲政治思想也具有巨大影響力。

啓蒙運動指發生在17-18世紀的一場資產階級和人民大衆的反封建，反教會的思想文化運動。其核心思想是「理性崇拜」。這次運動有力批判了封建專制主義，宗教愚昧及特權主義，宣傳了自由，民主和平等的思想。爲歐洲資產階級革命做了思想準備和輿論宣傳。

此外，以牛頓爲代表的科學力量爲「神學」最後走下神壇起到了技術性的推動作用。科學的昌明使得人類理性開始復蘇和啓蒙，英國科學家牛頓在1687年發表的論文《自然定律》裡，對萬有引力和三大運動定律進行了描述。這些描述奠定了此後三個世紀裡物理世界的科學觀點，並成爲了現代工程學的基礎。他通過論證開普勒行星運動定律與他的引力理論間的一致性，展示了地面物體與天體的運動都遵循著相同的自然定律，爲太陽中心說提供了強有力的理論支持，並推動了科學革命。

歐洲人猛然發現，無論天文學的觀察或者實驗室的實驗，那個自古以來令人深信不疑的上帝找不到了。

在牛頓發現萬有引力定律後，西方科學界曾無比樂觀的認爲，兩個力之間的公式定律可以發現，那麼假以時日，第三個力，第四個力之間，乃至宇宙萬力都可以被科學公式推定和證明，那麼假以時日，整個地球和宇宙，都可以像一個可以預測的機械鐘錶，每一個人，每一件事情在沒有上帝存在的情況下都可以被預測和計算，比如一個人在明天下午約會女朋友也可以被計算出來，宇宙的奧秘就將全部解決了。

然而，時間最終證明，一直到現在，牛頓萬有引力定律三個力之間的公式也沒有推算出來，並且，牛頓臨終前透露，兩個力之間的推動，有一個提前假設，就是第一推動力是「上帝」。

不過，那個時代的整體精神就是如此，科學家的集體樂觀，只有一個目標，那就是通過科學發展逐步把「神」排除世界以外。即使當時還只是第一道曙光，科學家都已經期盼黎明了。

而哲學家卻已經把深邃的思考深入的更遠，開始擺脫神學，成爲推動思想進步的先驅。

啓蒙時代前後的哲學剛開始的時候是服務於科學發展，爲知識何以能成立做準備的，當時的哲學家如笛卡爾、培根等人多數也是科學家、數學家、或者物理學家，以培根爲代表的英國哲學發展了「經驗論」，他們認爲，人的一切知識都來源於感性經驗，是建立在感性知識之上的，感性經驗是客觀世界的反映，只有感性經驗最可靠。「經驗論」就反對中世紀經院哲學的「神啓論」來說，是正確的，起過積極作用，但是也有自己局限，就是片面誇大感性經驗的作用，貶低理性認識意義，不懂得感性認識必須上升到理性認識，才能把握事物的本質，所以是不全面的。比如經驗論判斷「所有的天鵝都是白的」，這個判斷本身基於經驗，只要地球歷史上或者未來在任何時候發現有其他顏色的天鵝，這個論斷就不會成立了。

以笛卡爾爲代表的歐洲大陸派則發展了「唯理論」。他們認爲理性本身所固有的「天賦觀念」是知識的源泉，從感性經驗中獲得的知識是不可靠的，唯有理性才能提供可靠的知識，理性是眞理的最高評判者。唯理論的缺點是誇大形式邏輯，從而使得形式邏輯和內容邏輯割裂，並且常常形式邏輯不能與實際內容聯繫，比如1+1>1，在形式邏輯中成立，但在實際生活中，如在拳擊臺上，兩個小孩聯合的結果一定打不過一個大人。

雙方的爭論都在於把知識建立在「可靠」的基礎上，然而來自蘇格蘭的哲學家休謨把「經驗論」和「唯理論」一起都「懷疑」了，休謨的「懷疑論」認爲，無論上帝也好、物質也好、精神也好，都沒有根據，認識的唯一根據就是直覺印象，休謨否認了看不到的、否定推理的、否定因果的、否認道德界的、否認了感性認識和理性認識，對以往的一切自然科學和宗教都產生懷疑，這引起了歐洲大陸知識界廣泛的恐慌，不僅上帝是可以懷疑的，以往我們得到的所有知識都是不可靠的，是「獨斷的迷夢」。

在震撼中，西方哲學史上最偉大的哲學家康德被「獨斷的迷夢」驚醒，他認爲必須擺脫休謨的懷疑，爲自然科學建立根基。

康德在他著名的《純粹理性批判》中回答了休謨對知識產生的懷疑，他認爲，我們人類的一切知識產生前，已經有了一些「先驗」的前提，比如時間、空間、品質、範疇等，在我們爲所有事物下概念定義的時候，雖然我們不用都加上上述的「先驗」前提，但是我們事實上都已經在應用這些「先驗」的限制，我們下的任何事物的概念，都已經涵蓋了上述這些前置性的限制前提，不然的話，我們對任何科學都無法確定下來。比如我們定義一個物體的重量，潛在前提就時間來說一定是當下，空間來說，也是確定的空間，不能在月球上，或者其他星球，品質和範疇也是確定的，也就是說，**凡是我們想確立的知識，凡是科學所想確定的概念，一定在前面有一個超然又必須的前提，那就是在時間、空間、品質、範疇等這些「先驗」限制之後的概念**。

康德對科學知識的這個認識，爲後來人類建立了自然知識的「理性法庭」，也明確了一個基本常識：「任何科學概念都是在一定條件限制下的科學」，或者說，科學只能解決在一定前提條件下的問題，沒有絕對無限制的、放之四海而皆準的科學。

康德把科學知識的理性定了下來，而人類道德「形而上學」的天空依然成爲一個問題。所以康德在他《純粹理性批判》裡也老實的回答：自然界最高本體，我們也許只能抽象出「物自體」（這是他自創的概念），我們還無法推論出一個「上帝」的存在，「上帝」也許是沒有的。這是近代哲學家第一次對上帝「存在」做出的理性懷疑。他對於「上帝」的安置是在另一本著作《實踐理性批判》裡做了回答，它認爲在實踐的領域，在道德界，我們還必須爲「上帝」存在留有天空，「上帝」在康德那裡，有了和中國文化一致的一種趨向，成爲道德界的最高神。

在康德之後，黑格爾用「絕對精神」取代了上帝，實際上是西方宗教裡關於上帝的最高理性形式，上帝在黑格爾那裡已經不再具有人格神的特點，而是一種超然理性的神，是宇宙的終極「絕對精神」，在哲學意涵上與中國文化朱熹的「天理」相通。

雖然黑格爾對基督教「上帝」做了巨大的昇華和改造，並且自認爲圓滿的用哲學理性解決了上帝的實在性問題，但是也標誌著「上帝」神學作爲一種理論走到了盡頭。

黑格爾之後的哲學家費爾巴哈於是乾脆指出：所謂上帝的本質就是人的本質，不是上帝創造了人，而是人創造了上帝。其後從馬克思到尼采，上帝被哲學家逐漸推下神壇，尼采更爲直接喊出了「上帝死了」口號，「上帝」這個在西方幾千年文化裡不間斷的世界本體，被科學和哲學共同在近現代發展中推下神壇，走向邊緣化，走向沒落。

但是，西方人的痛苦才眞正開始了，據說康德寫完「上帝不存在」時，當時他的僕人嚇哭了，對於從人類原始時代就具有「神創」基因的民族來說，失去了「神」是非常可怕的，因爲「上帝」對於西方人來說，不僅是一個存在的問題，或者創造世界的問題，更重要是「上帝」代表了人類道德、價值和一切眞善美的寄託之所，沒有了「上帝」，人類的靈魂就無法安放，人的心靈都將成爲遊魂，人將變成行屍走肉，所以對於西方人來說，「上帝」的眞實性不僅僅在於存在與否，而是「上帝」必須存在，不然人類就失去了「精神家園」。

西方人對於上帝不是簡單可有可無的問題，是道德價值領域和自然科學領域無法調和的問題，所以尼采在喊出了「上帝死了」之後，他自己也瘋了。

而基督教教廷在中世紀之後，也開始分裂、改革，從羅馬天主教廷裡，先是在東羅馬帝國範圍內分裂出東正教，而後在16世紀宗教改革裡又分出了新教，這些基督教內部的變化，從法理上對基督教並無實際改變，只是世俗權力和利益格局的變化。

20世紀的兩次世界大戰幾乎摧毀了人類4000多年的精神堡壘，許多信仰不翼而飛，道德倫理瓦解，虛無主義盛行，「神」被宣判死刑，倫理基礎動搖，人不到天堂，又會到哪裡去成爲新的問題。

隨著傳統信仰體系的衰落，三種新的信仰應運而生，這就是對科學進步，國家主義和共產主義的信仰。按照湯因比的說法，新興信仰是作爲解放人性欲望、滿足自我的手段而產生的，弗洛姆更是把這一進程概括爲「人想成爲上帝自身」的企圖。這些新宗教不僅爲西方社會所信奉，而且早已滲透到了東方社會。一兩個世紀以來，這些所謂「新宗教」的弊端已經顯露無疑，人類沒有活的更好，而是更加找不到心靈家園，科技進步解決不了心靈的荒蕪，解決不了倫理和道德責任，也解決不了科學家的自殺；國家主義並不能解放人類，而是束縛人類的最高形式；共產主義局限於政治團體內部，追求人類整體解放卻在現實生活著難免犧牲個人的自由解放，這些新信仰在道德基礎上不斷的受到質疑。

科學在近現代取代「上帝」，一統「唯物」與「唯心」，有著深刻的背景和邏輯，並且有時代的契機。

傳統哲學思維裡，我們人類能看到的「現實世界」背後，一定要有一個「形而上」的超越體，解決絕對的無限的空間、時間及價值領域最高的眞善美與道德。這個超越界，人類雖無法證實，但確信其有，並形成信仰，上帝、道、梵等一切不可證的世界統一歸於這個形而上界，佛教較爲形象，稱爲「事法界」與「理法界」，道理大致相同。

從哥白尼、牛頓到愛因斯坦這一段，這是人類精神大放異彩一段，怎麼讚揚都不爲過，物理學發生根本性的革命，特別是愛因斯坦相對論的出現，使得數學和幾何領域的莊嚴假設「絕對空間」、「絕對時間」以及物理學裡「第一推動力」都成爲沒有必要，一切存在都涵蓋在相對的「關係」及「事件場」中，所有現實世界將不必向上推出一個「物質體」，傳統哲學喜歡的「本質屬性」、「本體」將毫無意義，世界都在相對的「關係」之中，一切都可以用關係邏輯解釋，傳統那個形而上的超越的領域就因爲無法證而無意義，「上帝」隱退、靠邊站，科學都能說的清。

「物質本體」靠邊了，「心靈本體」也一樣無意義了，沒有什麼心靈本體，人的意識、思維都是一連串心理事件構成，在這樣一種科學光輝燦爛的大時代背景下，「唯物」與「唯心」也被削減統合了，科學成了人類世界新的上帝。

科學的震撼把道德精神文化壓下去了，因其虛玄神秘說不清又無法證被「削」了，但人類的「苦」日子也隨之而來，科學本無好壞，重要是人心淪陷，我們研究石頭礦等自然科學，只需客觀性，無需道德，而如果把這種「科學方法」應用到人文科學上，那是一種極大的罪惡。科學進入文學、思想界，論證越嚴謹，人類越機械，人類越機械，自由意志越虛空。人類基因組都排出來了，做爲世界最偉大的科學工程，也許能隨時「克隆」一個人，但無法解決這個世界人類的痛苦。

科學唯一到科學決定論，進入到社會歷史及經濟領域集大成者唯德國馬克思氏，人類被成爲爲了「階級利益」尋找食物的動物，其宏大的唯物史觀導致一個多世紀以來爲解放「階級」而產生的人類階級鬥爭，規模之大，後果之烈，無與倫比。

人文的荒涼遂成爲21世紀世界之難題。

在當今，雖然基督教已經不再是政教合一的權力組織，但是基督教文化依然在人類的心靈中占據著重要地位，特別在西方社會，基督教是世俗生活中不可或缺的文化元素，近千年來，神的地位變遷，神的解釋變化，實際上反映的是人類的認識，從多樣的自然神，到絕對主宰的上帝，再到上帝被質疑，都是人類思想的發展歷史，神的觀念沒有變，亦或說神作爲一種信仰已經深刻的印記在信徒的心中，變化的只是教會、教廷與世俗權力的分配，基督教在進入現代社會以來，不斷改良，與科學精神、民主精神和諧共處，各擅其場，在人的道德領域起到了穩定社會、安頓心靈的決定性作用，成爲西方文化的標誌。筆者曾經在英國倫敦的新教教堂看到，世界各種膚色的人，手挽手，肩並肩，齊聲高唱讚美上帝、熱愛和平的主題歌曲，每個人都熱淚盈眶，場景讓人記憶深刻，久久難忘。

以上就是「神」信仰的全部歷史脈絡。

就理性而言，西方世界的「神」信仰矛盾是無解的，一方面，「神」沒有辦法找到或者顯現讓人信服，另一方面，「神」對於人來說就是精神歸宿，不是「神」離不開人，而是人離不開「神」，最後的辦法還是「上帝」的歸「上帝」，凱撒的歸凱撒，各司其職。

對於現代社會來說，「神」的故事最後留下的是一聲歎息，從存在的角度看，拜神的人也許很難找出「神」存在的證據，只能交給神秘體驗，或者說「神」不是我們人類經驗能感知這樣的話，而另一方面，「神」又必須保留，因爲物質世界的發展越快，人類的心靈越荒蕪，人類防止「物化」或者「異化」的最好辦法，還是應該有一個超然的「神」給予監督，並且把人類的罪惡壓縮到最小，讓心靈家園有一個終極歸宿。

我們沒有來得及對世界其他「神」的歷史展開討論，根據資料統計，世界上目前總人口約70億左右，基督教徒大約24億左右，伊斯蘭教徒約15億左右，印度教徒約10億左右，其他信「神」的民族大約5個億左右或者更多，也就是說，大約一半以上的地球人類對於「神」的崇拜依然是精神生活的全部，我們絕對不能忽視。

現在來簡單總結一下，「神」作爲人類一種終極崇拜和信仰，對於我們的意義。

一、信仰的構成，都是在人類對終極問題的探索中，一般包括世界的本體是什麼（我是誰）、世界是怎麼創造出來的（我從哪裡來）、世界的運行規律是什麼（我到哪裡去），對這些問題的回答，構成了各民族信仰的天空，基督教（也包括其他信仰神的宗教）以「神」這個終極超越體來概括終極信仰，這是人類探索世界終極問題的模式之一，無論你信或者不信，「神」是世界本體、世界是「神」創造的、世界是「神」推動的，這是「神」這種終極信仰模式的回答。

二、儘管人類現在有了一點科學的常識，取得了一些進步，從科學領域裡還無法證明「神」是一種眞實的存在，但是也絕對無法證明出「神」眞的不存在，就科學而言，我們現在認識的宇宙，不到宇宙整體知識的百分之五，甚至更少，我們目前認識的宇宙至多是在三維空間之內，我們也確定知道，一定有我們認識不到、看不到、摸不到、或者感知不到的其他形態的存在，所謂意識、靈魂、神這些被現代人還在「不可知」狀態形容的形態，在更高維度的宇宙態中也許存在，這是人類理性能推斷的。

三、儘管早期人類對「神」的理解來自於啓示，現代人類善於應用理性，但是我們必須承認宇宙中有一些事物並不一定來自理性認知，特別是人類道德、情感、意志等。科學是有一定界限的，而啓示作爲一種「被感知」也會與時俱進，未來我們也許對「道成肉身」這樣的說法有所揚棄或者修正，但是人類對「神」的整體探索不會停止。

四、整個宇宙在「神」的無限照耀下，不僅僅是一個理論上創造世界的問題，還代表了宇宙的善、宇宙的愛。道德、價値、眞善美這些關於精神世界的最終歸宿也屬於「神」的大愛之中，這是根本無法取消的，宇宙整體向善、向愛，也是世界上其他信仰裡一致的看法，並且人類「精神」這類概念，不能簡單用現代人類的認識來認識，也不能從唯物主義或者唯心主義那種簡單二元對立角度來認識，在更高的宇宙維態中，所謂「精神」這類存在，也許也是眞實不妄的，量子科學的發展已經有了這樣端倪。

五、無論如何，「上帝」代表的道德、價値觀念，也是人類能夠感知，或者甘願被啓示的實證路線，在道德的路線下修行，成爲包括上帝崇拜在內各個信仰崇拜共同的修行取向，即使人類消亡，道德作爲一種宇宙法，也不會消亡。

總體來說，拜神的人，代表了這類人對宇宙終極本體「神」的認可，人類的故事無論理論上怎麼講，對於人的意義則永遠是「教化」，這也就是宗教、哲學、文化的目的：**用終極超越信仰來指引人的行爲**。所以，重要的不是世界怎麼樣，而是人類應該怎麼做。

第三章
一沙一世界——禮佛的人

第一節　佛陀的證悟

如果說，「神」的信仰主要來自於宗教體驗，建立在神秘的隱喻性說明之上，那麼佛的信仰也許是最具有理性的宗教了，佛教作爲世界性三大宗教信仰，始終具有一種魅力，吸引那些眞正愛好形而上學並且高度理性的人。

佛教產生於古印度，作爲世界四大文明古國，古印度曾經創造了輝煌的歷史成就，並且給這個地區留下了深厚的辯證思維特點，它是人類最古老的文明之一。曾經創作了精美的繪畫和雕塑，還有世界上最長的史詩。在文學、哲學和自然科學等方面對人類文明作出了獨創性的貢獻。然而最顯著的特徵是古印度地區鮮明的宗教性基因。

大約在西元前1800年至西元前600年間，印度進入吠陀時代。吠陀時代分前期和後期，前期即梨俱吠陀時期，約在西元前1800年至西元前1000年，社會仍處氏族部落性質；後期約在西元前1000年至西元前600年，社會分解爲四個階層，首陀羅爲最低層，吠舍爲中層，剎帝利和婆羅門爲上層。

最初的信仰有著圖騰崇拜的原始痕跡。西元前1500年左右，雅利安人大舉侵入，與當地的土著文化相融合，於西元前1200年至西元前1000年期間編纂了原始的宗教文獻《吠陀》，並在此基礎上創建了婆羅門教，這是印度最早的宗教。

與世界上的其他宗教相比，由於婆羅門教誕生的時間較早，所以內容也較爲龐雜。一方面，它不像基督教或伊斯蘭教那樣，有《聖經》、《古蘭經》之類的根本經典。而是將《吠陀》、《奧義書》、《往事書》，以及其後的各類法典統統作爲教義的源泉。另一方面，它也不像基督教和伊斯蘭教那樣，有單一而明確的神，而是將成千上萬個神明作為頂禮膜拜的對象。

與世俗生活中的種姓制度相一致，婆羅門教的神也是分層次的。最高層次的神是梵，它不是一種人格化的神，超越時空，不具有任何形式，但卻是隱藏在宇宙背後的絕對實在、終極本體。第二層次的神是梵的具體形態，顯現為梵天、濕婆、毗濕努三大主神，以及他們的各種化身、配偶和子嗣。作為梵的具體化身，三大主神功能不同，梵天是世界的創造者，濕婆是世界的破壞者和重建者，毗濕努是世界的維護者。第三層次的神是人格化了的自然神，如太陽神、月亮神、地母神等等，種類各異、名目繁多。從這裡，不難看出：層次越低的神，越具有圖騰物的原始痕跡；圖騰越高的神，越具有遠離圖騰物的抽象色彩。

從中也可以看出，在人類早期，世界各個民族信仰的一致性，都是從多神信仰開始的。但是印度的多神崇拜相較其他民族的多神崇拜多了一些特點，一是他的層次性，神從最高的抽象化的神，到具象化、人格化神層層遞減，顯示了印度人先天的思辨風格。二是其體現人格化的神成為最低等級的神，無相無形的神才是最高等級，具有早慧民族的特點。

大約西元前600年前後，印度出現了與婆羅門思潮相對立的沙門思潮。沙門思潮是當時自由思想家的各種觀點、派別的通稱，其中最有影響的是佛教、耆那教、生活派、順世派和不可知論派等。這些思潮雖各有標榜，但也有相同之處，他們反對吠陀權威和婆羅門教精神統治方面是一致的，反對祭司的精神統治和種姓的不平等制度，反對婆羅門教的社會倫理準則等等，沙門思潮反映了當時正在興起的社會力量——武士貴族、商業富有者和城市居民的思想和傾向，佛教也是沙門思潮之一，但佛教在西元前6—5世紀興起時並不像佛教經典所渲染的那樣是一個有重要影響的派別，隨著時間的推移，佛教作為真正的思辨哲學特徵越來越明顯，他的影響力越來越大，最終走出印度，成為了世界性的大宗教，而這一切，都源於佛教的創立者喬達摩・悉達多。

佛教的創立者喬達摩．悉達多，是古代中印度迦毗羅衛國的釋迦族人，後人對他尊稱釋迦牟尼，意義是「釋迦族聖者」，佛教徒稱之為「佛」或「佛陀」，意為覺悟者，達到覺悟的人。釋迦牟尼出身於刹帝利種姓，父親是迦毗羅衛國的國王，稱淨飯王，母摩耶夫人。傳說釋迦牟尼生下第七天母親去世，他由姨母撫養成人，從8歲起學習吠陀、武藝，17歲娶妻，生有一子。

釋迦牟尼時代，印度北部有十六國，基本上都是君主制。此外還有若干獨立或半獨立的小國，釋迦族統治的迦毗羅衛就是其中之一，位於今天尼泊爾境內，接近印度邊界。

釋迦牟尼出生的時間大約是西元前565年，中國農曆的四月八日。佛教將這一天定為「佛誕節」，也稱「浴佛節」。

據佛經上講，幼年的時候，喬達摩．悉達多就有沉思的習慣，世間許多現象被他看到之後，都容易引起他的感觸和深思。在傳統的「王耕節」時國王要在這一天親自耕種土地，淨飯王帶領悉達多太子來到田野，太子看見在田地裡的農夫赤背裸身在烈日下吃力地勞作，耕田的牛被繩索鞭打皮破血流，被犁鏵翻出來的小蟲蚯蚓，被鳥雀競相啄食，鳥雀又被蛇、鷹吞食。這一幅幅生存鬥爭，弱肉強食的情景，使王子感到很痛苦，他無心遊玩，就走到一棵閻浮樹下靜坐沉思。

29歲的某一天，他鄭重地懇求父親淨飯國王允許他出家修行。淨飯王聽到兒子要出家，如同霹靂轟頂，他流著淚要求悉達多打消出家的念頭，將來好繼承他的王位。悉達多就向父王提出：如能滿足他的四個要求，他就不出家。一是沒有衰老的現象，二是沒有疾病的痛苦，三是沒有死亡的恐怖，四是所有的東西不損不滅。淨飯王看到兒子出家的決心已堅定，沒有能力說服兒子，只好多派人看護悉達多太子，防止他離開皇宮。但是在某一天夜晚，太子還是毅然的離城出家去了，行至阿那瑪河畔，剃去鬚髮並去除飾物。然後南行至當時印度新文化中心地摩竭陀國，這裡集中了印度眾多新型思想家，之後他先跟數論先驅阿羅邏和優陀羅學習禪定，又修行了六年苦行，但認爲這樣做都達不到解脫，35歲那一年，他到王舍城外尼連禪河畔伽耶的一棵菩提樹下坐禪，經七天七夜，對人生和解脫問題進行思考，達到了「覺悟」，佛就是覺悟的人，釋迦牟尼的覺悟，對人類來說，意義非常重大，因爲這是人類從「神」的信仰裡分化出來的第一種非常理性，並且具有高度思辨色彩的哲學思想，並最終成爲世界性的大宗教，影響人類2600多年，延續至今。

那麼，2600多年前那一天，佛陀在菩提樹下證悟到了什麼？

佛陀回答了人類的幾個終極性問題，這是佛教成爲世界大教的核心關鍵。

一、世界的本體是什麼？

佛陀認爲不是神，佛陀不認可「梵天」之類絕對的神，也不是火、水、土等任何自然物質。

巴利語中，相當於其他宗教創世上帝一詞的是Issara，梵天。佛陀從不承認創世上帝的存在，無論它是一種力量或一有情。在《尼乾經》中，佛陀駁斥該宿命論：「故爾，由於上帝的造作，人們成爲兇殺者、偷盜者、不貞潔者、謊言者、謗言者、惡語者、貪欲者、歹毒者、邪見者。因此，對於那些由上帝創造出來的人，他們既無希望也無能力，也沒必要作此事或不作彼事。」對於從事極端苦行的天衣派行者，他說：「諸比丘，若有情衆生經歷的苦樂爲上帝所創造，那麼，此等天衣派行者一定是由邪惡的上帝所創造，人們需承受如此悲慘的痛苦」。

佛陀的這種說法，在當時那個年代可以說是石破天驚的，沒有人類敢於說出這個世界的主宰不是「神」，按照時間的判斷，釋迦牟尼大概和中國老子是同一時代的人，不管哪個在先，在同一時代，古印度和古中國，同時出現兩個率先說出這個世界主宰不是「神」的人，這兩個民族的早慧就是天經地義的了。

那麼這個世界的眞相是什麼？本體是什麼？釋迦牟尼的回答讓人大吃

一驚，他說：這個世界本質是——「空」。

首先，世界上所有事物都是**「緣起」**，就是根據其他條件才存在的，找不出任何一件事物是絕對獨立永恆不變的存在，每一個物體都是其他物體的「因緣」結合而成，每一個物體也同時是其他物體的條件。舉個例子，我們看到一個白顏色的瓷碗，如果我們給它明確一個「準確的定義」，會有這樣的幾個範疇：1.白色；2.圓型；3.盛器；4.材料是瓷。而其實上述每一個定義都不能站得住腳。白色首先是人爲的，不是先天就有，是根據人的愛好調製的，加入了顏料和工藝才變成白色；圓形也是人的技術弄成，也可以做成方形或其他形；盛器也是人爲的功能，也可以冶煉成其他用途，瓷的材料也不是天然的，由水、土、添加劑和高溫冶煉才能成爲瓷器。所以任何一件我們看到和想到的事物，是不可能天然獨立永恆的存在，每一件事物，都是其他很多事物、材料和一些因果關係成爲現在的事物，因此，釋迦牟尼說：世界都是「緣起」的。

那麼，既然每一件物都是其他事物的「緣起」，那麼它的本性是什麼呢？釋迦牟尼說：本性爲空——**「性空」**。沒有一件事物可以例外，因爲每一件事物都是靠其他事物作爲前提條件才能存在，那麼世界上就沒有一件事物有獨立永恆的本質，只有一個本質，就是「空」。合起來就是一句話**「緣起性空」**。

那麼有例外嗎？比如說「人」呢，人也是「性空」，也是「緣起」嗎？釋迦牟尼說：沒有一個例外，包括人，人也是其他因緣結合而成，從來沒有一個天然獨立絕對永恆的「我」的存在。這就是**「人無我」**。

這個世界有一個「我」嗎？

肉體上看，從生命的起源追溯，每一個人來自父母精卵的結合本身就是生物學上最神奇的現象，就有最大的概率性偶然，而且一個人的肉體從嬰兒到老年，每一天都在變化，沒有一個能定住的永恆的「我」。從器官上看，人的身體沒有一個部分可以認爲是能代表一個「我」，無論手、腳、肝、頭，每一個單獨的器官都代表不了一個獨立的「我」存在，即使是一個完整的身體，也不能代表一個「我」，因爲如果沒有精神，人的一個完整的肉體可能就是一具屍體，一具肉人，不能代表「我」。現代醫學也證明，人的細胞代謝非常快，每十幾天，人的細胞血液都將完全更新，從微觀上講，也沒有一個永遠不變的「我」存在。

那麼從精神上講，有一個在我身上不變的「靈魂」存在嗎？沒有，佛陀說：這個世界，並沒有一個從前世、到今世、到後世永恆不變「靈魂」的存在。

相信一個人有靈魂，在佛陀說教中看做是一個難以消除，爲人們所特別喜愛，爲多數思想派系所固執的問題，這種特殊信仰即使在現代也很頑強。事實上釋迦牟尼很明確的否定了人有不變的「識」——「靈魂」的存在。

在佛陀看來，與其認爲心、意或識爲「我」，還不如認物質色身爲「我」。因爲色身似乎更堅實，心、意、識遠比色身更加變幻無常。佛陀解釋「識」是如何依生起的因緣不同而得名眼識、耳識、鼻識、味識、身識、意識。他比喻說：「以木柴燃燒的火叫做柴火，以稻草燃燒的火叫做草火……識也是從使它生起的因緣得名」。佛陀毫不含糊地宣稱：**沒有離開物質而獨立存在的識**，識是依色、受、想、行四蘊而生起，不能離此四蘊而獨存。他說：「識可以以色爲方便、以色爲對象、以色爲給養而存在，並且爲樂此不疲故，它可以生長、增進、發展……（受、想、行同理）」「如有人說：我可以顯示識的來、去、消逝、生起、成長、增進、發展，而與色、受、想、行無關，那他所說的東西根本就不存在。」所以識不是與物質對立的絕對精神。

因此，對於人來說，無論肉體或者靈魂，都沒有一個連續不滅，獨立不改、永恆不變的「我」的存在，這就是「人無我」。在一切有爲法（因緣起而結合的大千世界）、和無爲法（清靜的涅槃）裡，都沒有一個「我」的存在，就是**「法無我」**。合起來說，所謂的「我」根本不存在，「我」是一個虛妄的概念，世界上根本沒有「我」！**這就是「諸法無**

我」。

這是多麼恐怖一個說法啊，《金剛經》傳法裡直接說：第一次聽到這樣的說法，沒有產生恐懼的人都是善男子，都是有很深佛緣的人，很難得。確實是，直到如今，很多人都不會接受這個觀點，我每天呼吸，每天吃喝拉撒，怎麼世界上就沒有一個「我」呢？

這個說法在18世紀德國著名哲學家康德那裡也得到了印證。

原來我們給世界上任何事物下一個定義，其實不言而喻是有一些前提的，比如時間、空間、品質、範疇這些前提，雖然我們不是每一個定義都要說明這些前提，但事實上，沒有這些前提，世界上任何事物都無法下一個準確的定義。比如「兩點之間直線距離最短」這個定義，前提是在一個平面空間，在球體或者其他維度空間裡，這個概念就不正確。比如說，「這是一棵小樹」，那麼30年後，就不準確，已經是老樹了，因爲時間在變化。再比如，這個人重量是70公斤，但是如果放在月球上，就不是這個重量了。康德用這些說明，所謂的人類知識，人類科學，其實都有「先天」的大家公認的前提，就是時間、空間、品質、範疇這些前提，否則，沒有任何事物可以被「絕對」的定義，世界上也沒有能被「絕對」定義住的事物。

那麼這樣一來，世間萬物，包括人，只要想給下一個定義，也一定是在「時間、空間、品質、範疇」等這些前提條件下的定義，不然無法定義，一個事物，一萬年後可能就是瓦礫，一個人，一萬年後，也許就是骨灰，而世間萬物在佛眼裡都是「有爲法」，就是因緣結合而成的，所以，都是「暫時有」，那些人類的意識，都是「假有」，都是因爲「無明」煩惱而生成的，所以都不是一種永恆的存在，因此如果從永恆絕對的本質上給這些事物下定義，就是「空」的。

從佛陀的角度，也能看出哲學或者宗教一些特質，凡是哲學裡想追尋的終極問題，都是那些終極源頭問題，就是一切原因的原因，在它之前不能再有其他原因，如果還能往前追究原因，那麼就不是終極問題，就如同基督教裡講「上帝」：「**太初有道，道與神同在，道就是神。這道與神同在。萬物是藉著他造的；凡被造的，沒有一樣不是藉著他造的。生命在他裡頭，這生命就是人的光**」。「上帝」就是世界的終極眞理，再往前沒有了。

那麼，在佛陀這裡說的也是一個終極性問題，不是那種「有前提條件」限制的概念，必須是無限制的，絕對的終極性源頭，那麼這個世界的本體被佛陀覺悟到了，那就是「空」。

佛教被稱爲「空門」，如果理解了「空」的概念，就理解了佛教，否則，就是與佛教背道而馳。

釋迦牟尼震爍古今的提出了一個千古不滅的文化方向，指出了人類理解世界的另一條道路，他認爲這個世界本質不是「神」創造的，也不是任何其他事物爲本質，這個世界本質就是「空」，並且一空到底，「人空」、「法空」。這樣通過理性邏輯的推理，現代科學也不能推翻。

爲什麼釋迦牟尼要指出這個世界的眞相是「空」呢？

原來，他是要破除人類一個執著心，人類一切煩惱、無明都是欲望而引起，都是貪、嗔、癡的結果，都是心中有一個「我」的概念引起的，釋迦牟尼爲世人點出，這個世界並沒有一個「我」的眞實存在，就是爲了拯救人類，目的是讓人生出菩提心和慈悲心。

二、世界的運行規律：諸行無常，諸行是苦

佛陀既然說萬物無自性，本質是「空」，那麼萬物這種臨時「假有」的聚合是不是可以有規律掌握呢？

佛陀說：不可能，這個世界的運行只有一點是永恆不變的，那就是「無常」。

「無常」有兩層意思：一是運動的，二是不確定的。這個世界「世事無常」才是永恆運行規律。

用現代科學的眼光來看，目前我們發現的物質最小粒子——量子有一

個不確定性原理，是由德國物理學家海森堡於1927年提出的，這個理論是說，你不可能同時知道一個粒子的位置和它的速度，任何一個粒子，你如果想測定它時，它已經發生了變化，首先測量東西的工具和行爲將會不可避免地擾亂那個事物，從而改變它的狀態；其次，因爲量子世界不是具體的，但基於概率，精確確定一個粒子狀態存在更深刻的限制。這表明微觀世界的粒子行爲與宏觀物質很不一樣。此外，不確定原理涉及很多深刻的哲學問題，用海森堡自己的話說：「我們不能知道現在的所有細節，是一種原則性的事情。」

量子科學的不確定原理和測不準原理以及最新的物理學、數學的發展，都相繼在各個領域證明了佛陀對世界的認識規律，這個世界本來就是「無常」的，那些試圖想證明世界是可以掌握的機械體是愚蠢和可笑的，**這就是佛陀所說的「諸行無常」**。

除此而外，釋迦牟尼還發現了「有情」世界的一個終極規律，所謂「有情」，就是指人類等有情識的生物，與山川河流等無情物對稱，有情無情合起來構成整個世界。這個有情世界終極規律是什麼呢？

釋迦牟尼說就是「苦」。人的一生，從生到死，苦是最根本，最本質的規律，歡樂總是短暫的，而苦是最根本的，生、老、病、死是每個人都無法避免的苦，這就是**「諸行是苦」**，並且這種苦的來源也是由於人的「無明」帶來，只有從根本是消除了苦的源頭，人類才能找到最終的幸福。

從「苦」這個源頭出發，釋迦牟尼提出了初傳法時的「四諦」，諦就是眞理，**苦、集、滅、道就是四諦**。「苦」爲生老病死，「集」爲召集苦的原因，「滅」爲滅惑業而離生死之苦，「道」爲完全解脫實現涅盤境界的正道。

這也是一條佛教的修行之路，因爲人類的根本眞相就是「苦」的，所以我們要召「集」苦的原因，最終是爲了消「滅」這些苦，遠離這些苦，而最終要走向一條擺脫輪迴的涅槃之路。

三、人類的輪迴的眞相是什麼？（從哪裡來，到哪裡去）

那麼什麼是輪迴呢？什麼是涅槃呢？

佛陀講世界的本質是空，是讓人類放下執著，講人類的本質爲苦，是讓人類發慈悲智心，講萬事萬物是「緣起」，（根據其他條件而產生），是告訴我們一個永恆的眞理，那就是因果律，一切事物因爲某種條件（因），才能有某種結果（果），因此因果律才是世界永恆規律，善惡美醜都一樣，如果一個人不停造「業」，就必然有「報」，這不是神的規定，世界本來如此。

佛陀初傳法用「十二緣起」形容人的因果迴圈規律，由「無明」（人的愚味）而緣起產生了「行」（身，語，意三業），由「行」產生「識」（入胎識），由「識」緣起「名色」（受，想，行，識），由「名色」緣起「六處」（眼耳鼻舌聲意內處），由「六處」緣起「觸」（觸覺），由「觸」緣起「受」（苦樂受），由「受」而緣起「愛」（愛欲），由「愛」而緣起「取」（想要），由「取」而生「有」（三界），由「有」而緣起「生」（生命根），由「生」而到「老死」。這十二因緣是人產生的過程，總稱「三世兩重因果」，告訴人類由「無明」到「老死」，人在三世的輪迴眞相，擺脫不了「無明」，就只能生死輪轉，永無終期。直至涅槃方休。而涅槃就代表擺脫輪迴的清靜世界。（巴利文原典對涅槃的若干定義：「一切有爲法的止息，放棄一切污染，斷絕貪愛，離欲，寂滅，涅槃）

輪迴是世界的眞相，也是世界的因果總規律，一切都是由於人先天的「無明」愚味導致，才使得人「死了再來，來了再死」，永遠擺脫不了輪迴，並且由於人今生的「惡業」，也許導致你來生並不能輪迴到人類裡，也許在餓鬼道和畜生道裡，遭受「苦」的報應。

你可以不信，但你擺脫不了因果律，人無論對他人，對自然界有任何惡行，那報應一定會來，古往今來，主宰世界的不是神，不是帝王將相，而是因果律，這是人最應該敬畏的宇宙法則。

從一個尊貴的小王子，到了覺悟的佛陀，釋加牟尼在那一天的菩提樹下，用無限光明之心打量著世界，他的證悟爲人類帶來永恆的力量，他開始傳法了。

佛陀如果僅僅證悟了世界的本原及運行規律，那他就和任何一個哲學家並無不同，因爲哲學也在解釋世界，只不過觀點不同而已。而佛陀完成的不僅是理論，而終成爲世界大宗教，就是因爲佛陀解釋世界的根本悲智心在於渡化人類，從覺悟小我，到成就眾我，由覺悟人生到奉獻人生。

宗教與哲學一個重大不同在於，哲學僅解釋本原，只建立理論體系，而宗教是在最高超越者（神或道）與人類之間建立神聖的聯繫，莊嚴的儀式。

宗教必須是關注人類的，不然佛陀與我有何干系。

佛陀初傳法時，給世人帶來的都是覺悟到的根本性的問題。比如：

緣起性空：萬物依他性無自性本質爲空。

四聖諦：苦（一切苦）、集（苦的原因）、滅（消滅苦）、道（消滅苦的方法）。

十二緣起：從無明到老死，三重兩世因果。

三法印：諸行是苦，諸行無常，諸法無我。

因果律：業與報，輪迴的眞相。

……

佛陀獨自證悟的這一切，他並沒有讓人類迷信，他的傳法是讓後人也向他一樣通過實踐去證悟，入佛門實質是從頭至尾的實踐體驗，佛告訴你，眞實的智慧在你心中，只是你沒有發現，佛學和佛教的最終目標是「見性成佛」，使自己成爲和佛一樣覺悟的人，修佛就是覺悟人生，奉獻人生，就是修行，就是修學佛的大悲大慈之心。

第二節　佛教的中國化歷程

從佛陀證悟世界的角度看，佛法從一開始就開闢了一種全新的宗教理性，就是佛教哲學。

如果說基督教代表的神學崇拜訴諸的是主觀的宗教神秘體驗，那麼佛學從起點就進入了智慧的辯證邏輯之中。

基督教的教義邏輯是信者則入天堂，不信則入地獄，所以信者恆信，不信者恆不信，就是非此即彼模式，「**神愛世人，甚至將他的獨生子賜給他們，叫一切信他的，不至滅亡，反得永生。因爲神差他的兒子降世，不是要定世人的罪，乃是要叫世人因他得救。信他的人，不被定罪；不信的人，罪已經定了，因爲他不信神獨生子的名。光來到世間，世人因自己的行爲是惡的，不愛光，倒愛黑暗，定他們的罪就是在此。**」不信的人就天生有罪的，那一定有人不服氣。而佛教的模式是一種智者進來，不智者根器淺的話可以開「方便門」也進來，不強迫，不定罪，你願意在無明中永遠輪迴是你的事情，選擇才是關鍵。比如那些只會燒香磕頭拜神求事情的人，佛認爲他們只是根器淺，念在他們向善之心和有利於社會教化，也能接受他們進來，結果弄得現在滿世界都是這一類信佛的人。

從佛教後來的傳教過程中也能看出，整個佛教歷史中的聖人，都具備了理性的辯證能力，不去付諸於主觀神秘，這是佛教傳統，就是堅持「說法」。「法」要講的通，才能讓人信，所以喜歡佛教的多數都具有智者傾向，即使是德國古典哲學大家也沒有人敢輕視佛學，而中國歷史裡，如朱熹、王陽明等大儒年輕時都有喜歡癡迷佛學的經歷。

在基督教神學理論裡，哲學不過是神學的婢女，是爲神學服務的，能理性就理性，不能理性就記住一句話，信就夠了，主觀的傲慢會讓一些愛好形而上學並且深具理性基因人因此而遠離。而由釋迦牟尼帶來這個智慧覺悟的傳統對後世佛學影響巨大，歷代高僧在佛陀之後，層層疊瓦，佛學大廈愈來愈高，終成偉樓。

釋迦牟尼之後，由於他傳法前後不同，受眾講法不同，徒弟社會地位不同等歷史因素，佛教開始分化。

分裂的原因就是佛教弟子因爲對佛陀教義理解不同。

釋迦牟尼在世時，他的說教師生口授相傳，並無文字記載，他死後，爲了對他學說進行甄別和審定，佛教徒舉行集會，對他的教誨進行背誦，得到公認的就定下來，這叫做結集。據傳印度歷史上進行了四次結集，但就是因爲結集，產生了佛教的教派分裂。

總體而言，四次結集大約發生在佛陀死後的五百年之間，由此產生了後來的佛教經典理論，大體分爲經（佛陀親傳著作）、律（佛教戒律）、論（解讀佛陀經書的著作）三類，統稱爲「三藏」，熟悉「三藏」的法師，成爲「三藏法師」。

由於傳承體系不同，佛典使用文字分爲三大體系，北傳（漢傳）佛教屬於梵文體系，現有漢文字都是由梵文翻譯而來；南傳佛教屬於巴利文體系；我國西藏地區的藏傳佛教屬於藏文體系。

大約在佛陀去世後二百年左右，印度孔雀王朝阿育王統一印度，建立強大帝國，阿育王皈依佛教，傳法佛教，佛教從恆河流域逐漸流傳出印度，發展成爲世界性宗教。

大體而言，傳到中國漢地的佛教，稱爲漢傳佛教，以大乘佛教爲主；傳到東南亞的佛教，稱爲南傳佛教，以小乘佛教爲主；傳到中國西藏的佛教，稱爲藏傳佛教，以大乘佛教爲主，主要是大乘密宗。

所謂大乘、小乘，實際是佛陀去世後，佛教教派分裂的結果，佛陀涅槃後，佛教進入部派佛教時期，分爲上部座和大眾座，下面又有很多分部，他們在不同的角度解釋著佛陀的思想。大約在西元一世紀左右，印度佛教進入大乘佛教時期，「乘」爲承載的意思，「大乘」就是承載大眾渡過苦海，到達涅槃彼岸，「小乘」包含著貶義，意思只能承載少數人到達彼岸。實際上，大乘佛教就是包含釋迦牟尼離世後發展豐富起來的佛教理論，而小乘佛教以原始佛教和部派佛教理論爲主題，大乘佛教與此區別。

雙方有一些主要區別，小乘佛教只認釋迦牟尼佛，大乘佛教還有其他佛，如我們中國人熟悉的「三世佛」。大乘佛教有很多佛以下果位，如菩薩、阿羅漢等，小乘佛教的最高果位就是阿羅漢。這種區分本身就是對小乘佛教的一種貶低，其實小乘佛教就是尊崇佛陀原始教義的教派，對佛陀以後發展起來的佛教理論思想不認可，而大乘佛教是既包含釋迦牟尼思想，也包含其後不斷完善發展起來的其他佛教聖人的思想，從信仰角度，無對錯之說，信仰忠誠是教徒的自由，但是從宗教理論、哲學思維的客觀發展來看，任何理論只有經過不斷發展，才能更新壯大，就如同中國儒家思想也一樣，也必須有後期的不斷豐富，這是學說思想的必然發展路線，大乘佛教就是這樣的意思。

大乘佛教在西元一世紀在印度興起，由馬鳴菩薩開始，他是大乘佛教理論重要的創始人，極大豐富了佛陀的原始佛教理論。他著寫了很多大乘理論經典，當然後來也有一些經典被認爲僞書，是後人假託他名義寫的。

大約在西元三世紀左右，大乘佛教第一派重要學說產生，這就是大乘空宗，這一派學說十分強調「空」，被稱爲中觀學派，又被稱爲大乘空宗。中觀學派創始人是龍樹，這是佛陀之後最偉大的佛教思想家之一。

大乘空宗主要弘揚《大般若波羅蜜多經》，「般若」就是偉大的佛教智慧，「波羅蜜多」就是到達彼岸，要通過偉大的佛教智慧到達涅槃彼岸。中觀派的主要著作是龍樹的《中論》、《十二門論》及其弟子提婆的《百論》等。

大乘空宗主要思想認爲：

一、世界萬物是空有，假有，萬物和合而生，無自性，都是「空」。就是「不生不滅、不常不斷、不一不異、不來不出」，所謂「八不」理論。

二、一切法說法，都依「眞俗二諦」說法，第一依據「俗諦」，第二依據「眞諦」。如不能分解這二諦，就不能對深奧的佛法瞭解眞實含義。

俗諦對於凡夫來說是眞實的，眞諦對於佛教聖人來說是眞實的，根據不同人的根器，說法內容不同，但這二諦都是眞實不妄的。

三、中道實相觀。意思在論空、假、中的時候，最後歸結在中道上，所謂「因緣所生法，我說即是空，亦爲是假名，亦是中道觀」。

大乘空宗理論對於中國佛教都產生了深遠影響，龍樹被中國佛教推爲八宗祖師，意思在中國八大宗裡都是祖師，但是最深影響的是三論宗。

到了西元四到五世紀，印度佛教又出現了大乘第二個大的學派，瑜伽行派，因爲該派主張「萬法唯識」，又被稱爲「唯識派」，與大乘空宗相對立，所以稱爲「大乘有宗」。

唯識派創始人一般認爲是彌勒，據考證，印度歷史確實有此人，此後唯識派的著名佛學家是無著和世親，他們是親兄弟。

唯識派的主要經典是《解深密經》、《瑜伽師地論》、《唯識十二論》等六經十一論，其中解釋《唯識十二論》的《成唯識論》是唯識思想的集大成者，是唯識學派重要理論依據。

唯識學派的主要思想如下：

一、**八識論**。唯識派認爲，世間一切都是虛幻不實，都是識變現的。宇宙萬有是所變，識是能變。能變識分三種，爲異熟識、思量識和了別境識。其中異熟識是初能變，即第八識阿賴耶識；思量識是二能變，即第七識末那識；了別境識是三能變，即前六識：眼識、耳識、鼻識、舌識、身識、意識。八識中，第八識阿賴耶識是本識，其他都是第八識轉成，故稱爲「轉識」。

二、**三性論**。唯識派認爲，世間萬物都有三性，就是遍計執性、依他起性、圓成實性。

所謂遍計執性，就是一般人認爲世間萬物都是實有的，這是由於各種虛妄分別造成的，這就是遍計執性。

所謂依他起性，就是萬物無自性，都是虛幻不實，以眾緣而起。眾緣指因緣、等無間緣、所緣緣、增上緣。

所謂圓成實性，就是在依他起性上，永遠脫離遍計執性，就是圓成實性。

三、**四分法**。爲了論證《萬法唯識》，提出了四分法：相分、見分、自證分、證自證分。

相分是事物的相狀，八識中，相分各不同，前五識的相分是是感覺，一般人認爲眞實的，但是唯識認爲是虛假的，第六識的相分是法塵，第七識未那識的相分是第八識阿賴耶識的見分，第八識阿賴耶識的相分是根身、種子。相分就是事物的現象感覺，見分就是事物的能動性，自證分是事物的自體本體，證明事物的本體就是證自證分。

四、**種子論**。唯識派認爲，世間一切都是阿賴耶識變現的，阿賴耶識含著各種種子。種子的意識就是阿賴耶識中含著產生各種色心、諸法現行功能，就是種子。

五、**五位百法**。唯識把宇宙萬有區分爲五大類、一百種法。即心法八種、心所法五十一種，色法十一種，心不相應行法二十四種，無爲法六種，總稱五位百法。

唯識派認爲，世間上只有識的相分見，出了識以外，並沒有其他任何，其他都是假有，空有，但那個識是存在的。即「萬法爲空，唯識不空」。

大乘有宗唯識派是佛教理論中最繁雜，最高深，最具有理論色彩的學派，也是最難理解學習的佛教理論，一般認爲只要學習瞭解了唯識，其他各宗都會「一覽眾山小」。佛教發展到唯識學的時候，已經成爲繁瑣的經院哲學，一般人難以理解，成爲佛教的高等教育。

唯識派對中國佛教產生過深遠影響並成爲中國佛教八大宗之一「唯識宗」。

到了西元七世紀印度波羅王朝時代，佛教進入密教時期，密教又被稱爲眞言乘，是大日如來首證，因爲深奧秘密，成爲密教。密教主張三密加持，三密是身密、口密、意密。印度密教經典是《大日經》和《金剛頂經》。密宗理論結合小乘說一切有理論，糅合大乘空宗、有宗各思想，認爲地、水、火、風、空、識是世間萬物的原素，前五大原素是理，最後的識是心法，屬於金剛界，屬於智。

印度密宗後來結合印度教某些神秘教義，進入中國西藏地區，經過近四百多年與西藏本土苯教的鬥爭和磨合，形成了中國藏傳佛教。

西元十一世紀，伊斯蘭教入侵印度，殺害異教徒，到十二世紀印度佛教基本絕跡，但是佛教在中國境內，經過近千年發展，已經和中國道教、儒教摩蕩融合，形成了結合中國文化資源的中國佛教，經過與中國文化的交流、碰撞，原有的印度佛教教義已經僅僅存在於原始理論中，中國佛教成爲後來佛教世界化發展基礎，佛教正式成爲中華文化三大源流之一。

從佛教自印度傳入中國歷程看，中國和印度兩國的信仰基因有一定共同基礎，首先，都較早進入無神論階段，印度人用「空」來說明世界本體眞相，中國人用「道」來把「神」替代，用「心」來說明世界本體，都具有無神論傳統。其次，中國和印度都注重「說理」，把信仰建立在理性說法之上，這一點印度佛教表現最好，中國的佛教和儒家在後期都吸納了佛教這一個優良傳統。

由於歷史中一帶一路的暢通，印度佛教進入中國傳教的路線是暢通的，傳教的次序也和印度一致，總體時間差並不大，基本上在一百年之內，印度出現什麼思潮，在中國馬上就會有相應教宗，這一點是可以看出的。最初的時候，由於翻譯的問題和兩大優良文化的不適應性，有過一段「格義」比附時段，也是很正常，佛教進入中國另一個良好契機是在魏晉南北朝到隋唐這個時代，正是中國歷史上少數民族執政時期，沒有傳統文化束縛，思想解放，故而能以包容心態接受佛教，創造了中華民族三教摩蕩起伏，砥礪交流的美好時光，沒有佛教的加入，中國的文化基因沒有後來這麼堅韌和強大。

從佛教自印度到中國發展的內部邏輯看，從道安到玄奘這一段高僧雲集時段，也是中國歷史上最爲輝煌的思想史高光時段，中國文化從最初不適應，到接受，到主動發展，到闡述發揚，到創建自己的理論，其實已經在印度佛學基礎上做了創新，以玄奘到印度取經以及回國翻譯經典作爲轉捩點，印度佛教和中國佛教在思想史上的領導地位已經發生變化，從佛教內部看，中國華嚴宗、天臺宗，唯識宗等「唯識」學派的崛起，已經把印度佛學大大向前推進了，由於有中國這樣一個有傳統文化作爲滋養土壤，佛學理論有不斷前行的可能性，而反觀印度文化，後來又回到了神秘主義的古典瑜伽路線，強調苦行和秘修，即使沒有後來伊斯蘭教的侵略，也很難想像印度佛教的光明前景，因此佛學起源於印度，發展在中國，應該也是非常自然不過的了。

從佛學學理看，印度佛學從「空宗」到「有宗」，帶動中國佛教也從「空宗」到「有宗」一個過程，應該是佛教發展的應有之義，佛教初傳，講不通「空」是不行的，世界上的人們都信「神」，都信自己眼睛看到、耳朵聽到的直覺，突然有人說世界不是「神」主宰，眞相爲「空」，確實有很大難度，所以解空爲主的「空宗」崛起在情理之中。隨著佛學認識程度提高，人們對佛教興趣濃厚，一定會面臨其他文化質疑，比如從解釋世界來看，萬法爲空，那麼這個花花世界怎麼來的，就算因緣而合成，那個第一緣在哪裡？清靜無爲的世界怎麼就「污染」了，怎麼生出一個大千世界？必然有一個不變的本體存在吧，在這個思考前提下，「萬法爲空，唯識不空」的唯識派就出現了。

唯識派是不是違反了釋迦牟尼的初傳法呢？釋迦牟尼不是明確說明不承認「識」的存在嗎？小乘佛教也這樣質疑大乘唯識宗的這種說法，唯識宗的回應是：此識非彼識,釋迦牟尼時代說的「識」，是當時人們認爲永恆不變的靈魂，釋迦牟尼破那個「識」，是爲了告訴人們眞相：「世界本無我」。而大乘佛教把「識」分爲八識：眼、耳、鼻、舌、身、意、末那、阿賴耶。前六識，就是人們常見的識，也是釋迦牟尼破的「識」，末那識有點相當於潛意識，也是「有爲法裡的識」，不是「終極清靜無爲的識」，只有阿賴耶識，是終極清靜無爲的「識」，不增不解，涅槃寂靜，又被稱爲「眞如」、「如來」、「佛性」等。這個「識」是世界本體，創生出一個花花世界。

又會有人質疑，清靜無爲的「識」怎麼「污染」，怎麼生出花花世界，中國有某位智者僞造印度馬鳴菩薩寫了一本書《大乘起信論》，用了中國智慧和中國方法給予瞭解釋：一識（心）開二門。只有一個識，但又有兩個不同去向，清淨門和污染門，世界本來清靜，由於人的「無明」，生出「污染」，產生花花世界。這裡面似乎借鑒了中國道家一個哲學範式：有無共謂之玄，玄之又玄，眾妙之門。

這些就是佛教進入中國後走的理論路線，佛教這個教理法展，顯然是應對其他文化的質疑挑戰而水漲船高的，也是爲了回應「世界是如何創生」這個終極問題，這些問題構成了佛學進入中國後期的主要討論範疇，帶動佛學走向高峰。

從佛教發展的結果來看，所謂物極必反，佛學走向經院哲學，也就離實證道路越來越遠了，宗教的本質是教化人類，而不是成爲一個世界性的學術團體，因此佛學走向禪宗實證道路也是自然而然，但是可以肯定，沒有中國文化土壤，沒有慧能這樣一個天才，禪宗也不可能出現。

傳入中國的佛教，在魏晉南北朝時代，陸續發展成各種「師說」，最後形成各種佛教「宗派」，到隋唐之際，中國佛教出現了八大宗：三論宗、唯識宗、天臺宗、華嚴宗、禪宗、密宗、淨土宗、律宗。其中三論宗純粹繼承了印度大乘空宗思想，唯識宗繼承了大乘有宗思想，其餘各宗則是空宗和有宗思想的結合，比如天臺宗創始人智凱（西元538-597）在《法華玄義》中所說：「世界無別法，唯是一心作」，顯然是有宗思想，但天臺宗又根據「因緣所生法、我說亦是空，亦爲是假名，亦是中道義」，創立了空、假、中三諦。這顯然是空宗思想。

由於「唯識宗」等學理型教派把佛教帶入「經院佛學」的高度，導致佛學成爲一般人無法能理解和掌握的小眾哲學，佛學也就開始自己走入死胡同，唯識宗幾乎兩代而亡，而走向反面的是禪宗，禪宗從釋迦牟尼弟子迦葉開始，在印度一直是一支重要傳法路線，注重不立文字，教外別傳、明心見性、直指人心，一種反對文字的方式取得了人心，最後經過中國本土從達摩到慧能的改造，與中國哲學養「心」，修身結合，成為中國哲學的一部分，佛學也就此進入中國佛學時代。

對比玄奘和慧能的經歷，更可以發現此禪宗出現的難能可貴。玄奘不僅有很好的中文修養，亦精通多門西域、印度的「外文」，可以更好的研究佛學文本，而慧能卻原本不識文字；玄奘西行印度本土直接求得印度本土之佛法「原意」，而慧能卻僅在中國南方參學；玄奘歸國後在政治經濟文化中心之大城市西安，慧能在辭別弘忍後卻與獵人長期居住，出世後也是處在遠離政治經濟中心的南方。綜合各種情況，似乎玄奘等的唯識學更應流傳於世，但現實恰恰相反，是慧能之禪宗長期「獨秀」。禪宗之所以被中國社會接受，其實是它與儒家等中國傳統文化模式更為契合，也可以說是有著更為徹底、更為成功的中國本土化。

不同於天臺、華嚴、唯識等繁複的判教體系，禪宗的「教外別傳」，極有可能就是針對判教這方面的目的而起的大反動，於是反其道而行，打掉一切經典的權威，直接由自家的心性上立本，這一逆反恰好接上中國固有的思想傳統，因在中國，凡是由「心性」上立本的思想，都有不重經教和輕視文字的傾向，老子、莊子如此，孟子如此，宋、明的陸九淵、王陽明也如此。

並且，禪宗講的佛法在世間、佛與眾生無差別、修行與日常生活打成一片的「擔水砍柴無非妙道」等理論，正是儒家極高明而道中庸之思想。禪宗使用的最重要術語是心性，方法重視簡易直捷，重視自家體驗與反求諸己，更大轉變，是它與日常生活打成一片所表現出來的人間性和無宗教性，這些特性，與固有的孔、孟一系儒學有很大的吻合。

世界的眞相與文字語言無關，沒有文字語言，眞相依然存在，無論宗教還是哲學，都是借助文字、邏輯作為工具說明世界眞相，爭取更多的信徒，實現返回眞理的道路，但是如果語言文字繁多，就會影響對眞相的理解，並且沒有任何語言文字能絕對說明世界眞相，每個人寫出的文字涵義在說明眞相時也絕不會相同，可是偏偏世界上有很多所謂「知識份子」就這樣，他們掌握了大量語言文字，自以爲掌握了眞相，其實是離眞相越來越遠了。在中國，老子、莊子這一些古賢者早就知道「爲學日益，爲道日損」的道理，所以慧能這樣一個人物橫空出世，不是偶然。

慧能作爲一個完全不識字的人，能得到五祖弘忍傳法，並且傳道被後人記下，寫成《六祖壇經》，說明世界上眞的有些人有一種天生的覺悟性，能穿透文字領悟世界眞相，而我們常常痛心是大量知識份子，掌握了很多知識，卻擦不亮自己的良知，眞正的智慧只有一個，就是良知。

佛教在慧能之後，禪宗成爲中國佛教的獨大，現在中國境內漢族地區多數寺廟爲禪宗寺廟。大致有幾個原因。一、從經濟基礎上看，禪宗開始，佛教的生存有了農禪結合模式，出家人不用政府負擔，而是靠自己生產和信徒捐助生存，存在模式的合理性保證了禪宗的發展壯大。二、禪宗的教理簡化爲「不立文字、教外別傳、明心見性、直指人心」，走了實證修行路線，便於更多人參與。三、禪宗結合了中國文化養身修心的基因，在生活中悟禪，在禪修中生活，得到了知識份子青睞。這是禪宗的魅力。

不過，辯證法的規律總是發生作用，也正是由於上述原因，禪宗喪失了佛學高峰時期的思辨色彩，在理論推進上就大大降低了，以至於後來隨著宋明儒學的崛起和中國政治制度的成熟，禪宗以後的佛學從理論建樹上基本就失去了思辨基因，導致在修行實證上也走向沒落。

第三節　佛學的沒落

慧能以後的佛學，禪宗一枝獨秀，其他教派逐漸沒落，究其原因，大致有以下幾點：

一、佛教作爲一種思辨哲學與作爲一種教化人的宗教是有存有先天矛盾的。作爲一種思辨的哲學，佛教幾乎具有了一切哲學所具有的形式、工具、語言和邏輯，被從古至今喜歡思辨和形而上學的知識份子所喜愛，也是佛學作爲世界性哲學的基礎。但是宗教的目的並不是簡單的解釋世界，而是爲了教化人類，無論佛教的理論多麼的縝密思辨，作爲教化人類的宗教也必須要讓更多普通人感知，從而使佛教在後期主動揚棄思辨哲學的特點而走向了實證修行、不立文字的道路。從傳播的角度來說，群眾基礎在不斷的擴大，但是同時也出現魚龍混雜，不辨良莠的現象。理論雖然枯燥，但是沒有理論是萬萬不可行的，因爲理論追求代表了一種文化不斷創新的可能，失去了這種追求就說明作爲一種思辨的哲學失去了生命力，佛教後期頗具理論色彩的天臺宗、華嚴宗、唯識宗日漸式微，充分的說明了這一點。這也是世界性大宗教、大哲學的一個理論與實踐關係的難題。

二、禪宗深具中國文化的養分，禪宗的普及說明了印度文化色彩的佛教衰落，而中國文化色彩的佛教崛起，也說明了大眾佛教取代了精英佛教，作爲宗教團體，佛教壯大了，作爲思辨哲學，理論意味減少了，禪宗經過與中國文化的碰撞融合，實際上已經是中國文化的一部分，實踐性特徵高於理論性特徵，但是佛教畢竟是印度文化的基礎，不立文字的巨大反叛對於高智者來說無疑是一種很高的文化境界，但是對於後世的假學者或者不學無術之徒留下了巨大的「解說空間」，從而使佛教失去了理論思辨的特點，甚至走向了世俗化和庸俗化。

三、對於普通的民眾來說，把一種高深的理論哲學快速簡單操作是一種人類的本能，但是理解的差異化會使得這種具有純粹思辨哲學色彩的宗教理論變的支離破碎，各取所需。佛教的發展後期人才缺乏、理論創新不足、道德感下降、世俗化日益嚴重，導致佛教越來越走向了初心的反面，特別是進入商業化社會以來，佛教所弘揚的善成爲不法分子利用民眾脆弱心理的手段，使得佛教的衰落成爲可見的事實。

以現今中國爲例，在各大佛廟香火不絕，春節搶頭炷香擠破腦袋，香客燒香磕頭，求佛保佑升官發財等現象成爲佛廟每天都上演的故事，眞不知道這些所謂的佛教徒裡有幾個眞正懂佛理，眞正瞭解「空」的原理，不知他們拜的是哪一方佛？

從中國藏族地區逐漸蔓延到內地，藏傳密教香火更旺，放生，供養師傳成為城市精英們的高端生活組成部分，「仁波切」遍地橫行成為中國的怪現象之一，「神道設教」成為自然，這裡面有很深刻社會原因，但是佛教界的人士本身有很大責任，我只想質疑一下佛教界高僧，有幾個能主動站出來說清楚，去抵制，去澄清，去發展創新佛學理論，是自己也不清楚，或是擔心損害佛教團體利益？你們在把身體和信仰獻給佛教的時候，有沒有一種崇高的理想和激情存在？有沒有佛陀那種解救世人的情懷？你們每天拿著很高薪水，坐著高級汽車，學黨章，聽黨話，是哪一方信仰？為什麼還有大方丈保養情人，侵犯女弟子現象出現？

佛教的沒落已然是一個事實，不限於理論的蒼白，更在於佛教徒普遍缺乏佛理基礎，缺乏理想主義和傳道情懷，多的是苟且之徒。可以說，現今中國的佛教，無論是佛教界內部，或者居家信徒，已經多數離佛陀正法很遠了，都是一種變了味道的佛教。

如果深究原因，我認為有一點非常重要，佛教在釋迦牟尼那裡，是非常注重實證修行的，出發點是普渡眾生，是為了眾生擺脫苦樂，走向涅槃，但是佛教的思辨色彩是異於其他一切宗教和哲學的顯著特點，喪失了理論創新的能動性和思辨性，就會讓佛教的發展成為無源之水，無根之木。也會使得實踐修行離社會良知本質越來越遠，反而成為商業模式下的利益集團。

現今中國的佛教界對社會的作用多為麻醉，對佛理不能說清楚，放著很好的佛理不用，而披上「神道」的外衣，給佛樹立神牌，金像，已經從根本上與佛理背道而馳了，這一點和基督教、儒家有很大差距。基督教後期經過宗教改革，主動與世俗政權脫離，站在超脫的「彼岸」，主要關注人類的思想、精神、價值觀建設，反而取得了與世俗社會共同發展的經驗。而儒家從開頭就在世俗社會之中，從頭到尾影響著社會，雖然社會道德層次不斷降低，但是儒家的基本精神只會得到社會更加重視和反彈。而佛教徒把廟建在深山，心也在深山，主動的隔絕參與社會機會，但又需要社會的香火供養，如果佛教界僧徒不加強理論培養，貪戀紅塵，迷信物質，而信徒、香客、居士也不明就裡，盲目信仰，把燒香禱告，進貢香火、放生供僧當成修行行善，佛教只會走向更加沒落。

在目前中國，高僧大德不是沒有，但是佛教的整體環境特別差，圍繞佛教和寺廟，集中了一批內心裡其實是信「神」，把佛當神看待的僧徒，而佛教信徒也很多是非常功利化的信徒，平時不修養，急病亂求佛。這一點，和基督教、伊斯蘭教的信徒相比，佛教徒缺乏理想性特點更加明顯，誠為悲哀。

關於佛教，我們還可以做一些簡單總結：

一、佛教是人類歷史從「神」信仰中，通過理性分化出來的一種宗教信仰，有著積極的意義，它不僅解釋了這個世界的終極規律，也提出了很好的實證修行方案，它的辯證思維和哲學理性模式千古不滅閃爍著光輝，並不因為後世的沒落可以抹殺佛教的思想史貢獻。

二、佛教未來不管如何發展、如何創新，要有一種警惕，就是千萬不可以有「神道設教」傾向，佛教的魅力就在於它的去「神」性，在於它的理性哲學，在於它的辯證思維，把佛當作「神」來擺設和看待，就走向了佛教的反面，可以不叫佛教了，所以必須加強理論建設，建立多層次的佛學教育體系，培養各類佛學人才，加強對理論創新的建設，要在以往佛學的理論高度上，挖掘整理，融合當代、面向未來，把佛學理論再上高峰。

三、在實證修行上，中國大陸地區由淨慧和尚發起的「生活禪」和臺灣地區星雲法師發起的「人間佛教」方向，應該是未來佛教徒與世俗生活結合的路線，能起到振興佛教的作用，但是需要與佛教理論創新結合，不然也一樣被利益集團所左右。

四、要嚴格管控僧團品質，提高僧人素質。歷史上，佛教徒在理解空性和輪迴的問題上走的很遠，修行實證上對欲望的控制超過了其他宗教，有過合理性，爲什麼現今在實踐中出現了一些相反方向現象，解決方案應該從進口處抓起，出家人既然向佛，願意現身佛教，就必須有宗教理想主義情懷，僧團品質如果沒有把關，沒有門檻，後面內部監管無論怎麼努力，都不會有效果。

五、佛教必須必須培養優秀的各類人才，重視人才建設。絕對不是現在這種只追求人員數量的增多，只追求寺廟香火旺盛。現在的佛教界，從教人員良莠不齊，素質偏下，寺廟管理、學術建設、產品開發、宣傳推廣、活動策劃、對外交流等各類人才都是短板，都存在不專業情況，無法支撐佛教的發展。

六、必須發展出新的僧團供養模式，堅決杜絕經濟利益團體進入佛教寺廟進行經營管理，也要逐步改變對寺廟的香火、門票等舊有供養模式，應該結合當代社會現實，把大眾修身養性、教育培訓、公益生產、禪茶養生、慈善救助、養老助老、臨終關懷、康復治療、企業文化建設、扶貧濟困、國際交流、旅遊體驗等新的需求培養起來，創新供養模式，參與社會活動，與社會共同發展。

2012年11月，我有幸在湖北黃梅寺聆聽了淨慧禪師的教誨，深爲其提出的寺廟「不賣門票，不燒大香」理念折服，500多間禪房住滿了前來修行學習向佛的人，也能深刻感知大師提出的「生活禪」魅力，這樣的佛教接地氣，能吸引人，也能讓初學者信服，那裡的每一個僧人都像一個學者，用知識與人交流溝通，眞正讓人體會到了佛學的魅力，可惜這樣的寺廟在中國太少了，遍地的放生活動和搶頭香狂熱讓眞正理性的人索然無味。來年4月，淨慧禪師也在黃梅寺圓寂了，大師遠去，留下了中國佛教的迷茫。

回望2600年前，佛祖釋迦牟尼在那顆菩提樹下的覺悟，那無限的光明，堵在心間的是無聲的歎息。

第四章
一心通宇宙——崇儒的人

第一節　信仰模式的創新

前面我們已經大致講述了世界上現存的兩大信仰模式，即「神」信仰和「佛」信仰，下面可以講第三個世界信仰的模式——儒家。

儒家的信仰首先是在信仰模式上的創新。

研究世界上的大多數信仰，無論宗教的或是其他形式的，我們會發現存在一定規律，或者包含一種理論公式。

在「神」崇拜的基督教信仰和「佛」崇拜的佛教信仰裡更加明顯。

一般來說，信仰的體系是由以下三部分組成：

一、解釋世界的終極問題

㈠我是誰（世界的本體，哲學中的本體論問題）

㈡從哪裡來（世界是如何產生的，哲學中的宇宙論問題）

㈢到哪裡去（世界是如何運行的，哲學中的實踐論問題）

二、點明世界終極問題的精神之源

引申：點明終極本體裡內含的道德根源（上帝的愛，佛的慈悲、儒家的仁等）

三、終極目的

引導人類行爲符合接近這個精神性。（實證修行道路）

可以簡化一下：

【世界本質是什麼＋世界怎麼創生的＋世界怎麼運行的】＋【內含的精神規律】＋【人類符合此規律的合適行爲即實證修行】＝信仰體系

這就是人類信仰公式。

信仰不一定非得用宗教形式，但宗教一定有信仰。人類對終極問題的追問，不是爲問而問，而是試圖引導人們有一種貫通宇宙的思維觀和在此指導下的幸福人生。

亦或者說，神學家、哲學家、文化學家解釋這個世界的眞相，總體目的不是爲了指導「神」，而是爲了指導人。人才是目的。

所以講信仰故事的方式是「從前有個神（道）……，所以我們人類要怎麼辦」，這是一個信仰模式，或者信仰公式。我們稱爲「以神導入」模式，也就是先形而上的說明，然後形而下的修行實證。

儒家把這個模式簡化了，或者說講故事方法變了。儒家從人談起，儒家的方法就是「以人導入」。

儒家沒有從第一層講起，省略了第一層，沒有從「我是誰，從哪裡來，到哪裡去」講起，在解釋世界的形而上部分，儒家先祖孔子的態度是「六合之外，存而不論」，一個「存」字，我們就可以知道，孔子對形而上部分是擱置起來的態度，孔子不可能對這些問題忽略，或者孔子不可能沒有思考過這些問題，那麼孔子爲什麼故意不論呢？

如果我們揣測的話，大致有這樣兩個原因。

㈠所有從存在的角度或者形而上的角度解釋世界，都是一家之言，沒有確定性，作爲一個有限的人，你怎麼可能把「天」的無限實在性說的那麼準確呢？「天」可以知你（知我者天乎？），你不會知「天」的全部，或者描述那麼精確，你最多可以感知「天命」（五十而知天命），感知「天」對於人的道德命令，即無條件的善的命令，但「天」的實在性怎麼可以被人言盡？

㈡天道恆常，天道如果存在，那一定是一種終極存在，是一個總的規律，無論我們怎麼解釋天道，可以確定的是「天道」並沒有出問題，出問題的是人，是人的精神出了問題，走向墮落，沒有提振，所以，孔子必須從人談起。

事實上，只要是談信仰的宗教、哲學，從思想上都會有這樣一個從上而下思考的過程，孔子也不會例外，從中國歷史的痕跡看，孔子之前那個年代，「天」或者「天道」的思考，已經很充分了。

從伏羲到周公，中國歷史經歷了很長的上古文化時代，從甲骨文的歷史可以看出，當時的國家大事，就是祭祀「天」，所謂「國之大事，在祀與戎」，甲骨文裡提到最多的最高主宰者，就是「帝」、「上帝」、「天帝」。上古到儒家階段，中國文化的「天」，大致有以下哲學意境。

㈠自然之「天」（灰灰蒼蒼之天，自然運行，天行有常）。

㈡主宰之天（人格神特點，如皇天、上帝、天帝）。

㈢運命之天（若夫成功，則天也）

㈣義理之天（宇宙最高原理，如天命之謂性）

古典文獻裡，關於最高形而上的解釋部分，我們能判斷出，中國人和世界其他民族一樣，也經歷了一個從多神到一神的過程，神話故事中，盤古、女媧、后羿、共公等神，都有自然神的特點，到夏商周時代，大致歸於「天帝」，一個總的神，但中國文化一個特點，就是意境上有指向，語言上沒有定名，沒有給這個神起一個像人一樣的名字。籠統歸之爲「天」、「天道」或者「天帝」。

並且，逐漸的，這個「意志的天」（人格神，多見於《詩經》、《尚書》、《左傳》、《國語》）演化到「德化的天」。（天命、天道、天德、天理，多見於儒家原典）這是孔子之儒家道路，順著「天」的精神性闡發，而擱置「天」的自然性或者人格性特徵。

就人類歷史來說，「神」的信仰，「佛」的信仰，無論怎麼描述那個最高的終極本體，都帶有不確定性，總是信者恆信，不信者恆不信，總不可能讓全體人類跟著走，這是世界信仰理論的處境。

在孔子那個時代，「天」的多重性怎麼可能不存在？孔子也曾面對一個有人格神意志的天（**「知我者天乎」**、**「天之未喪斯文」**、**「天喪予」**、**「天厭之」**、**「吾誰欺，欺天？」**、**「獲罪於天，無所禱也」**），孔子這一類哲人怎麼可能不思考，可是人類幾千年來在「形而上」部分，又幾個說的清楚了呢？「形而上」本來就是不可知的領域，最後只能付諸宗教體驗。

所以孔子就直接從第二層談起，我們不談「天」的神性，或者自然性，先「存」起來不論，不管這個「天」什麼性，但是「天」的好生之德性，我們人類是能感受到的，順著天的這個精神，由天道生生不息到繼善成性，由天命下降於人性這條道路，這是孔子開闢的儒家傳統。

孔子的走的是這樣一條信仰之路：天啊！深遠悠長，意境深遠，天道啊！生生不息，厚德載物，無以言盡，我們就仰慕而不談了吧！但是天給予我們人類很多啓示，讓我們能感知它的大德，指引我們生存，引導我們幸福，我們就順著它給予我們的最大的善（仁性），來開啓我們人類的實證修行吧！

我們把孔子開闢這個儒家信仰模式叫做「以人導入」，故事從人講起，還是那句話，宗教無論怎麼講宇宙世界之終極問題，最後一定是以人爲目的，都是爲了「教化」人的，孔子就不兜圈子了，從人開始吧！

第二節　道家對形而上學的貢獻

孔子這個開創道路的做法，其實就是人類啓蒙先師的普遍做法，我只管道路方向，就如同基督的「我就是道路，我就是光」，佛陀的「佛就是覺悟」一樣，一切後續的事情由後來的人完成，基督教《聖經》的寫作過程大約貫穿1600多年，由大約40多位作者陸續完成。佛教在釋迦牟尼後，在印度有龍樹、彌勒、無著、世親、達摩等高僧，在中國有道安、法顯、玄奘、慧能等系列高僧。而儒家在孔子之後有孟子、荀子、董仲舒、朱熹、王陽明等聖賢。前人從知識量的角度一定是不如後人的，外在的知識自然是越往後，內容含量越多，但是內在的道德規律和道德路線是人類方向的問題，所以，大聖賢一個共同的特點就是「我就是道路，我就是方向，我就是光」。

但是孔子這種擱置形而上的做法，也留給別人批評的空間，黑格爾就直言，孔子只是說出一些人類的智慧，沒有解釋出世界的規律，這個批評，我們不妨認爲是表揚，這不僅是中西文化的差異問題，這其實是孔子的高度，人類信仰史幾千年來，從形而上往下講的故事，無論怎麼講，都是「有漏」法，都存在缺陷，都有被不同教派攻擊的空間，總不會統一全人類思想，黑格爾本人的「絕對精神」也不是人人都信，孔子的無言恰好就是最好的智慧。

從傳法的模式上來看，孔子之儒家信仰路線以外的其他任何信仰，都是最後靠宗教集團來完成傳法的，所謂宗教集團，一般是由經典理論、戒律、教會即專門從事宗教活動人組成，在基督教就是《聖經》、教廷、神父（或牧師）；在佛教就是「三寶」：佛寶、法寶、僧寶。一旦由人類組成的傳法傳經集團，就必然形成利益團體，就會有人類的爭權奪利，就一定會把「法」的威信降低，把「理」的內涵縮小。基督教在中世紀與世俗爭權、暗無人道的腐敗、墮落、醜聞是個不爭的歷史，中國佛教禪宗六祖慧能因爲得到五祖弘忍的傳法，害怕被人追殺，爲了保命，逃避廣東十五年，之後才出山傳經，從中看出，在宗教集團內部，爭權奪利從古到今不絕，哪裡有什麼沒有私利的人和團體？

無論猶太教、基督教、伊斯蘭教，都有因爲宗教而起的戰爭，這是因爲無論形而上的道理講的多麼好，多麼善，但是傳法集團是人，是人的團體，信徒也是人，就必然有人的私利，就必然有人的矛盾衝突，從而導致發生由「信仰」而衝突的戰爭，基督教講「愛」、伊斯蘭教講「順從」，佛家講「慈悲」，儒家講「仁」，都不是天地的道德性嗎？有什麼好鬥的？「定於一尊」本來就是人類最大的謊言，其實這不過是人類消滅同類的藉口，歷史上基督教的「十字軍」東征、伊斯蘭聖戰等都引起了人類的相互對立、滅絕，與宗教教義初衷相反。

其實，基督教的「人生來有罪」，佛教的「無明」，也明白無誤點出了人有自私自利的一面，但是重要的不是教理，而是怎麼傳法，依靠人的結社結團傳法，就一定是有缺陷的。

在這個意義上，孔子是最聰明的人，看出了人類的一切缺點，不結社、不結團，在人類內心建立道德籬笆，無形勝有形，從而保證了中華文明的延續綿延。這可以從中華文明的歷史中找到印證。

中國歷史上有四次大的異族入侵漢族文化，第一次「五胡亂華」，在魏晉時代，少數民族鮮卑族最後統一北方，建立北魏政權，但是仰慕漢族文化，主動學習，融入漢族文化，鮮卑民族不僅生理上和漢民族結合，文化上也融合為一體，隨後迎來了中國文化最高峰的「盛唐」時代。第二次，唐之後，經過五代十國之亂，中國形成了遼、宋、西夏、大理等國家，我們可以看到，那些異族形成的國家主動標榜自己是「中國」，因為他們都適應了儒家文化的道學傳統、官僚體系、社會制度。第三次，蒙古國滅南宋，最後崖山一戰，非常慘烈，十萬南宋軍民，寧願跳海也不願歸降，因為他們眼裡，蒙古是外邦異族，低等文化。這給奪取政權的忽必烈留下深刻印象，所以繼承蒙古族黃金家族法權的忽必烈軍事集團，占領漢族土地後，區別於在中亞、西亞等其他蒙古族軍事政權對原住民的滅絕政策，主動適應漢族文化，標誌性事件就是把蒙古國國號改為「元」，取自於《易經》「大哉乾元，萬物之始」。之後漢族的抵抗逐漸減少，及至忽必烈曾孫元武宗遣使祭祀孔子，並封孔子為「大成至聖文宣王」，漢族人已開始認可這個外來政權了，內心的潛臺詞是：你可以滅我的肉體，但我可以滅你的文化基因，你低頭了，我就認可你。另一個可以佐證的反例是，朱元璋建立明朝後，元朝沒有被完全消滅，而是整體撤退到北方大草原，歷史上叫「北元」，於是朱元璋派兵猛攻，一度攻破元上都，燒毀都城，北元趕緊上書，不敢稱「元」，改回國號「蒙古國」，朱元璋才放過它。因為一國不能二主，稱「元」，說明你還對漢族政權有野心，終有恢復疆土企圖，稱「蒙古國」，就是外邦，你只要安心你的領土，就互不干涉。第四次，就是清朝入關，滿族政權入關初期，採取了野蠻滅絕政策，製造了「揚州十日、嘉定三屠」等慘案，漢族的反抗因此不絕，一直到康熙皇帝親自祭拜分封孔子，漢族才從內心接受這個外族。

上面的例子說明，中國歷史中的戰爭特點，沒有宗教色彩，只是政權角鬥，即使異族入侵，也只是肉體滅絕，或者民族血液融合，文化上因爲很早有孔子基因傳統，有一個至高文化標準，乃至無論發生多麼大的侵略，最後的結果一定是低等文化被高等文化融合。

這是中國五千年綿延不絕的法寶，這是儒家不走宗教團體道路，而是把宗教人文化，順著文化精神，把重點放在人的心靈安放之上的結果。

這個傳法模式可以稱之爲「立心法而不爲宗，傳天道而不立教」。這也是儒家信仰傳播模式的創新。

但是，依然會有人疑問：孔子時代，中國的形而上學是如何把人類早期那個「神」消融掉的呢？

這裡必須提到道家的作用，中國的形而上學先河是老子的道家開闢，從解釋世界的角度，道家說的最好，堪稱世界之一極。

如果說印度有釋迦牟尼最早以「空」來破世界眞相，開闢了「無神」傳統，那麼中國也幸運的有老子以「道」來替代「神」，帶領中華民族最早走出「神本」，實現文化斷奶。

在最起始的意義上，「道」是多種多樣的，在上古文獻裡有不同的甚至相反衝突的意義，而第一次相對明確地將它提升爲一個最高超越性的哲學範疇的應該是老子。

觀變思常是諸多哲學共同的起點，比如古希臘的諸多本原說，基督教的「上帝」說，佛教的「阿賴耶識」說，都是在尋找世界上變化萬物背後不變的統一者，即尋找多中之一。老子也有著類似的初衷，他看到了天地萬物皆處於流變之中，不能久遠，那永恆不變的是什麼呢？這正是他所要尋找的，「獨立而不改」的道。

一、世界的本原：大象無形之道

首先，此「道」是一切現實經驗世界之存在背後終極的依據與超越者。

老子的偉大在於，所有在他之前的人類文化在解釋世界本原時，都是有「神」論，不論希臘的「神」、印度的「梵」，中國的「天」，都是一個意思，都是說明世界是「神」創造的。

老子是世界上第一個提出世界本原是「道」的人。

這個大象無形之道是這樣的：「大道泛兮，其可左右。萬物恃之以生而不辭，功成而不有。衣養萬物而不爲主，可名於小；萬物歸焉而不爲主，可名爲大。以其終不自爲大，故能成其大」。老子所講的此大道是萬物持之以生的根據所在，雖然此道不爲萬物所左右，即不爲之「主」，這也正是一個超越於萬物的意義。

並且此道之超越性還表現爲它的恆常性，「有物混成，先天地生。寂兮寥兮，獨立而不改，周行而不殆，可以爲天地母。」此恆常獨立不改之道是先於天地的，不會因物而變的，萬物卻因之而成，它是可以「生萬物」的天地之母，「似萬物之宗」，是經驗世界背後的依據。把天地萬物拉進了「道」的範疇。

其次，此道如此高妙超越，以至於越出了語言之範圍，正如佛家禪宗所講的，「一說即不中」，每一種詮釋都難以盡述其意，即「道可道非常道」。世間具體事物皆有一個名字來加以指稱說明，但道這個背後的潛隱的存在，卻是難以看到形容的，所以老子講：「吾不知其名，強字之曰道」，這個道只是一個指稱或代碼，指向了最高的超越者。

再次，這個道並不是世間具體的事物，沒有一種具體可感的存在形式，是無形無象的，超越於具體經驗世界之時空的，在此意義上有「無」的一面。但另一面，卻是更爲眞實的，「道之爲物，惟恍惟惚。惚兮恍兮，其中有象；恍兮惚兮，其中有物。窈兮冥兮，其中有精；其精甚眞，其中有信。」這正如柏拉圖洞穴之喻對理念世界的形容，現實經驗世界背後的理念世界雖不爲常人所見所識，卻是更爲眞實的存在，而現實中所謂的眞實世界不過是理念世界不完全的摹寫而已。創生萬物的道正是此「大音希聲、大象無形」式的存在，是更爲眞實的存在。

二、世界是如何創生：道法自然

「自然」是道的創生法則，所謂「自」，就是自生法則，道家的「自然」就是本來如此意思，不是外力原則，不是上帝推動，是「自動」，是「自化」、是本來「固存」。世界的創生法自「他力」還是「自力」，是外力作用，還是內力作用，這是東西方文化的一個重要不同處。

所以王弼注曰：「道不違自然，乃得其性，法自然也。法自然者，在方而法方，在圓而法圓，於自然無所違也。自然者，無稱之言，窮極之辭也。」

三、世界的運行規律：反者道之動

此天地之道如何運行展開的呢？老子發現了世界運行兩大規律。

㈠**對立轉化規律**：反者道之動。這正是《道德經》最著名的特色之一，即強調事物發展的辯證否定性，存在著盈虛轉化，「反者道之動」正是這一思想有代表性的集中闡述。（反者道之動，弱者道之用——老子第四十章）

「反者道之動」不僅看到了事物矛盾運動中對立面的轉化，而且特別強調在實踐中對此規律之運用，此以退爲進的「反動」之法，其實是最有道家特色的。

㈡**迴圈運動規律**：周行而不殆。「大曰逝，逝曰遠，遠曰反」，迴圈往返，周行不殆，生生不息。

老子提出的對立統一規律，是辯證法的鼻祖，閃爍著千古不滅的光輝。

所以說，中國的形而上學是在老子之道家完成的，老子替中華民族完整的闡述了人類的終極追問「我是誰，從哪裡來，到哪裡去」的問題，據說孔子曾經問道於老子，回來後對弟子說：「鳥我知道它能飛，魚我知道它能游，獸我知道他能走。走獸可以用陷阱抓住他，游魚可以用漁網捉住它，飛鳥可以用弓繳捉住它。但對於龍，我沒有辦法抓住它，因爲它乘風雲而上天啊！我今天見到了老子，老子不就像龍一樣嗎？」

這些歷史無論眞僞，都不能成爲比較道家和儒家誰高誰低的材料，而是說明了一個文化傳統形成的多種來源和要素。

老子及其後繼者莊子完成了中國文化形而上學的建樹，但並沒有興趣去影響人間政權，也沒有興趣對世人進行道德規範和引導，從老子「騎牛出關」以及莊子大量對人的隱喻性嘲諷和對世俗政權的不屑，可以看出，道家是高於人文一種境界，其「逍遙、齊物、方生方死」的境界是一種完全超脫於人類現實的理想主義追求，給人一種藝術型的夢想和激情，道家不屑於下廚房做菜，沾油，對人類的毛病看的清，也躲得快，所以也沒有走宗教的道路，也不想下指導棋，道家與世俗社會的距離感很強，莊子曾言：「相濡以沫，不如相忘於江湖」，道家聖賢對功名看得很淡，多數採取了隱居姿態，儘管有很高的形而上學貢獻，但是並沒有意願參與實際社會管理，因此在後世對中國社會發展影響甚微，影響力主要在上層知識份子之間。

很多人誤以爲後來東漢張道陵創立的「道教」是道家的宗教，其實道教和道家是兩回事，道教只是借用了道家的外衣，在信仰體系和實踐路線上和老莊之道家路線不同，甚至風牛馬不相及，道教的「多神」體系，以及對人間欲望不加掩飾的功利性需求正好是老子、莊子所不屑的。道教利用了一些道家的養生原理，是中國的民間世俗宗教，在世界大宗教體系裡，學理上談不上高深，在信仰上也不太如流，勉強算二流宗教吧！與老莊之境界更是天上地下，但是道教的養生學是一流的學問，值得深入研究。

之所以說老子的道家傳統只是完成了中國人的形而上學建樹，還有一個原因就是看歷史的精神及走向，整個中國歷史的文化精神、民族精神是孔子的儒家傳統貫穿下來，這是一個歷史的事實。當然如果把整個中華民族信仰體系看成一個整體的話，解釋世界的形而上學是由老子開創，孔子的儒學傳統默認了這個形而上學的解釋，直接進入人類的教化層面，就教化人類來說，孔子路線貢獻最大，這樣說法，較爲合理。

蒙古人皇帝元武宗給孔子的評語（由儒臣閻復擬詔）：「蓋聞先孔子而聖者，非孔子無以明，後孔子而聖者，非孔子無以法，所謂祖述堯舜、憲章文武、儀範百王、師表萬世者也」。

這段話是對孔子最好的總結——「先孔子而聖者，非孔子無以明」，說明在孔子之前，有一個從伏羲到周公的上古文化系統，這些人之所以被稱爲聖人，是因爲孔子對他們的繼承總結，孔子在《論語》等著作裡多次表達了對這些古聖賢的熱愛，所以孔子用他全部文化生命和龐大的學問來「祖述堯舜、憲章文武」，孔子是上古文化的集大成者，是上古文化「驥尾」，但孔子不是圖書管理員，不是匠人，不是資料彙集者，而是創造性的開創了新的文化傳統，爲後來的中華文化給出了方向，所以「後孔子而聖者，非孔子無以法」，後面儒家的聖賢，無論把文化提到多麼高的高度，都是在「法」孔子所確立的道路，此所謂「儀範百王、師表萬世」之功也。

後世的所有批評孔子者，無論怎麼批評，都無法奪去孔子的高度，更無法改變孔子確立的文化方向，正如孔子學生子貢評價孔子所說：「仲尼不可毀也。他人之賢者，丘陵也，猶可逾也；仲尼，日月也，無得而逾焉。人雖欲自絕，其何傷於日月乎？多見其不知量也！」

孔子的文化不是石頭縫裡變出來的，也不是獨自一人創造出來的，他站在了以往聖賢的肩上，吸納了包括老子在內一切形而上思想，總結前人經驗得失，開創了一個獨特的文化傳統，確定了中華民族的文化方向，使得我們從古到今，站在這一片土壤上，無論你學了多少知識，無論你信不信儒家，但是「仁義禮智信、溫良恭儉讓」這些價值基因已經深深植入你的血液中，教化了我們，因此，孔子所開創的儒家系統包含了中國人的信仰密碼，那麼到底孔子傳了什麼「法」，定了什麼方向呢？

第三節　孔子的方向

孔子爲天地立了一顆「心」。

作爲人類終極問題的源頭，「神」、「梵」、「天」、「佛」這一類名稱，一般要解決兩個方面的事。

一、從存在的角度講，一定是最高的實在，無法往前推的存在，創造宇宙世界的存在。那麼，從存在的角度看，那個形而上的最高處「神」的存在、「梵」的存在都是一個無法驗證，只能心證，依靠信仰，依靠宗教神秘體驗才能感悟出來的存在，在其他信仰裡，特別在無神論人眼裡，無法令人信服，一直是糊塗賬。

二、從精神性的方向講，一定是宇宙最高精神抽象，所有價值、道德、至善的源頭。人類的最高精神往上溯源，似乎各個民族都能體會到宇宙的精神整體是向善、向美的，我們從人類的主觀體悟和實踐中，也是能感覺到一種道德化的整體向善的宇宙精神。

按照基督教說法，上帝就是這兩個角度的合體，就是「本質與存在合一」。

但宗教的最終目的是要落實到教化人，人類應該怎麼辦。

孔子的思路是，最高的那個源頭，我不從存在的角度講，「存」而不論，擱置爭議，各民族怎麼解釋都有自己道理，關鍵點不在於宇宙怎麼來的，而是它的運行規律以及對人的影響，我們人類該怎麼做。

孔子首先發現了天地的精神性源頭，他用的表達詞是「仁」。

這個「仁」在孔子眼裡，首先是天地的總精神，與天道不違，或者也可以直接說「仁」就是天道。

孔子之前，中國文化裡已經有了這種天道的精神性提法，《詩經．周頌．維天之命》裡：「**維天之命，於穆不已。於乎不顯，文王之德之純**」。天作爲一種存在來說，是生生不息，「於穆不已」（幽遠深邃）的，周文王的德行也是從天道上印證出來的，也是「純亦不已」。天道和人在內容上，有一個上下貫通性。

而這個天道，貫通到人身上，就形成了人的性，人的性也就顯現了天道的性，這是一致的。文王的德純，也說明了天道的德純，天道就是一種「德」性的東西。孔子發現或者揭示了這種天道的東西，把它叫做「仁」。

如果我們把「天、地、人」做爲三個系統的代表，天代表神系統，地代表自然物質系統，人做爲一個獨立系統，那麼在孔子之前，人的系統是彰暗而不明的。

上古的中國，「天」和「帝」與西方「上帝」並無太多區別，都是最高超越者，是人格神，神有脾氣，會發怒，具有創生和主宰人間的絕對權利（見《尚書》）。經過夏、商、周三代，到周朝時，已經把這種對神的文化下貫到統治之中，所謂「**禮儀三百，威儀三千**」。禮在古代即法，所謂「禮法」，包含了古代中國人對天地人神、親親、尊尊所有的社會規範，氣象萬千，滋養了上古中國人成爲「禮儀之邦」，形成了中國古代的文化範式，宇宙秩序就是人間秩序，所謂「天人合一」，不是身體合一，而是德性合一。禮法的核心是祭祀神、祭祀天地、祭祀祖先等。

孔子的重要作用，就是確立了中國人的文化方向，這個方向，就是「以人導入」。

以往的故事是這樣開頭「從前有個神……（太初有道，道就是神），神開創了世界，造了人，神就是愛，所以人要愛神，也要愛人」。這個故事模式叫做「以神導入」。

講故事是爲了教育人，就和家長給孩子講大灰狼故事一樣，「從前森林裡有個大灰狼……，所以好孩子要聽媽媽的話」，落腳點在「人要聽話」。宗教的故事不外這個道理。

孔子不用這麼講，孔子不說有沒有神，他說：生生不息的天誰創造的，我不知道，先存起來，不用管，但是，這個天有一種規律，非常重要，我們也能感受到，就是天的精神性，我們就把它叫做「仁」吧！對於我們人類來說，「仁」是必須守的規則。

孔子這個講故事方法給中國文化省去了很多麻煩，直接點到了宗教或者文化的本質，直接點到最終目的——人。

整個孔子確定的文化方向，源頭很寬，但是全部針對「人」來談起。

孔子的方向，如果用最簡潔的幾句話總結，以下三句話最爲重要。

第一句話就是「仁者，人也」。

既然談起人，那麼在最高理論層面，孔子必須回答兩個繞不過去的問題。

一、人存在的依據是什麼？

是天道。在孔子那裡，天的超越性、宗教性、創生性依然虛擬性保留，存而不論。但是孔子已經把天延伸出道德意味，「獲罪於天，無所禱也」，天是一個價值的源頭，而要想成爲「大人」，心須是「與天地合其德，與日月合其明」。那麼「天道」的本質是什麼呢？是眞善美、是「仁」。

這樣，孔子在世界首創一個偉大的改造，在「神性」意義的「天」基礎上，延展出道德意義的「天」，天是最高的眞善美，天是道德與價值的總依據。天的精神是「仁」，那麼人的精神也必須是「仁」，仁以通感爲性，以潤物爲用，仁是人的精神最高源頭，仁如此深遠廣大，換言可以說，「仁」代表了人的眞實生命，眞正的主體，代表「眞我」。這樣，天道就不在遙遠，而是下貫到人性之中，「仁」是天之性，也是人之性，人存在的依據找到了。

人之所以爲「人」，就是因爲人和其他動物有最大的不同，那就是人具有獨特的精神性——「仁」。從肉體性來看，人和其他動物拉不開差別，甚至有些功能還不如動物，這不是人的本質，人最根本本質就是「仁」。

孔子這個貢獻稱爲「昂立道德主體」。

二、人活著的價值意義在哪裡？

在《論語》中，前後有129次，孔子談到了「仁」，並且應用場景都不相同，在對待長輩上體現的是「孝」；在服務君王那裡體現的是「忠」；在朋友交往之間體現的是「信」，在社會秩序裡應用規範是「禮」，在待人待事原則方面，體現的是「義」；對待知識方面應用的原則是「智」。可以說，「仁」是一個價值總原則，是活的靈魂，可以在不同場合以不同形式體現出來，孔子及其後代儒者以「仁」爲開端，從人的心性角度，開發出一系列人的價值意義和價值標準，使得仁、義、禮、智、誠、信、忠、恕、廉、恥等做爲人的價值追求和規範，使人在人世間有了「自身道德」的衡量標準，以成仁成聖爲目標，指明了道德人格向上發展的最高境界，指出了人生的修養軌道，即無限與天接近，遙契天道。

孔子這一貢獻稱爲「確立價值之源」。

第二句話：仁者愛人。

就如同基督教總精神是「愛上帝」和「愛人如己」一樣，孔子在人類更早的時候，率先提出了「愛他人」，說明「仁」的一個最重要特徵是以他人感受作爲自己做事起點的原則，即「己所不欲，勿施於人」。這是哲學史上最早把他人作爲第三方參照系來規範自身的開始，人從此不再是一個自然的人，而是一個社會的人，並且把人作爲一個「類」來看待，他人和我一樣，是我的同類，那麼這樣一個「人類」學的概念，孔子無疑走到了世界之前，基督教已經是後來的事情了，更久之後的西方哲學家康德，才把他一切哲學的目的定位在人類學，他認爲一切哲學、宗教的總目的都是人，都是爲了人類。孔子這個原則與上帝的「愛他人」一樣，後來成爲聯合國憲章的主要精神，成爲人類共同認可的普世價值觀。

第三句話：我欲仁，斯人至矣。

如果說「仁者愛人」裡，孔子的思想與其他西方文化後來有了異曲同工的一致性，那麼「我欲仁，斯人至矣」則是孔子文化與基督文化的最大差異。

西方人的道德由「上帝」（他）規定，人是執行者，人的道德是「上帝」賦予的，人生來就是有罪的，是要贖罪的，人道德行爲的實施是上帝的啓示和規定，不然進不了天堂。可是在孔子哲學傳統看來，道德由他律發出，恰是道德的自我否定，由外力規定的，就不是道德本心本身，「上帝」能創生萬物，而道德不是具體物，而是人所獨特表現的精神價值領域的實理，所以孔子眼裡的「天」是由人的主觀能動性，人的心理機能體悟出來的，「天」之所以有意義，是由我們道德心靈的最高處悟出有個「最高」指向，名爲「天」，也稱爲「天道」或「天理」。

並且，孔子堅定的認爲：「仁」的顯現本來就是「人」的心靈選擇，不是外力的賦予。你如果選擇「仁」，那麼那個「仁」就會顯現出來；如果你選擇了「不仁」那麼那個惡也會顯現出來。「仁」就是人的內在能動性功能，一個人，有沒有「仁」，是自己份內的事情，一個人怎麼活著、怎麼活著有意義，是自己的選擇，「不怨天，不尤人」，這是與西方上帝給予人生意義截然不同的兩種文化方向。

那麼孔子談到這個「仁」的內容本質是什麼呢？

其實就是宇宙世界的精神性本體，精神性本質，中國儒家文化在孔子之後，孟子在孔子仁的基礎上，點出了這個仁的本質，孟子曰：「心」。

「心」在中國文化裡，不同於現代醫學意義的「心臟」，也不是西方心理學意義上的「心靈」，而是一個世界的精神本體，是宇宙原則，當然也是人的精神原則，是一個帶著「至善」性質的本體，王陽明也把它稱作「良知」。

而孔子就是爲世界找到這顆「心」的人，是在萬古長夜中爲人類找到

「心」的人。正如馮友蘭先生所講：「宇宙間若沒有人，則宇宙只是一個渾沌……我們可以說，天若不生人，萬古常如夜」，而「宇宙間有了人，有了人的心，即如於黑暗中有了燈。」人類是宇宙之所思者，宇宙精神意義之創造者，「人者，天地之心也」（禮運第九），所以宋儒張載也講人要為「為天地立心」。

為天地立心即是宏道，宏道方式是「人能弘道、非道弘人」《論語·衛靈公》，朱熹做了進一步的解釋，「弘，廓而大之也。人外無道，道外無人。然人心有覺，而道體無為；故人能大其道，道不能大其人也」。信仰超越不能離開人來談，這是中國人的思維。

那麼也可以說，**自孔子之後，中國文化建立了不同於世界其他文化的信仰本體，不走上帝的「神」路，不走佛陀的「空」路，而是走自己的「心」路，「心」作為宇宙和人生的精神性終極意義被確定，成為中國人信仰的本體**。

而中國上古文化裡原來那個代表終極意義的「天」在孔子儒家文化方向裡就被取代，或者做了理性的替換，是由「道德的心」體悟出來的最高代稱，「天」所代表的天道內涵，恰恰是人類通過自我力量能感知到的，「盡其心，知其性，知其性則知天」，我們的「心」無限放大，就會感知天道，若能盡我心，就可以大到與天同，心與天同，所以心外就無物，這與西方人那種宗教體驗感悟到「上帝」形式上有一致性，內容截然不同。

西方人感知到那個「上帝」是知識對象，是超越的實體，你無法知識上瞭解它，你必須信仰它，你能感悟「上帝」存在，是因為「上帝」主動給予你的啓示，人並沒有自我力量感悟到上帝。而中國人感知的「天」，是由自我意志下的「心」，通過人類道德實踐能印證到的最高道德位格代稱。

沿著孔子開創的中國文化方向，我們可以看到，孔子之後的中國文化具有了很明顯的幾個特徵。

一、整個中國文化，基本都是從「人」談起，很少從「神」談起，人文化成在中國是一個歷史事實，中國文化的高度都建立在「人」學之上。

二、整個中國文化，都是建立在人的精神性上，基本不重視人的物質性，肉體性，重要點都在人的精神性上。孔子談「仁」、孟子談「四端之心」、荀子談「性惡」、董仲舒談「天人感應」，朱熹談「理」，王陽明談「心」，都是圍繞在人的精神性、道德性上面。並且整個中國文化史上一流的思想家幾乎都是「唯心」主義。請注意，這個「唯心」與馬克思哲學裡面提到那種帶有政治分類的，或者強烈的從存在角度談的世界第一性、第二性有著根本不同，在中國哲人眼裡，論起人，主要是論人的精神性，沒有那種「存在學」意義上的物質產生精神，或者精神產生物質的意涵，或者即使有，中國先哲都一致會認爲「心外無物」，我們能體會到的物質世界都是「心」的本體化育的產物。

三、整個中國文化，都是「天人合一」模式。也就是說宇宙秩序就是人間秩序，也是道德秩序，人與天的合一，不是兩個「體」的合一，而是德的合一，即「與日月合其明，與天地合其德」。

四、整個中國文化，都帶有實踐哲學的特點，孔子談到的「仁」，不是一個知識概念，而是一個道德實踐概念，它必須在人類的實踐中，在不同的場合展現出來，而中國人眼裡的其他價值概念的詞語，如「忠、恕、誠、信、禮、義、廉、恥」等等，都是一樣的道理，都是人通過實踐修行才能展現出來的一種價值觀，從而使得中國文化具有了天生的教化功能：**只要在信仰中，就無不在實踐中，沒有理論裡的信仰，只有實踐裡的信仰**。

孔子之前，人在世間的地位不倫不類，或成爲神的奴僕，或成爲萬物中的一物，孔子使人立於天地間，稱得上是世界「人文始祖」，凡爲人類，都應感謝他，可惜，人就是這樣一種思想動物，儘管「神」和萬物都是人自身對世界的感應與觀念，但人願意捨棄「自己」去崇拜和信仰，而忘了自身存在的意義。

好在世界有了孔子，人活出意義了，活出價值了，這是儒家在世界文化史上的莊嚴亮相。

第四節　儒家的無奈

孔子之後的儒家，經過孔子弟子傳到孟子、荀子時期，理論不斷創新發展，直至漢代成為「國教」，與政治制度相互融合妥協，雖然學術高度有所下降，但是開闢了儒家的「政統」，在政治制度上融入了中國社會，逐步影響了中國兩千多年來的文化方向，成為中國人「非宗教」形式的信仰。

在經過魏晉隋唐時代印度佛學東漸的巨大理論衝擊後，南宋朱熹為代表的儒家又把原始儒家在形而上學方面的先天不足有所補充，並且建立了新的前所未有「理學」高度，在明代，王陽明的心學又續接孔孟精神重新在「心」學處把儒家的精髓挖掘入微。

具體而言，孟子的貢獻是在孔子給人定性為「仁」的基礎上，明確為人立起了一顆「心」，孟子發現人天生就有「惻隱之心、羞惡之心、辭讓之心、是非之心」，此四心，是人的仁、義、禮、智四端，人人都有，把人從那種「自然之性」上提升出來，立出一個「心」來，「性」上立「心」，這是與孔子精神一致的，中國儒家被稱為「心性之學」，即從孔孟而來。

荀子的貢獻是發展了儒家另一支脈絡，即從《易經》傳承下來的宇宙觀，他提出「天人相分」，強調了天的自然性，提出的「性惡」論，也強調了人的自私自利性，對於後天教育的功能有很強的針對性意義。展現儒家對於世界的解釋不限於道德領域，也在於自然領域。孔子把《易經》的自然象數理念延展到人類道德，而荀子又把儒家在自然主義上面的觀點給予了發展，說明了儒家雖然重點關注「天」的道德價值領域，但是並不代表不重視其自然意義，自《易經》而起，中國文化裡自然宇宙觀的發展一脈相承，不過知識上從屬於道德教化的下面。

董仲舒的作用是把儒家推向統治地位，漢武帝聽從了董仲舒「獨尊儒術」建議，把儒家學說作為統治基礎學說，列於一尊，有著明顯的加強中央集權意義，但儒家卻就此發揮出基因裡面道德說教的優點，為統治階級政治統治提供了道德理論依據。嚴格來說，政治制度裡面的很多規定，多數是法家或者糅合其他各家的思想，儒家本來擅長在於道德教化，但是由於儒家思想演變成為了國家意識形態，所以承擔了後世罵名。

朱熹的重要作用是補齊了孔子「存」而不論留下的形而上學空白，孔子雖然總結出了宇宙人生的總的精神性特徵「仁」，但是那個最高天地本體是什麼，一直含糊其辭，後世批評者不絕，朱熹發揚了儒家在自然主義上面的滋養，結合儒家在道德價值領域的優勢，把外在於萬物的「理」作為宇宙最高本體，對儒家成為世界性大哲學具有很強的意義，朱熹的「理」，彌倫天地，萬物不能在外，天下「理一」，但是又有「分殊」，一事一物都有其「一理」，萬事萬物又有一個總的「理」。從朱熹之後，儒家無論學統、道統、政統都森然齊備，具備了世界大文化的氣象。

王陽明的貢獻在於，把朱熹規定的獲得「理」的途徑扭轉到孔孟的原始儒家精神上來。朱熹的「理」外在於人心，人如果取得「理」就需要從格物致知開始，逐漸前行，最後尋到一個「天理」。而王陽明認為，最大的理就是「良知」，失去良知，什麼理都在外在於人的。理就是心，心就是理，天下沒有心外之理，把理與心的主客觀對立統一在一起，並且建立了實踐印證心與理的方法路徑，那就是「知行合一」。眞正的知一定包含著行，眞正的行，也一定包含著知，沒有兩張皮的行，只有一種行，那就是眞正知道本體本性的行。

這就是孔子之後中國歷史上儒家聖賢的大略，但是正如世界上任何思想一樣，所謂一寸長必有一寸短，就文化而言，優點即是缺點，缺點也是優點，即如佛教說的，凡人類之「有為法」，必定是「有漏」的，都不是圓滿。儒家作為一種文化，也有一些文化本身具有的缺憾，或者走向事與願違的結果。

研究其核心原因，就是儒家在形而上學方面的論述凌亂而不統一，在解釋世界的終極問題上內部也有分歧，因而在實踐上造成不統一。

儒家把《易經》作爲群經之首，《易經》作爲上古經書之傳奇，地位無出其二，被稱爲萬法之源。群經之首，可謂彌倫天地，悉備萬物。《易經》主要內容是追究宇宙萬物變異之規律，有著深刻的自然主義和科學主義的基因，但中國古代的思想史很早形成一個思維範式，即宇宙規律就是道德規律，宇宙規律就是社會規律，習慣把宇宙秩序與人間社會秩序做對應聯繫和解釋，天道人事上下統一。孔子根據這個傳統，把《易經》做了道德的解釋，寫出了《易傳》，賦予了《易經》在人間道德方面的解釋。形成了後世我們看到的《易經》的全體。所以《易經》從開始就形成了兩大解釋路線，一路是象數派，一路是義理派。象數派重視自然規律，從卦象演繹宇宙變化，探究天地、萬物與人的對應變易，與道德和社會秩序無關；而義理派重視《易經》的微言大義，更加重視宇宙的精神性問題，探討宇宙精神帶來的對人間道德啓示，主要關注方向是對人的作用和規範，把人事與天道調和不違。

這兩大路線本是《易經》內部的不同研究方向，但是畢竟從解釋的角度看，形成了兩種不同的文化內部方向，導致儒家從開始就有了宇宙論與心性論的兩大路線。一般來說，從《易經》的象數派路線起始，荀子發揮了儒家對天道的自然主義解釋風格、朱熹奠定了儒家在形而上學方面自然主義的集大成，以「理」作爲宇宙終極本體，形成儒家內部的宇宙論傳統。而以孔子、孟子、陸九淵、王陽明爲代表的儒家形成另外的「心性論」傳統，並且成爲儒家的主流傳統。這就使得儒家在解釋宇宙終極本體方面不如西方「上帝」說那樣形式上統一。在基督教傳統裡，「上帝」是自然的創造者，也是道德的發出者，兩者是統一的。而儒家傳統裡，自然主義風格的「理」與道德主義風格的「心」的分歧從頭到尾存在，雖然王陽明講「心即理」，但「心」爲本體，顯然抹殺了「理」的那種自然主義色彩，在宇宙論解釋上力道減弱。

這種分歧形成了儒家在實證修行上的兩大路線，朱熹的路線是認識自然的客觀主義路線，從格物、致知、誠意、正心、修身、齊家、治國、平天下，循序漸進，先內聖而後外王，人對世界的掌握有了清晰的步驟。缺點是把世界作爲外在於人的客觀主體，人的道德靈魂自我完成力量就相對減弱，而其道德解釋就成爲一種外在的客觀說教，容易變成統治階級的說教和強加給人民的道德要求，道德不再成爲一種內在於人的自我力量，不再成爲一種實踐修行，而成爲一種「知識」，所以理學被後世詬病成爲「約束」了中國人創造心靈，或者一種教條主義的形象，因循守舊，缺乏活得靈魂。

而孔子開始的「心性論」，從開始就強調宇宙的道德精神，「心」爲世界的主體，這個「心」具有至善、仁義、良知等價值特性，啓示人類按照此宇宙精神辦事做人，從實踐修行上，對人的社會秩序形成有良好的規範作用。缺點是「心」的原則解釋非常抽象，一般人很難理解，而只成爲上層知識階層和統治階級之間的溝通邏輯，對於那些有自我調控道德力量，自覺進入精神狀態的人來說，當然是適合的，而對於多數在物質世界生存狀態的人來說，永遠是對牛談琴，所以對下層社會的約束力有限，基本是你說你的「心性」，我辦我的人事，並且最大的缺陷是把道德心性修養的「德性之知」作爲重點，那麼認識客觀世界的「聞見之知」就成爲下一個層次的事情，形成了儒家在認識客觀世界上缺乏科學主義的傳統，後世詬病儒家沒有科學和民主的基因，蓋出於此。

從這裡也可以看出，作爲一種民族國教地位大文化，形而上學的建設非常重要，即使到現在，很多人認爲儒家的創新領域在於未來能開出民主與科學的理論基礎，以指導社會發展，而其實「解釋」世界的形而上學永遠重要，儘管這種解釋永遠不完美，永遠在動態中，但就像人類對宇宙認識一樣，雖然變化是宇宙永恆的規律，但不變的就是人類追問之心。

被後世學者指責的另一個主要問題就是儒家要爲中國兩千多年來的專

制主義傳統負責。不可否認，自儒家被推上神壇之後，在中國的形而上學天空，就有了一個一致不變的文化傳統和價值標準，就是儒家思想。這個巨大的、能量不斷累積的文化傳統對於中國文化的綿延起到了決定性的作用，導致中國境內，即使改朝換代也不會改變統一的文化傳統。在中國，亡國的概念就是亡一家之國，換個主人來統治，整體社會的運行依然在儒家文化的方向內。那麼這就產生一個問題，儒家到底要不要對中國歷史中頑固的專制獨裁政治傳統負責任？

可以說，這是儒家背上的最大一個黑鍋，無論在學者和普通民眾之中，這種認識比比皆是，都認爲中國走上現代國家治理最大難題就是儒家傳統裡面的專制文化，或者說儒家是專制文化的幫兇，從孔子的「克己復禮」開始，到朱熹的「存天理、滅人欲」，這類思想隨手可拾，儒家似乎先天就是專制思想的源頭。

澄清和討論這個問題，必須要從信仰層面和政治層面分別不同的功能和應用領域談起。

作爲宗教和文化信仰，基督教、伊斯蘭教、儒家、佛教等這一類世界性的信仰，一定是在最高的形而上學天空立足，起到的是解釋世界和教化人類的作用，這種教化是原則性的教化，是在人類的道德心靈處建立原則，起到規勸和改善人行爲的作用。凡宗教者，一般都是道德實踐宗教，是在現實社會治理層面之上形成的比現實社會法制標準更高的道德標準，這種標準一般面對的是社會全體的道德心靈，影響他們的價值判斷，但絕對不能是具體的管理標準和統治標準。同時，被奉爲國教地位的那個宗教和信仰還必須與現實的政治治理相輔相成，起到一個「配合」的作用，否則，就會被政治組織打壓，或稱之爲「邪教」。猶太教、基督教、佛教、儒家在發展初期都有過這一段「在野」的歷史，從反對者走向合作者，說明一個事實，「信仰」是被政治實體所「選擇」的，在人類的發展史上，總是先產生了政治的實體，後才能確立全體信仰，信仰是人類道德心靈向上提拔的必由之路，是現實社會理想的抽象理想，但是畢竟與現實的政治治理功能不同，應用領域也不同，凡是屬於統治領域的傳統，宗教並不能產生作用去改變。

而政治作爲私有制以來的產物，幾乎伴隨人類文明的全部。從走出原始混沌狀態開始，從占有掠奪其他人的私有財物開始，人類就有了「權力」意識，並逐步產生了政治組織，發展到最高的政治組織形態——國家。國家產生的內在根源來源於人類的欲望，黑格爾說：「人類的行動都發生於他們的需要、他們的熱情、他們的興趣、他們的個性和才能」，就是說，都發生於他們「私人的利益、特殊的目的」。恩格斯贊同黑格爾的說法，認爲「自從階級對立產生以來，正是人的惡劣的情欲——貪欲和權欲成了歷史發展的槓桿」。從發生學角度看，國家作爲人類權力治理組織，先天就帶有「私欲」的基因，是一個統治團體集體的意志。

從內在原始動力看，宗教信仰的產生，起初是單純的解釋世界，從物質性的解釋延伸到精神性的解釋，進一步延伸到對人類行爲進行規勸和約束。總體上，早期人類信仰都含有一種敬畏、約束的原則，猶太系諸宗教（猶太教、基督教和伊斯蘭教）都屬於禁欲主義的宗教，東方信仰如佛教、儒家的總方向更是敬畏自然和節制欲望。因此，宗教信仰從起點處是與實現政治是逆行的兩個方向，政治治理的原始動力是「欲望和擴張」，而宗教信仰的原始原則是「約束和控制」，然而爲什麼宗教和政治最後走到了一起，亦或說，宗教也是一種政治？這其實是人類最大的現實——社會發展都是動態的平衡，理想可以高懸，現實總是無奈，用中國文化解釋，就是陰陽調和、對立統一在起著作用。

回顧人類政治發展的歷史，任何一個政治組織初期都希望肆無忌憚、無所約束的統治，但是統治者很快發現，只要無所節制，統治就會猶如一盤散沙，如水中花、鏡中月，或者曇花一現，總不能長久。暴力之下必有反抗，反抗結果就是玉石俱焚，萬劫不復，「水能載舟，亦能覆舟」，就是統治階級悟出的道理。在一輪又一輪的血仇遊戲中，統治階級開始憂慮思考政治集團的未來，思考長治久安之道，從中發展了「控制約束」原則，所謂：「穆穆文王，於緝熙敬止」，實際是周文王從商朝滅亡教訓之中得出的道理，懂得了「約束、控制」原則，道德之暗示就開始深藏在統治階級的思想中去了。

歷史發展的事實也顯示，任何一種宗教信仰，都是被歷史選擇的，無論猶太教、基督教、伊斯蘭教、佛教、儒教，宗教在走向政治舞臺之前，都有一段心酸的血淚史，而被選中，一般都是其中的道德說教基因，或者是精神性基因與統治階級不謀而合，被統治階級加以改造，並且宗教團體本身願意以妥協來實現和諧，這樣一種正反力量的綜合平衡構成了人類的政治宗教關係史。

儒家被漢武帝選擇爲「國教」，是因爲儒家的道德說教基因有利於國家統治，並不說明儒家能從根本上解決掉作爲政治組織先天的「專制」基因，站在歷史背景下，儒家把皇帝設定爲「天子」，把天下秩序設定在「三綱五常」之內，與其說是儒家的學術獻媚，不如說儒家的無奈，在一定條件下，對皇帝權力做了限制、對亂臣賊子做的防範，儘管空洞，比不上刀槍棍棒，但是在道德制高點上給所有人戴上了「頸箍咒」，難道這不就是信仰的作用嗎？

而中國社會的專制獨裁傳統之所以頑固，其實另有原因，自商鞅助秦孝公變法開始，戰國時期的法家已經開創了歷史先河，徹底改變了遠古以來以血緣紐帶建立的國家概念，原來的社會階層是由王、諸侯、大夫、士、平民組成，其中，王是由諸侯血緣中產生的優秀者，是隨時可以根據賢能業績被取代的，法家變法的核心是去掉貴族階層，消滅諸侯，而把其他階層變爲王的絕對無條件服從的奴才，郡縣制的設立，井田制的消滅，諸侯的消失，使天下變成一人之天下，「率土之濱、莫非王土，普天之下，莫非王臣」，就是法家的家天下治理模式，法家還發明了一系列賤民、辱民、弱民思想和方法，加強最高統治者地位，這些措施促進了秦國的強大，對統一六國起到了決定性作用，但是也給後世國君留下了深刻的思想記憶，那就是必須實現權力的高度集中。

那麼中國社會裡體制內的反抗力量爲什麼總抵不過專制的力量呢？

原來，歷史的發展，不僅有客觀的物質規律，也有內在的精神性規律，如果把歷史當作一個大生命體來看，在傳承的過程中，一些內在的精神性因素也是會有「遺傳」效應的，而對於中國專制歷史最有「遺傳」影響的，就是在王權走向絕對集中過程中，初始形成的「恐怖基因」。這是以往歷史學家很少注意到的。

所謂「恐怖基因」，最早體現在秦國統一六國的殘酷殺戮中。在法家的軍功獎勵機制和懲罰機制下，秦國變成舉國戰爭機器，人人以殺人累積功勞，累積家族榮譽，人性之惡全部發散出來，六國談秦色變，戰國後期成爲歷史上第一次大規模有計畫的殺人場，一些重大的戰役如「長平之戰」，動輒就死去幾十萬人，而在後來推翻秦朝的戰役中，項羽也報復性的一次性的活埋幾十萬人。中國歷史中，爲了最高統治權力的集中，激發了最高國君的激情動力，殺人的規模數量一下子超越以往戰爭的幾十幾百倍，並且屢創新高，成功的收穫和啓示牢牢印刻在後來統治者的記憶裡，而被殺戮之人的「恐怖基因」也隨著生命體代代流傳，印刻在民族血液裡，導致在中國歷史上，服從是常態與習慣，反抗是個例與意外，實在是活不下去了，才會起義，從來沒有人在生命有保障情況下通過自由意志去和統治者談判而分享權力，所謂改朝換代，必須是通過流血換來的成果，這一點是中國政治裡無法抹去的精神性因素，權力獲得與死亡相關聯，不成功便成仁，這種邏輯和這種內在遺傳的「恐怖基因」遠大於世界歷史中其他國家，可以說「恐怖基因」無法消失，中國就無法走到現代社會。

儒家作爲曾經國教地位的信仰，本來就是政治組織的道德粉飾，自身無法消除「恐怖基因」，只能起到調和社會矛盾作用，所謂「克己復禮」之類思想，也談不上是幫統治階級說話，所謂「民本」思想，也談不上是人民反抗力量的支撐，說到底，儒家和世界上任何信仰組織一樣，只能在人類心靈上建立價值標準，只能立「道德法」，而不能立「統治法」，一切政治組織發展的內在規律，儒家都不可能根本性改變或者推翻，而其本身也是歷史選擇下的一個要素而已，就中國歷史眞實而言，這兩千多年，如果沒有儒家，歷史只能更糟糕，不可能更好，歷史上「五胡十六國」時期，少數民族因爲受儒家影響甚微，產生的殺戮行爲最爲殘酷，這也是例證之一。

第五章
以往一切信仰的終結

拜神的人，神為恆定；

禮佛的人，空為恆常；

崇儒的人，心為恆久。

從前面的回顧我們可以看出，自人類有了思想，開始精神生活後，信仰問題貫穿始終，無論信神的人、禮佛的人、崇儒的人，或者世界上大大小小各類信仰，從歷史到現在，可以說人類無一不在信仰之中，即使是無神論者，或者當今世界人數最多的崇拜金錢、權力、物質的人，也在「信仰」之中，只不過在他們眼裡，全部生活的希望寄託在「錢」這種人類抽象物質上而已。

雖然我們見到歷史上很多人類的「捨生取義」存在於道德信仰之中，比生命更可貴的必然是一種更高的價值，那就是人類形形色色的道德信仰，讓人願意「向死而生」。但是我們也看到有更多的人為了「物質」捨棄生命，無論在歷史中，或者現在，始終不絕，我們也可以說，他們是明明白白的清楚自己的選擇，讓他們捨棄生命去追求的，自然是他們全部的希望寄託。我們在這裡並不是簡單對其進行指責，而是想說明「人類無一不在信仰之中」，除非失去能力的精神病人。

對於人來說，不「信」才是最大的痛苦。生活中也是，不信愛人，家庭痛苦；不信朋友，友誼痛苦；不信領導，職場痛苦；不信社會，心靈痛苦。讓一個孩子從小就不信，那麼這個孩子長大後的人生就在猜疑和恐慌之中，人類因信而立，因信稱義，這是生活的事實，儘管信的層次有高低，信的對象有不同，但是「信」是人類精神世界的本能。

信仰對於人的最大現實作用就是價值排序，有了信仰的人，自然把信仰作為最高價值層級，自信仰以下，所有關於價值的選擇就會清晰有序。

愛錢之人爲錢獻身，愛眞理的人爲眞理獻身，我們可以從一個人的行爲看出其價值取向，從而分析出他的信仰。

回顧歷史中的信仰模式，主要目的不是爲了比較優劣，在文化現象中，優劣都是相對的，一種文化中優勢的地方也正好是其缺陷的地方，這是一種常識；也或者說，一種文化相對於其他文化的優點，同時也造就了相對於其他文化的缺點，這是以往一切信仰給我們的啓示。

我們的重點關注方向是從歷史中的信仰模式，預測未來的信仰模式，對於未來，人類信仰將走向何方？

還要從我們前面談過的信仰公式說起。

【世界本質是什麼＋世界怎麼創生的＋世界怎麼運行的】＋【內含的精神規律】＋【人類符合此規律的合適行爲實證修行】＝信仰體系

這就是人類信仰公式。

以往的一切信仰，造成人類的分歧點在哪裡呢？

從信仰公式裡，我們可以看到，主要分歧在於第一層次，對於世界終極問題的解釋，而第二層次（世界精神之源）其實是第一個層次問題的延伸，人類精神基本一致向善，我們也可以合併，而對於第三層次來說，雖然各信仰系統對人類的要求和修行方法有區別，但總體精神是約束和控制人類不良行爲，引導人類向善向好這一點，各大信仰總方向是一致的。

那麼世界的終極問題（我是誰、從哪裡來、到哪裡去）以及世界的總精神（愛、至善、仁、阿賴耶識）這些問題對於人類的意義在哪裡？爲什麼分歧，這是我們要討論的問題。

人類對形而上學的偏好，不過是爲自己以及自己所看到的物質世界尋找終極的安放處，尋找物質的源頭和精神的源頭，最終解釋這個宇宙之謎，也就是終極眞理。

作爲眞理而言，終極眞理或者絕對眞理是一個無限的、運動的、不斷向前的理想概念，永遠不會處於靜止狀態，而人類總試圖通過自己有限的認識能力把握這個無限的、運動的絕對眞理，所以得到結果總是靜止片面

的。

基督教把這個終極家園形容爲彼岸的「天堂」，佛教把終極精神形容爲「阿賴耶識」，儒家把終極精神形容成「心」或者「理」，都是爲心靈尋找家園的結果。而終極的眞理是一個永遠在運動中的本體。

人類信仰的眞正分歧在於對終極精神內容的解釋和理解上。

換句話，人類信仰的終極目的是一致的，都是爲人類尋找精神家園，但是在認識手段和內容解釋上存在根本性分歧。

那麼我們就有必要首先反思下人類認識世界的手段和工具。

自人類發明語言和邏輯以來，進入了高級智慧階段，語言和邏輯就是人類認識世界，說明世界的工具。

對於物質界，所有說明物質概念的語言，都是一種抽象的固定，比如房子、汽車、山、水、老虎、馬、鋤頭、電子、量子等等，這些語言是一種「同類狀態之抽象」。比如白馬、黑馬、紅馬，抽象爲一種概念爲「馬」，一般來講，這類物質描述的概念一般不會出分歧問題。

而在精神界，一切描述價值、道德、理想、信念等概念，並不具有「有形」的外在特徵，所有這些概念，其實是「人類實踐行爲的抽象」，眞、善、美、仁、義、禮、智等等這類語言，原始點都來自人類對某一類實踐行爲的抽象概念，比如一個人對父母表現出一系列溫暖的行爲，被稱爲「孝」，這個概念就是一種人類行爲的抽象。也就是說，類似道德、價值、理想、信念這些精神性領域「語言」，說明的都是「人類的實踐」，不是一種靜態的、固定的、客觀的概念，而是主觀的、動態的、發展的人類實踐。

「信仰」作爲一語言概念，無疑也是精神領域的語言，也不例外的是一種「人類實踐的抽象」，是描述實踐行爲的語言。

實踐的概念就必須用對應實踐的邏輯來把握。

作爲把握實踐的邏輯，那就一定要用辯證法則。西方文化裡對立統一、品質互變、否定之否定是人類掌握世界運動與實踐規律的三大辯證法則，在中國文化裡陰陽對立、互變轉化、此消彼長也是這樣一種辯證法則，而其核心就是矛盾的發展歷程，是一個對動態世界的把握規律，馬克思曾經說辯證法最大貢獻就是提出了世界的「推動和創造原則」。

也就是說，我們對運動世界和人類實踐行爲的把握認識應該是「不斷發展」的過程，是一個動態理解眞理的過程，是矛盾發展的過程，應該用描述精神界的動態語言和邏輯把握這個絕對眞理，而人類都試圖用描述物質界的靜態語言和邏輯固定把握這個絕對眞理。

舉一個例子，天上飛過來飛鳥，鳥的眞實是在運動狀態之中，但是攝影師瞬間用照片拍了下來，製成圖片，進入教材，成爲了科學「知識」，而我們學習到的，是這個瞬間把握的靜態知識圖片說明，是終極眞理的瞬間和組成部分，而不是眞理本身。

信仰作爲最高的精神，包含的價值、道德、理想、信念等一系列概念無不如此，都是人類實踐行爲的辭彙，語言只是對這種實踐的描述，應用的邏輯必須是辯證法則，是動態發展法則，而不是試圖「科學」客觀的靜態描述。因爲客觀的描述就是一種外在原則，而實踐是一種內在原則，動態原則。

再往前延伸，所謂「神」、「梵」、「道」、「阿賴耶識」、「心」、「理」這一類各民族信仰裡的終極本體，本來就是人類實踐的最高抽象，對應掌握他們的原則都應該是辯證邏輯，都應該是對立統一、品質互變、否定之否定邏輯，或者陰陽互變、轉化的原則，都應該是把語言的外在抽象和內容的內在抽象統一起來的動態邏輯，這些概念也不是靜態永恆不變的概念。而人類在變化中尋求不變，尋求永恆，已經成爲習慣。

從歷史脈絡看，「神」、「梵」、「道」、「阿賴耶識」、「心」、「理」這一類概念是不斷發展的，這是人類認識的歷史必然。基督教「神」的歷史從多神到一神，從「存在」證明到「道德」理性的發展；佛教裡「萬法爲空」到「唯識不空」，到「見性即佛」的過程；儒家裡從「仁」到「理」到「心」等理念發展過程，無一不在證明，終極本體其實並不是靜止固定的概念，而是隨著人類認識不斷發展的過程。

另一方面，人類無法看到、無法證明、無法實現的一切物質亦或精神領域的概念，都是因爲我們當下認識的世界只是地球環境下的三維空間之內，而理論科學證明宇宙至少存在十維以上的空間。未來關於靈魂、宇宙、神、價値、道德、仁義、眞、善、美、量子、反物質、暗物質、黑洞等等一切人類無法掌握或者不能統一的爭論，都將隨著宇宙空間的拓展，得到逐步統一，並產生新的矛盾。

人類過去關於精神是物質發展的結果、或者物質是精神決定這一類問題爭論都將在未來形成新的統一，並且又形成新的對立，不斷螺旋上升，帶領人類走向未來。

並且，作爲把握世界運動實踐規律的辯證法，矛盾的三大法則，也都是在目前三維空間的實踐邏輯法則，在未來宇宙空間下，也會出現更多高於現在「矛盾」的新「矛盾」，宇宙的矛盾形式也將不斷創新，不斷前進。

可以預測的是，未來宇宙空間態下，人類以往關於解釋世界本體的「神」、「梵」、「道」、「阿賴耶識」、「心」、「理」這一類概念將逐步消亡，舊的終極問題將被新的終極問題取代，我們並且可以預言：以往一切形而上學解釋世界的內容將被不斷更新終結，以往一切依照辯證法解釋世界的實踐邏輯也將被新的邏輯取代，以往一切形式的信仰也必將被新的信仰取代，這是人類認識世界的必然。

不過，作爲信仰公式裡第三個層次，即作爲約束人類、規範人類行爲的實踐活動，我們發現各信仰體系下存在驚人的一致性，每一個信仰體系對人類的「教化」，雖然規則不一樣，教義不一樣，修行規定不一樣，但是有一個總的原則是一樣的，那就是「約束控制」。比如基督教、伊斯蘭教、佛教的誡律，比如儒家的「克己復禮」、「知止」等，都在表現同一個原則，即告訴人們「不能」做什麼，「不應」做什麼。

那麼爲什麼人類一方面永遠追求那種理想中永恆終極的自由：天國

的自由；共產主義的自由；佛教裡的「涅槃」，道家裡的「逍遙」；儒家裡的「隨心所欲不逾矩」，而宗教實踐裡卻不是鼓吹自由，而是約束人類「不要」幹什麼，不要說什麼呢？難道眞的像盧梭說的「人生而嚮往自由，而卻無處不在枷鎖之中」嗎？

西方偉大哲學家康德在他的《實踐理性批判》裡，對這個問題做了做了很好的說明，他首先從「自由」的概念開始談起，按照他對於自然知識所確立的理性原則，任何概念，包括「自由」，都必須有先驗的前提，如時間、空間、品質、範疇等，不然無法形成概念，但是「自由」這個詞如果前面加了這一系列「限制」，那麼就不叫「自由」了，所以康德認爲，「自由」這個概念不是知識，知識領域的「自由」是不存在的。

但是，他發現，在人類的實踐中，有一些人確定有他們的自由，這種自由不是普通人理解那種順成的「任性」，普通人理解的自由是一種「任性」，那是順著人類欲望而生的，每個人的「任性」一定會導致其他人的不自由，一定會受到其他人限制，那麼眞正的自由是什麼呢？康德說：是一種逆向於人類欲望的「自由」。比如，生命是可貴的，每個人都不想死，但是有一些人卻勇於去死，比如布魯諾和文天祥等，那麼這個「自由」是眞實存在的，對於那個選擇去死的人來說，那是沒有限制的眞正的「自由意志」。所以眞正的自由是「一種逆向於人欲望的自由」，並且不在知識中，只存在於人類實踐之中。

那麼爲什麼有的人敢於去死呢？一定是有一種比生命價値更高的價値存在，對這種高於生命價値的探討中，康德發現了人類的「道德律」，他認爲只有「頭頂上的星空和心中的道德律」才是人類最永恆的追求，那麼道德這個概念就和自由一樣，不是個知識，而是個實踐的概念，必須由人「實踐」出來，才能展現，並且這種展現，必須是善的、利於他人的，逆向於人的欲望的。

從康德的發現中，我們也同樣證明了所謂「自由」、「道德」這類概念，就是人類實踐行爲的抽象說明，是人類認識世界的一部分。

雖然人類認識世界，解釋世界的終極信仰將隨著宇宙思維的提高而逐漸發展，逐漸出現新的形式，但是作爲人類實踐要求，也就是信仰對於人類的啓示是不會變的，因爲作爲實踐，信仰給人類的唯一啓示原則是「不能」做哪些。

未來，人類將面臨人工智慧、大數據、生物基因技術、宇宙空間技術的不斷進步、反物質、暗物質等新物質不斷發現、微觀世界、宏觀世界的不斷拓展等科技進步，也會面臨機械倫理和人性倫理、宇宙倫理和地球倫理、太陽系倫理和銀河系倫理等不斷發展的宇宙倫理挑戰。人的「異化」過程將成爲必然，未來人類什麼樣，會不會有智能機械和人類結合的「新人類，或者「基因變種人類」的出現，都有存在的可能性。未來在宇宙空間時代，人類的外形和心理一定不會是現在的外形和心理，也是可以預測的，「人將不人」是一種確然的風險，但是也或者是一種機遇。

「人將不人」並不可怕，從早期類人猿到現代人類，人類本身無論外在肉體結構或者心靈狀態都在發生變化。

我們不擔心的是人類必將發展，而是擔心人類發展找不到初心，找不到原始心靈的種子。

因此信仰公式裡關於對人類實踐行爲的規範還應該保留，未來的信仰，也就是指導人類行爲的信仰，就只有一種，那就是控制和約束不能做什麼的戒律和規範。人類的未來不在於能做什麼，而在於不能做什麼，其實這個問題在如今的時代已經很明顯了，我們人類已經做了很多不該做的，比如核武器的威脅、環境的過度開採、道德倫理底線的不斷下降等。在進入太空開發的時代，人類也許眞正能體會到我們應該學會的本領不是能做什麼，而是有一種宗教性情結，掌握「不能做什麼」的原則。

那麼我們將預測：未來的信仰，只會是一種「約束控制」型的信仰，是一種「不能做什麼」的實踐，且動態的解釋世界，保留實踐修行法則。我們借用中國儒家文化說法，把它稱爲「止學」。

本書的上部，是對信仰世界的理論追溯，很多故事已經進入歷史，成爲常識，儘管存在於信仰中的很多故事已經經過後人的加工，經過了品牌化的包裝，但是，我們也知道，歷史事實和歷史精神永遠不可能一致。我們看一段歷史，重要是看人類是怎麼走下來的，總體是一種什麼樣的歷史精神展現。因此對過去的描述，皆爲往事，也爲廢話，讀者可以不看，而下部所展望的未來信仰形式，皆爲預測，讀者也可以不信，也可以相信。還是那句話，眞理是動態的邏輯，你必須用活動的心靈把握。

　　讓我們一起啓動心靈，走入「止學」。

下部

作為實踐信仰的止學

第六章
瞭解世界的兩大「法門」

信仰的世界，無論西方或者東方，都是針對人而言的，一切宗教哲學文化的最後目的都是人。

生爲人類，每一個人從出生到老死，都有一個認識世界的過程，對於一個外在於「我」的世界來說，如何把握，如何適應，如何利用，這對人類來說，不僅是個理論問題，也是個實踐問題。

文字、語言、邏輯本來是人類認識世界的工具，但是日積月累，很多人把掌握這些外在的工具當作了世界的眞相，有的人沾沾自喜，有的人借機炫耀，結果發現，當眞正的生活考驗到來的時候，那些知識根本用不上，或者作用甚微。如果世界的眞相是「一」，那麼，每一個人看到的世界是不同的，就是「多」，這是人類矛盾的根源。

相近的認識看法形成了一種文化或者宗教，這是世界宗教或者文化分歧的由來。而這些分歧與世界眞相無關，用佛教的話說，世界本體清淨虛空，由於人「無明」污染，出現了花花世界，且每個人各守偏執，而本體是不偏不倚最中道的。

用人類的有限性想瞭解世界的無限性，似乎永無可能，但總有偏執謬誤的人。如果你把世界當作外在的一個對象，那麼這個對象因爲無限和永恆，人類永不可能窮盡，這就是所謂「世界是無限的，而生命是有限的」之傷。

如果你把世界當作內在於你本心的一個對象，其實你發現了本心、本性的眞相，就發現了世界眞相，不用外求，不用多占，這就是禪宗的「自性即佛」。自性是什麼？基督教、伊斯蘭教、佛教、儒家這些大宗教、大哲學雖然表述不同，但都指出世界的終極精神是愛、是仁、是至善，人類作宇宙之物，自然也不例外，至善就是人類的本心自性。

大覺悟的人不多，因此禪宗講的頓悟是對著「上乘人」而言，對於凡夫來說，漸悟也是常態。

我們怎麼去漸悟這個世界，達到證悟那個自性本體呢？

幾個世界大宗教，大文化都談到兩個異曲同工的導入「法門」。

佛教講的好，達摩祖師講認識世界的兩個入口：一個是「理入」，一個是「行入」。

「理入」，就是從學理上知曉，通過書本知識和口傳知識，外在的掌握資料進而瞭解世界，對文字語言既不可以排斥它，又不可以死死地執著不放。世界上的一切紛爭、一切問題，都是因爲在知識的圈子裡打轉，在知識的圈子裡打轉，從世間法的角度來講，彼此都有執著，自己的本性就被淹沒，就被覆蓋了。所以「理入」的關鍵是要找到正悟正覺，做到正悟正覺，才算是「理入」了，不然，學的知識再多，也是不開悟的人，最多是匠人。

「行入」，就不光要求只知道那個「道理」，還必須實踐上還原那個「道理」，要通過生活實踐，修行出那個你已經明白的「道理」。所以說，人是活出來的，不是學出來的，有些知識份子學習了很多知識，依然缺乏良知，缺乏實際解決問題的能力，就不算眞正的悟道。

儒家也講的好，對於世界之道，我們不光要「明德」，還要「成德」。明德是一個外在取得知識，懂得道德至善道理的過程；而成德是要用一生實踐去印證這個道理。所以，儒家推崇實踐工夫，重視復性。好比下棋復盤一樣，瞭解棋譜不行，還要實踐的下棋並且復盤，但人生不可能復盤，就必須從明德開啓，用「愼獨」、「修身養性」、「三省吾身」、「反身而誠」這些功夫去印證光明道德，成德悟道，達到至善。

基督教講的也好，能感悟到上帝偉大的兩條路：一條是「信仰和理性之路」，一條是「愛的實踐之路」。思考與實踐都是可以通往天國之路。

觀察世界偉大的文化，都有這樣的認識，我們不僅要通過書本知識的方法瞭解世界，也要用實踐去體驗這個世界眞相。

所以馬克思說，重要的不是解釋這個世界，而是改造這個世界。我們也要說，更重要的是改造自己，找到自性本體，即使什麼「知識」也沒有，但懂得「善良」，就是最大的知識。

人類瞭解這個世界的目的，不是爲學而學，而是要參與世界的改造，中國人講，要「化成天下」。

所以，你來到這個世界是有責任的，就如同小小的蚯蚓對春天的貢獻是鬆了土壤一樣，人的生命雖然短暫，但宇宙生生不息，必須有人類的責任，儒家那「厚德載物」，一個「載」字言盡了人的責任，就是「承擔」。

就知識而言，存在著兩種知識；就科學而言，存在著兩種科學，就道德而言，存在著兩種道德；就信仰而言，存在著兩種信仰——一種是「寫」在書本上的，一種是「活」在生活中的。

李時珍嘗遍了百草，寫出《本草綱目》。對他而言，在實踐中，已經掌握了這些知識，因爲他是親歷的。在李時珍寫成書的那一刻，這些就成爲一種外在的「相」，而後人讀到了這本書，享受了知識，這是由外而內，分享他人經驗的過程。這個知識是靜態的、死板的，後人讀到了這些知識，只是掌握了資料，並不能馬上開藥方看病，還需要把這些知識成功應用到其他患者身上，這是知識的「還原」過程，在「還原」的過程中，知識對於一個學習的「你」才得到了呈現。

那麼李時珍如果沒有寫書呢？那些知識對於李時珍來說，當然是屬於他自己的知識，他每天都在應用中，他的知識是動態的、鮮活的，隨時隨地發展的知識。所以，實踐的知識，對於實踐著的人來說，才是眞知識。

我們學習前人的書本知識，只是方便法門，爲了導入方便而已，只有把這些書本知識。用生命實踐展示出來，還原出來，才是眞正掌握了這些知識，如果沒有還原，那就是掌握了一些「資料量」。

而我們常看到一些「知識份子」，能背誦大段書本文字，就自認爲有了知識，而去賣弄，甚至常常用「資料量」，抖書袋子來顯示自己的水準，實在可鄙。知識是為了照亮別人的優點，體會人生的光明，而有些人拿來照亮別人的缺點，暴露他人的「無知」，證明自己「有知」，這些人不光沒有本性光明，不配做知識份子，做人也顯得猥瑣。

還原知識，就是一個實踐的過程，知識也只能產生在實踐之中。所以，雖然我們認識世界有兩個「法門」，但是眞正掌握知識，或者讓知識內在於「我」，則只有一個「法門」，那就是實踐。

沒有實踐過的知識，是別人的；實踐（還原）過的知識才是自己的。

一切聖人的格言、一切公式、一切公理，包括一切道德、一切信仰都必須經過實踐才能成為「自己」的。

雖然哲學家康德把現象界產生的科學知識和道德做了區分，認為道德本身就是實踐理性。但是費希特卻把這兩種知識合一，他認為科學知識和道德知識都是知識，而且一切知識都是實踐活動，這一點和中國傳統文化對知識的看法不謀而合，中國古人認為，存在兩種不同知識：一種是德性之知，一種是聞見之知，而這兩種知識，都來自人類實踐活動中。

由此擴展，來自人類主觀心靈的概念：如道德、價值、眞、善、美、愛、仁、義等一系列辭彙，實際都是人類實踐活動的抽象。如果掌握這些「知識」，也必須還原，還原就是一個實踐的過程。所以，哲學、文化、宗教都是「活」出來的，是人類精神生命的歷程、是人類的實踐史。你如果掌握一個信仰，就必須實踐中瞭解它，把握它，不然你就不在信仰中，就像一個教授他可以天天講授基督教課程，但是如果他不參加教會生活，體驗基督的「愛神愛他人」，那麼他還不是基督徒，還是外在的知道，不是內在的掌握。也就是說，在信仰中，只有實踐了你所信的，你才是眞信。

存在於人類信仰中形成的全部「形而上」的說法，都需要通過信徒的實踐才能展現出來。實踐了的信仰，對信徒而言才是眞信仰，嘴上宣講而沒有實踐的信仰，也只是教授。

我們追溯了所有信仰模式之後發現，在解釋世界部分，世界各信仰形成的分歧都是因爲人類試圖各自用其生命的有限性去解釋一個無限宇宙造成的，並且人類都是各取一截，靜止、片面把得到的啓示「寫」在經書中，試圖使其信仰成爲永恆不變的知識固定下來，並使信徒造成崇拜。但是事實上，考察每一個信仰內部，信仰的形成也是一個不斷變化發展的歷史，基督教、佛教、儒家的經典，都是在若干聖賢共同努力下不斷發展的，其內核也在歷史的變化中不斷變化，只是由於信仰的局限，對其他信仰體察缺乏同理心。我們已經預測：在人類不斷進步，進入宇宙思維時代，現在的一切信仰就解釋學而言都會消亡，因爲宇宙三維以上的空間，我們人類並不掌握其思維邏輯，也許一切現在的分歧將來都不是分歧，就像辯證法那樣，由否定到肯定、再否定，宇宙思維不斷擴展，人類不斷進步，以前的一切造成人類信仰在解釋學上的分歧都將不在，留下的只有一個思考——「我們該怎麼辦」？

這是實踐信仰的方向。

回顧歷史，作爲實踐著的信仰，世界各大信仰都給了我們一個同樣的啓示，都沒有告訴人類應該怎麼辦，而是「約束」人類不能做什麼。

猶太教、基督教、伊斯蘭教、印度教、道教、儒家這些人類社會的大信仰，在教化人類的實證修行中，多數採取誡律形式。有的極其嚴格，形如法律；有的內在道德約束，高於法律。我們看到的除了教義誡律不同，原則幾乎一致，那就是不能做什麼，是一種逆向於人的欲望，或者控制人的過度欲望的原則，也就是說，無論信仰的頂層怎麼設計，而在教化人類這一點上，信仰家族的原則是高度相同，只要信仰中的人，你最應該明白的是：你不該做什麼。

這個通關「密鑰」，我們採取了儒家的用語，那就是「止」。

第七章
「止學」的前生前世

第一節　儒家的工夫路線

「止」作為一個哲學思想概念，最早出現在儒家經典裡，並且是最重要的實踐概念。

止，從甲骨文的象形文字看，本意就是腳，下面腳面和腳掌，上面像腳趾頭。《說文解字》：「止，象草木出有址，故以止為足」。

作為中國象形文字，止最早原意就是足。例如《儀禮．士昏禮》：「北止」。《易經．噬嗑》：「屨校滅止」，都是指足。

其後的引申含義大概有如下幾種：

一、停住，中斷進程。

「止，停也，息也」──《廣韻》。

「樹欲靜而風不止」──《韓詩外傳》。

二、阻止，不讓進行。

「笑而止之」──《列子．湯問》。

「使人止晉鄙」──《史記．魏公子列傳》。

三、居住。

「邦畿千里，維民所止」──《詩．商頌．玄鳥》。

「止文殊院」──《徐霞客遊記．遊黃山記》。

四、只有。

「止印兩三本」──宋．沈括《夢溪筆談．活版》。

五、克制、約束。

「文明以止」──《易經、賁卦、彖傳》。

……

中國文字作爲象形文字，總是有原意，然後逐漸引申而成其他含義。「止」作爲文化學上重要含義主要首先出在易經裡的「**文明以止**」。

《易經》作爲中國上古流傳下來的一部奇書，彌綸天地、悉備六合、涵蓋萬有、綱紀群倫，是闡述天地世間萬象變化的古老經典、是博大精深的辯證法哲學書，被譽爲「群經之首，大道之源」；是中華傳統文化的總綱領，蘊涵著樸素深刻的自然法則和辯證思想，亦是中華文明的源頭活水，其內容涉及哲學、政治、生活、文學、藝術、科學等諸多領域，是儒家、道家等共同的經典。

最早的《易經》由卦畫、卦名、卦辭、爻題、爻辭等構成，主要是六十四卦和三百八十四爻，卦和爻各有說明（卦辭、爻辭），作爲占卜之用，是爲象數之學。

《易傳》包含解釋卦辭和爻辭的七種文辭共十篇，統稱《十翼》。相傳爲孔子所撰，是從《易經》所闡發的宇宙變易之理引申出道德領域的道理，從抽象意義上對《周易》作了注釋，將《周易》六十四卦三百八十四爻上升到理論高度進行概括說明和解釋；從宇宙宏觀角度探討《周易》起源，認爲《周易》是古代聖人仰觀俯察，對大自然進行模擬、效法的結果，因而《周易》中八卦及六十四卦體現了天地陰陽變化的規律。經過《易傳》的解說，使《周易》理論由宇宙規律轉化爲道德規律，變得博大精深，成爲義理之學。

《易經、賁卦、彖傳》裡有這樣一句話：「觀乎天文，以察時變；觀乎人文，以化成天下」。意思是說，考察天文，是瞭解宇宙時間形態的變化；考察人文，是爲了化成天下，這就是最早的「人文化成」思想，也就是「文化」的雛意。

在這裡，點出了中國人最早對於文化的概念。文化就是「人文化成」，講白了這個宇宙的化育功能，與神無關，與動植物無關，是人與生俱來的責任。這是中國人的世界觀。

無論這個地球萬物是由上帝創造的還是自然生成的，從人類產生那一天起就有一種與生俱來的責任——化育萬物。所以我們所居住的地球只有兩種物質，一種是自然物質，一種是由人類所化育生成的物質。

中國人的文化就是「人化」，就是人要化育萬物。

那麼什麼是人文呢

《彖傳》講：「剛柔交錯，天文也；文明以止，人文也」。

天文，是剛柔交錯，純粹自然的現象；而人文呢，是「文明以止」。「文」是指文章禮飾，「明」指的是道德光明，文章禮飾和道德光明有所止（控制或克制），那麼人文就體現出來了。

為什麼一個「止」，就能顯現出人文呢？

我們可以想像，在原始社會，人類最初是以自然人的面貌出現的，與動物在肉體本質上並無不同，在某些功能上還不如動物。動物對於身體的一切需要都是本能的反應，從來沒有克制約束的想法，而原始社會中某個智人或者某一群智人也許突然發現，有些事是「極其危險」的，要學會控制，當「控制和約束」這類概念在人類的頭腦裡出現的時候，人和動物就開始有了本質的區別。

中國古人由此發現，人類和動物根本的不同就是這個「止」，作為動物，就不懂「止」，想吃就吃，想睡就睡，想性交就性交，而人類之所以在萬類中脫穎而出，稱為生靈之王，就是因為懂了「止」，能有所為而有所不為，懂得了控制，那麼人之為人的特性就呈現出來了。

所以，「人文，就是文明以止」，如果你想在人類的身上體現出與其他動物不同的精神性，就必須用控制和約束的原則，這樣文明就體現出來了。

換句話，要想化成天下，創造世界，首先要知道什麼是「文明以止」，重點在於控制，學會克制，懂得「不能」，知所不能，逆向修行，人文才能體現，世界才能化育改造。

這是「止」在人類文化史上的第一次亮相。

這樣的一個意思一旦產生，就成為中國文化在實踐修行上的重要法則，被稱爲儒家經典的四書——《大學》、《中庸》、《論語》、《孟子》裡都有「止」的概念。

我們逐一來看。

《大學》，是一篇論述儒家修身治國平天下思想的散文，原是《小戴禮記》第四十二篇，相傳爲曾子所作，實爲秦漢時儒家作品，是一部中國古代討論教育理論的重要著作，經北宋程顥、程頤竭力尊崇，南宋朱熹又作《大學章句》，最終和《中庸》、《論語》、《孟子》並稱「四書」，對中國古代教育產生了極大的影響。

《大學》首段裡就出現了「止」的論述。

「大學之道，在明明德，在親民，在止於至善。知止而後有定，定而後能靜，靜而後能安，安而後能慮，慮而後能得。物有本末，事有終始。知所先後，則近道矣。」

這裡的大學，是大成之學，大道之學，是學問的最高境界，中國古人認爲大成之學的最高境界是「明德、親民、止於至善」，也被儒家認爲學子的「三綱」，也就是做學問的最終目的。朱熹把《大學》作爲四書之首，這句話又爲《大學》之首句，可見對於中國文化非常重要。

三句話雖然並行排列，但實際上是一個層層推進的次序，用現代漢語來講就是說：學問的最高目的首先是明德，其次是親民，最高在於止於至善。明德和親民不用解釋，「至善」，也不用解釋，是最高善的意思。那麼這個「止」是什麼意思呢？

首先，我們可以肯定說不是「停止」的意思，在最高的善面前「停止」不符合文章的意思。朱熹的《大學章句》解釋說：「止者，必至於是而不遷之意」。朱熹這種解釋雖然權威，但非常勉強，意思是說爲了達到至善目的而堅定的意志。「不遷之意」就是不動搖，堅定。

爲什麼說朱熹的這種解釋非常勉強呢？主要從下文的補充分析出來。《大學》裡列出大學之道的三個總目標是「明德、親民和止於至善」後，並沒有解釋明德和親民，而重點解釋「止於至善」。**「知止而後有定，**

定而後能靜，靜而後能安，安而後能慮，慮而後能得。物有本末，事有終始。知所先後，則近道矣。」按照文章的邏輯，後面這段話是對「止於至善」的「止」做了補充解釋，怕人不知道關於「止」的內涵而做的補充闡述，大概意思如下：知道「止」就能把目標定下來，定下來之後就能內心平靜，平靜之後就能安心，安心之後就能進行思考，進行思考就能有所得到。

後面一句話也非常重要：「物有本末，事有始終，知所先後，則近道矣」。也就是說這幾個定義邏輯上的次序是不能亂的，是有前後順序。

次序如下：知止——定——靜——安——慮——得。知止是開始，得是結果。

那麼如果我們從結果倒推也可以這樣理解：每個人都想「得到」，而「得到」的最先前提是——「知止」。從這個意義上，朱熹的「不遷之意」就有些勉強，並非「不遷」，而是動態把握，而如果我們用《易經》裡所說的「文明以止」來理解就非常順理成章，那就是「控制和約束」。

這句話整段的邏輯是這樣：一個人要在物質和肉體上對欲望有所控制，有所約束，然後才能定下心來達到內心的平靜，然後才能安心專注於目標，然後才能進行有效果的思考，最後才能達到目標。

所以，我們的結論是：「止於至善」、「知止而後有定」與《易經》裡的「文明以止」是一樣的意思，就是「控制和約束」。

繼續來看《大學》裡下面一段很重要的話：

《詩》云：「緡蠻黃鳥，止於丘隅。」子曰：「於止，知其所止，可以人而不如鳥乎？」《詩》云：「穆穆文王，於緝熙敬止！」爲人君，止於仁；爲人臣止於敬；爲人子，止於孝；爲人父，止於慈；與國人交，止於信。」

在這段話裡，「止於丘隅」可以理解爲「住所」，但是也暗含著鳥兒也知道不去那些不該去的地方之意，其他「止」如果譯爲「不遷」、「不動」也相當勉強，而如果理解爲「控制和約束」就順理成章。

本段的大意是：鳥兒都知道他應該棲息在丘陵上，知道他所不能到達的地方，人難道不如鳥嗎？你看那周文王啊，時刻保持警惕，控制約束。作爲君主如果能有所控制欲望，身上的仁性就能體現；作爲大臣，如果有所控制欲望，身上的敬意就能有所體現；作爲人的兒子，如果有所控制欲望，那麼孝性就能體現；作爲一個父親，如果有所控制欲望，那麼慈善就能體現；與老百姓交往如果能有所克制欲望，那麼信義就能體現出來。

特別重要的是，孔子在這裡把「知其所止」當作人與鳥的本質區別，能夠約束控制欲望，是人獸之別，也是文明的跨越。並且文王的「敬」是通過謹慎、警惕體現的，人君之「仁」、臣子之「敬」、兒子之「孝」、父親之「信」，也都是通過「止」來體現出來的，因此，「止」作爲一種文化的概念，只有把它理解成「控制和約束」，這些文章的邏輯就順理成章，與理不違。朱熹在這裡的解釋也是明白的：「子曰以下，孔子說詩之辭，言人當知所當止之處也」。（《大學章句》）。

由上所舉，在《大學》裡，我們初步可以斷定：「止」的概念延續了《易傳》裡面「文明以止」的一貫邏輯，就是「約束和控制」的意思。

再來看《中庸》。

《中庸》是中國古代論述人生修養境界的一部道德哲學專著，是儒家經典之一，原是《禮記》第三十一篇，相傳爲戰國時期子思所作，其內容肯定「中庸」是道德行爲的最高標準，把「誠」看成是世界的本體，認爲「至誠」則達到人生的最高境界，並提出「博學之，審問之，愼思之，明辨之，篤行之」的學習過程和認識方法。

作爲談天下至誠之「中庸」之道，涉及了儒家的本體與方法論，「誠」在這裡被設定爲儒家本體，其實與「仁」的意思一致，「誠者，自成也，而道，自道也。誠者物之終始，不誠無物」。從這裡可以看出，誠其實就是儒家修行的原則，且與天地之道不違，天地既然體現了「誠」的特性，那麼人也應該展現這種特性，這就是所謂「天命之謂性」，這個性，就是誠，這是《中庸》的觀點。

那麼，如何達到「誠」呢？就是要遵守「中庸」的原則：「不偏為中，不易為庸」、「喜怒哀樂之未發為中」，中庸其實是一個非常難以達到的理想化的人格境界，很少有人、或者說根本沒有人能絕對做到「不偏不易」，每個人都想任性，而「中庸」是一個最高修養控制原則。

在《中庸》裡，有一句話談到了「止」，這裡的意思，大約是「見好就收」。

子曰：「道不遠人，人之為道而遠人，不可以為道。《詩》云：『伐柯，伐柯，其則不遠。』執柯以伐柯，睨而視之，猶以為遠。故君子以人治人，改而止。」

朱熹認為這裡是指「以其人之道，還治其人之身，其人能改，即止不治」。也有見好就收的意思。

再來看《論語》。

《論語》是孔子及其弟子的語錄結集，由孔子弟子及再傳弟子編寫而成，至戰國前期成書。全書共20篇492章，以語錄體為主，敘事體為輔，主要記錄孔子及其弟子的言行，較為集中地體現了孔子的政治主張、倫理思想、道德觀念及教育原則等。此書是儒家學派的經典著作之一。

《論語》裡提到「止」的地方不多，大多數是「到此為止，見好就收」的意思。

譬如為山，未成一簣，止，吾止也。　《子罕篇第九》

子謂顏淵曰：惜乎！吾見其進也，未見其止也。　《子罕篇第九》

所謂大臣者，以道事君，不可則止。　《先進篇十一》

子曰：忠告而善道之，不可則止，毋自辱焉。

《顏淵篇十二》

陣力就列，不能者止。 《季氏篇十六》

止子路宿，殺雞爲黍而食之，見其二子焉。 《微子篇十八》

子遊曰：「喪致乎哀而止。」 《子張篇十九》

孔子在《論語》裡面，關於控制人的欲望，主要的表達是「克己復禮爲仁」。

「仁」作爲孔子儒家思想的本體，主要體現的是天地人的總精神，「仁」是一個總原則，在不同的場景針對不同的人表現形式很多，據不完全統計，論語裡提到仁的字數多達129次，如「仁者，人也」、「仁者，愛人」、「我欲仁，斯人至矣」等，那麼爲什麼「克己復禮」也能體現「仁」呢？在孔子那裡禮的原則是敬，禮的外在表現形式隨時代而變化，所謂「禮經三代，必有損益」，但是禮的內在原則是永恆不變的，那就是內心的敬意。「復禮」的原意是恢復禮的本來面貌，如何才能恢復禮的本來面貌呢？那就一定要「克己」，就是要克制自己的欲望，也就是說，作爲「仁」的外在表現形式「禮」，只有通過人自覺「克制」自己的欲望，才能體現出來，這一點與「文明以止」的意旨相通。

再來看《孟子》。

《孟子》，是戰國中期孟子及其弟子萬章、公孫醜等著。《漢書·藝文志》著錄《孟子》十一篇，現存七篇十四卷，總字數三萬五千餘字，286章。書中記載有孟子及其弟子的政治、教育、哲學、倫理等思想觀點和政治活動。

《孟子》涉及「止」列舉如下：

孟子對曰：「王好戰，請以戰喻。塡然鼓之，兵刃既接，棄

甲曳兵而走。或百步而後止，或五十步而後止。以五十步笑百步，則何如？」——《梁惠王上》

歸市者不止，耕者不變，誅其君而吊其民，若時雨降，民大悅。——《梁惠王下》

行或使之，止或尼之。行止非人所能也。——《梁惠王下》

可以仕則仕，可以止則止，可以久則久，可以速則速，孔子也。——《公孫醜上》

故曰：『爾爲爾，我爲我，雖袒裼裸裎於我側，爾焉能浼我哉？』故由由然與之偕而不自失焉，援而止之而止。——《公孫醜上》

孟子自齊葬於魯，反於齊，止於嬴。——《公孫醜下》

橫政之所出，橫民之所止，不忍居也。——《萬章下》

士止於千裡之外，則讒諂面諛之人至矣。——《告子下》

上面列舉，部分意思是「住所」，其他都爲「退讓」之意，隱含者「控制」欲望之意。

事實上「止」作爲一個古代多意字，在不同場合有不同意思，但是在涉及道德原則和欲望收斂原則方面，我們不應該把它僅僅看作是一個翻譯的問題，「止」作爲儒家一個在實證修行、改變人行爲、教化人類的原則，是應該引起我們足夠重視的，無論用的什麼詞。「止」的原則，是儒家教化人的方向，比如儒家說的「克己復禮」等等。

我們可以從儒家主要代表人物的思想裡，找到作爲「控制和約束」人欲的一些原則性表述。

作爲孔子來說，最具有典型代表的就是「克己復禮」，「克」就是約束控制，約束控制自己欲望，那麼你身上的「仁」就會體現出來，外在表現就是「禮」，我們從中也可以看出，儒家所有的原則，如「仁義禮智信、溫良恭儉讓」等等，都是人類實踐行爲的抽象概念，之所以能成爲人類的典範，或者說能被大家學習，就在人在各個角度能通過一種「控制」自己欲望，反向於人的欲望方式體現出來的。比如，孔子講「孝」，說「色難」，不給老人不好的臉色最難，只要具有生活經驗的人都知道，越是親人，這一點就很難，只有很高的道德自控原則，才能做到這一點，也就是說，控制了自己情緒，「孝」就體現出來了。這些道德原則，並不是一個外在的知識概念，而是內在的道德原則，發出點都是人類的主觀意志，能成爲一放之四海的普世價值，唯一的展現是「自我」內在的力量，戰勝和超越自我，完成對肉體和物質欲望的控制，道德之光明就體現出來了。

而孟子有一句最著名的話，是對孔子文化方向的注解：「人之所以異於禽獸者幾希，庶民去之，君子存之。」大意是人和動物的差別太小了，要做好人和君子，關鍵在於克制同於禽獸的部分而保存發揚那「幾希」的人性。孟子提出了「盡心、知性、知天」的概念，「盡心」就是要在認識上達到自我超越，達到「存心、養心」，而「養心莫善於寡欲」，孟子認爲，減少欲望是養心的關鍵。

另一個同時期的儒家代表人物荀子有一個著名的觀念——「化性起僞」。他認爲人性的放縱會造成不可收拾的惡果，所以必須對它進行改造，即「化性起僞」。「僞」是指後天的人爲作用，即改造人的本性，使之樹立道德觀念。荀子把「化性起僞」作爲人後天教育的重要概念提出，就是指要通過「化性」和「起僞」來對人欲望的「約束」，達到「禮儀生，法度出」。

把儒家推向國教地位的漢代大儒董仲舒，他著名的主張是「天人感應」。他也是借用一個「天」來對人進行教化和控制，董仲舒認爲，「道之大原出於天」，自然人事都受制於天命，那麼人也一定要受到天命的控制和限制。在這裡董仲舒有很強烈的受制於當時時代的思想限制，但是他的主要目的並不在於描述天的作用，而是在於教化和約束人類。

而南宋大儒朱熹有一句被後世不斷責備的著名語言：「存天理，滅人欲」。一個「滅」字遭到後世很多人的誤解，後世人斷章取義評判這句話禁錮了人的自由，實際上朱熹在世時就做了多次的解釋，朱熹此處的「人欲」是指超出人基本需求的欲望，當時就有人責問朱熹：「飲食之間，孰爲天理，孰爲人欲」？朱熹回答：「飲食，天理也，山珍美味，人欲也；夫妻，天理也，三妻四妾，人欲也，」。——（《朱子語類》卷十三）。朱熹這裡說的「滅人欲」是要滅掉人無所節制、超出理智的欲望，並且這句話也並非由朱熹發明，這一概念在《禮記．樂記》裡已經出現，其中說到：「人化物也者，滅天理而窮人欲者也。於是有悖逆詐僞之心，有淫泆作亂之事」，這裡所謂「滅天理而窮人欲者」就是指泯滅天理而爲所欲爲者。朱熹認爲天理作爲一種本體，就如同鏡子一樣是光明澄亮的，而人欲如同鏡子上的灰塵，只有抹去這些灰塵，鏡子才能恢復光明。所以他說：「聖人千言萬語，只是教人存天理，滅人欲」；也說：「學者須是革盡人欲，復盡天理，方始爲學」。

明代大儒王陽明繼承孟子之學，開創了儒學的又一座高峰——心學。他提出了作爲儒家實證修行的兩大理念是「致良知」和「知行合一」。從內心裡尋找天理，天理在人心。「理」生化宇宙與天地萬物，而人秉其秀氣，故人心自秉其精要。在知與行的關係上強調——要知更要行，行中有知，知中有行，互爲表裡，不可分離。王陽明曾說：「吾輩用功只求日減，不求日增，減得一分人欲，便是復得一份天理，何等輕快灑脫，何等簡易」。功夫在減不在增，所謂減去物欲之昏蔽，減盡人欲，便是恢復良知本性了。

儒家的全部著力點在本體與工夫，本體主要解釋世界，工夫主要實證修行。可以看出全部儒家在實證修行方面的觀點是做減法，控制欲望。不管儒家用什麼語言來表達，核心的意思就是「止」，這個路線是逆向於人類欲望的道德實踐路線，是成德悟道的根本。

第二節　朱熹講錯的一個概念——格物

朱熹把儒家經典重新做了整理，四書五經成爲儒家核心經典，四書者：《大學》、《中庸》、《論語》、《孟子》。五經者：《詩經》、《尚書》、《禮記》、《易經》、《春秋》。《大學》被排爲四書五經之首，可見朱熹對《大學》之重視。而《大學》的開篇之語成爲儒家問道的關鍵，按照古人寫論文的特點，開篇爲全書重點，《大學》亦不例外，開篇就點明了爲學之最高目標和成學之必經途徑，即所謂「三綱八目」，茲錄如下。

大學之道，在明明德，在親民，在止於至善。知止而後有定，定而後能靜，靜而後能安，安而後能慮，慮而後能得。物有本末，事有終始。知所先後，則近道矣。

古之欲明明德於天下者，先治其國。欲治其國者，先齊其家。欲齊其家者，先修其身。欲修其身者，先正其心。欲正其心者，先誠其意。欲誠其意者，先致其知。致知在格物。物格而後知至，知至而後意誠，意誠而後心正，心正而後身修，身修而後家齊，家齊而後國治，國治而後天下平。

儒家學者普遍認爲，《大學》提出了問道問學的最高目標即「三綱」——「明明德、親民、止於至善」和達到此目標的必經途徑即「八條目」——「格物、致知、誠意、正心、修身、齊家、治國、平天下」，所謂「綱舉目張」，從目標到實踐路徑上下結合，說明治國平天下和個人道德修養的一致性。這也是儒家「內聖外王」之道。

作爲儒家實踐修行的綱領，顯然，從格物到平天下是儒者的內聖外王之途徑，格物是所有實踐道路的起點，對格物的理解決定著儒家實踐修行道路的方向，但是朱熹在這裡將格物理解錯了，朱熹這個「成功的誤解」

是爲他背後強大的理學體系做支撐，成就了儒學發展的另一個高峰——理學。

朱熹的解釋是：**格，至也。物，猶事也。窮至事物之理，欲其極無處不到也**。簡單說：格，就是窮究；物，就是事物之理，格物就是窮究事物之理。（明確從認識論的意義上解釋「格物」的第一個人是程頤。他說：「格猶窮也，物猶理也。猶日窮其理而已矣。」（《二程遺書》）朱熹繼承了二程的說法，並建立了更系統的格物窮理說。他通過對「格物致知」的闡釋，表述了自己的認識論思想由於朱熹巨大的學術影響和地位，這個理解幾乎成爲後世學者的標準版本。

但是這個解釋卻是一個「著名的誤解」，因爲他曲解了原始儒家的眞正意涵。

理由如下：

一、從「格」字的原始意看，朱熹之前，原始意涵並沒有「窮究」、「至極處」之意。

那麼，「格物」在原始儒家那裡最初含義是什麼呢？

我們先來看兩個較早歷史文獻「格」字的含義引申：

一篇來自《禮記．緇衣》：**言有物而行有格也**。有「標準、規格、法式」之意，規範行爲之詞。

另一篇來自《孟子．離婁上》：**人不足與適（同「讁」）也，政不足閑（非議）也；惟大人爲能格君心之非**。有「糾正、匡正」之意，古語同樣意思的還有「格非（匡正邪辟謬誤的心）；格心（匡正思想；歸正之心）；格正（匡正時弊；糾正）」等詞。

這兩篇文章裡的「格」，與《大學》幾乎同時代，應該爲較爲接近的引申義。《大學》裡的格物之「格」，聯繫上下文應該爲動詞。與「匡正、糾正、規範、約束、控制」較爲接近。

另《說文解字》：格，木長貌。象形聲。從木，從各，各亦聲。「木」指樹木。「各」意爲「十字交叉之形」。「木」與「各」聯合起來表示「樹幹與樹枝形成十字交叉之形」、「枝杈爲十字交錯之形」。本義：樹木枝幹分叉系列。徐鍇系傳：「亦謂樹高長枝爲格」。

二、按照原文的內在邏輯看，「格物」也非「窮究事物之理」。

《大學》的這一段開篇語分爲三段邏輯：

第一段邏輯：點出三綱要旨——明明德、親民、止於至善。

第二段邏輯：對「止於至善」的「止」作了說明：知止而後有定，定而後能靜，靜而後能安，安而後能慮，慮而後能得。物有本末，事有終始。知所先後，則近道矣。點出了「知止」和「得」的關係，也就是說，達到此目標，「知止」才是關鍵。聯繫上文，「明明德、親民、止於至善」，說的都是人的道德領域的事情，與自然界萬事萬物無關，所以說這裡「知止」之「知」，是「德性之知」，「知止」之「止」，是「控制約束欲望」。並且點出「物有本末，事有始終」，即「明明德、親民、止於至善」這三個總目標順序排列，不能搞錯。通過控制欲望達到最高的善（止於至善）是三個目標裡最近「道」的目標。

這裡的「物」與「事」，也非自然之物和自然之事，「本末」說的是原因和結果，「始終」說的是時間先後，因果與時間，都不是形容自然萬物的，都是人間之事物，無非對待物質和事情的「做人」道理，落腳點在於明因果、知先後，才能近道矣。

第三段邏輯：點出了「明明德」與「治天下」的關係順序，「明明德」與「治天下」本爲一體。而「治天下」的起點是「格物」。

㈠格物以上，致知、誠意、正心、修身、齊家、治國、平天下都是人的道德領域目標，在主觀界說事，只有「格物」，說的是「窮究萬物之理」，似乎說不通，一下子從客觀領域跳到主觀領域，怎麼跨越的？

㈡按照儒家內聖外王的說法，「格物、致知、誠意、正心、修身」，此爲儒家講的「內聖」階段，是道德用功的領域。而「齊家、治國、平天下」是「外王」階段，是由個人的道德用功發散到社會治理領域。

從前後的一貫性看，「格物」不可能跑出「內聖」之道德用功的領域，所謂「內聖」，就是內在修行道德，不是外在把握知識。

㈢窮究萬物之理而達到知識，這是現代人所理解的知識，現代人的知識就是自然知識。而「物格而後知至」，這裡的「知」是『德性之知」。古人把「知」分爲「德性之知」和「見聞之知」，「德性之知」是天賦的道德觀念，是關於人們以道德修養或理性爲基礎而獲得超經驗知識的認識。北宋張載《正蒙．大心》：「德性之知，不萌於見聞」。而「見聞之知」是人們通過感官接觸外界事物而獲得的知識。北宋張載《正蒙．大心》：「見聞之知，乃物交而知」。它只是「小知」，不如脫離見聞的「德性之知」。儒家的傳統，都是講述「德性之知」，儒家很少講「見聞之知」，一般認爲是下一個層次的事情，是由主觀開出的客觀知識，這也是儒家缺乏科學精神的傳統習慣。所以「致知」是「德性之知」，「格物」，也一定說的是道德領域一種「工夫」。

朱熹之所以把「格物」說成窮究萬物之理，是爲他強大的理學體系做注解，他認爲每一個人和物都以抽象的「理」作爲它存在的根據，每一個人和物都具有完整的理，萬物各有其理，而萬物之理終歸一，是爲「太極」，即天地人的總的「理」。從認識的目的來看，朱熹講「格物致知」是爲了當聖人，認爲若做不到「格物致知」，無論如何都是凡人，只有達到「物格知至」，方可進入聖賢之域。「格物致知」的具體內容是「窮天理，明人倫，講聖言，通事故。」所以朱熹在這裡講的格物雖然是窮究事物之理，但是是爲了引出對「天理」的追求，他說：「兀然存心乎草木、器用之間，此何學問！如此而望有所得，是炊沙而欲成飯也。」（《文集》），從「我注六經」角度看，朱熹的角度是爲他的理學理論服務的，完成的是理學的任務，所以當代哲學家牟宗三先生說朱熹是「別子爲宗」，起來的是儒家另一座高峰，但是確實是把「格物」曲解了。

而如果這裡與上文的「知止而後有定」聯繫的看，把「格物」理解成「控制物質的欲望」，那麼上文可以呼應「知止」，下文可以呼應「誠意、正心、修身」，與《易經》裡的「文明以止」遙相呼應，那麼這個「格物」從邏輯意義上就特別通順。

所以我們說朱熹這裡把「格物」理解成「窮究事物之理」是一個誤解，**「格物」的真正含義不是去外求自然界事物之理，而是內在控制欲望，約束物質需求，達到「知止」目標，順成「誠意、正心、修身」的目的，完成「內聖」的道德實踐之路。格物者，約束物質欲望也**。

那麼朱熹之後的學者看出了朱熹的解釋之誤了嗎？不止一人，王陽明是第一個點出朱熹解釋有誤的人。

王陽明先生年輕時，因篤信朱熹的「格物致知」說，曾七天七夜對著竹子格物，結果一無所獲，導致昏迷，從而產生的對朱熹格物學的巨大懷疑，開創了儒家「心性學」最高峰——心學。心學從原理上回歸了原始儒家孔孟的路線，從人的主觀來解釋世界，即「我爲世界立法」。強調不用外在求理，而在於內在求心，心即理。

一般認爲王陽明先生的主要著作爲《傳習錄》，而忽略了王陽明另一篇著作《大學問》，事實上王陽明先生非常重視《大學問》，將他視作心學與理學判教之重要論述。

《大學問》表面上看是通過王陽明先生通過與弟子的對話，談了與朱熹理學不同的對《大學》的重新理解，似乎是一篇對《大學》的問答之文。但是縱觀全文，王陽明先生有更高一層的意旨，他認爲對《大學》的重新定義和理解，決定了儒家的實踐路線，其中王陽明先生所闡述的對《大學》裡「三綱八目」的一系列重新解釋，暗含著先生認爲的眞正的「大學問」。其中就包含了對儒家實踐路線的入門——「止於至善」和「格物」的理解。

茲分別摘錄如下：

一、關於「止於至善」。

問曰：「然則又烏在其爲『止至善』乎？」

答曰：「至善者，明德、親民之極則也。天命之性，粹然至善，其靈昭不昧者，此其至善之發見，是乃明德之本體，而即所謂良知也。至善之發見，是而是焉，非而非焉，輕重厚薄，隨感隨應，變動不居，而亦莫不自有天然之中，是乃民彝物則之極，而不容少有議擬增損於其間也。少有擬議增損於其間，則是私意小智，而非至善之謂矣。自非愼獨之至，惟精惟一者，其孰能與於此乎？後之人惟其不知至善之在吾心，而用其私智以揣摸測度於其外，以爲事事物物各有定理也，是以昧其是非之則，支離決裂，人欲肆而天理亡，明德親民之學遂大亂於天下。蓋昔之人固有欲明其明德者矣，然惟不知止於至善，而鶩其私心於過高，是以失之虛罔空寂，而無有乎家國天下之施，則二氏之流是矣。固有欲親其民者矣，然惟不知止於至善，而溺其私心於卑瑣，是以失之權謀智術，而無有乎仁愛惻怛之誠，則五伯功利之徒是矣。是皆不知止於至善之過也。故止至善之於明德、親民也，猶之規矩之於方圓也，尺度之於長短也，權衡之於輕重也。故方圓而不止於規矩，爽其則矣；長短而不止於尺度，乖其劑矣；輕重而不止於權衡，失其准矣；明明德、親民而不止於至善，亡其本矣。故止於至善以親民，而明其明德，是之謂大人之學。」

陽明先生在這裡把「止於至善」之和「明德、親民」的關係比喻爲：規矩之於方圓也，尺度之於長短也，權衡之於輕重也。故方圓而不止於規矩，爽其則矣；長短而不止於尺度，乖其劑矣；輕重而不止於權衡，失其准矣。

強調了「止」的作用：立規矩、行尺度、量權衡。重點在於對人欲的控制。王陽明指出：如果明明德沒有了「止」則是「私心過高」，容易「虛罔空寂」，與佛家、道家那種只談道理，沒有措施一樣的流弊，於家國無益；而親民沒有了「止」，那麼就是「私心卑瑣」，容易陷入「權謀智術」，沒有了仁愛之心，稱爲功利之徒，只有「明明德、親民」，而沒有「止於至善」，就會「亡其本矣」，並且說：「止」這才是眞正大學問。

二、關於「格物」諸關係。

問曰：「古之欲明明德於天下者，以至於先修其身，以吾子明德親民之說通之，亦既可得而知矣。敢問欲修其身，以至於致知在格物，其工夫次第又何如其用力歟？」

答曰：「此正詳言明德、親民、止至善之功也。蓋身、心、意、知、物者，是其工夫所用之條理，雖亦各有其所，而其實只是一物。格、致、誠、正、修者，是其條理所用之工夫，雖亦皆有其名，而其實只是一事。何謂身心之形體？運用之謂也。何謂心身之靈明？主宰之謂也。何謂修身？爲善而去惡之謂也。吾身自能爲善而去惡乎？必其靈明主宰者欲爲善而去惡，然後其形體運用者始能爲善而去惡也。故欲修其身者，必在於先正其心也。然心之本體則性也，性無不善，則心之本體本無不正也。何從而用其正之之功乎？蓋心之本體本無不正，自其意念發動，而後有不正。故欲正其心者，必就其意念之所發而正之，凡其發一念而善也，好之眞如好好色，發一念而惡也，惡之眞如惡惡臭，則意無不誠，而心可正矣。然意之所發，有善有惡，不有以明其善惡之分，亦將眞妄錯雜，雖欲誠之，不可得而誠矣。故欲誠其意者，必在於致知焉。致者，至也，如雲喪致乎哀之致。易言『知至至之』，『知至』者，知也，『至之』者，致也。『致知』云者，非若後儒所謂充擴其知識之謂也，致吾心之良知焉耳。良知者，孟子所謂『是非之心，人皆有之』者也。是非之心，不待慮而知，不待學而能，是故謂之良知。是乃天命之性，吾心之本體，自然靈昭明覺者也。凡意念之發，吾心之良知無有不自知者。其善歟，惟吾心之良知自知之，其不善歟，亦惟吾心之良知自知之。是皆無所與於他人者也。故雖小人之爲不善，既已無所不至，然其見君子，則必厭然掩其不善而著其善者，是亦可以見其良知之有不容於自昧者也。今欲別善惡以誠其意，惟在致其良知之所知焉爾。何則？意念之發，吾心之良知既知其爲善矣，使其不能誠有以好之，而復背而去之，則是以善爲惡，而自昧其知善之良知矣。意念之所發，吾之良知既知其爲不善矣，使其不能誠有以惡之，而復蹈而爲之，則是以惡爲善，而自昧其知惡之良知矣。若是，則雖曰知之，猶不知也，意其可得而誠乎？今於良知之善惡者，無不誠好而誠惡之，則不自欺其良知而意可誠也已。然欲致其良知，亦豈影響恍惚而懸空無實之謂乎？是必實有其事矣。故致知必在於格物。物者，事也，凡意之所發必有其事，意所在之事謂之物。格者，正也，正其不正以歸於正之謂也。正其不正者，去惡之謂也。歸於正者，爲善之謂也。夫是之謂格。書言『格於上下』、『格於文祖』、『格其非心』，格物之格實兼其義也。良知所知之善，雖誠欲好之矣，苟不即其意之所在之物而實有以爲之，則是物有未格，而好之之意猶爲未誠也。良知所知之惡，雖誠欲惡之矣，苟不即其意之所在之物而實有以去之，則是物有未格，而惡之之意猶爲未誠也。今焉於其良知所知之善者，即其意之所在之物而實爲之，無有乎不盡。於其良知所知之惡者，即其意之所在之物而實去之，無有乎不盡。

然後物無不格，吾良知之所知者，無有虧缺障蔽，而得以極其至矣。夫然後吾心快然無復餘憾而自謙矣，夫然後意之所發者，始無自欺而可以謂之誠矣。故曰：『物格而後知至，知至而後意誠，意誠而後心正，心正而後身修。』蓋其功夫條理雖有先後次序之可言，而其體之惟一，實無先後次序之可分。其條理功夫雖無先後次序之可分，而其用之惟精，固有纖毫不可得而缺焉者。此格致誠正之說，所以闡堯舜之正傳，而爲孔氏之心印也。」

陽明先生要旨如下：

㈠身、心、意、知、物都是（人的）實踐修行工夫之條理，即對象目標，其實是「一物」，而格、致、誠、正、修，是其（人的）條理所應用之實證修行工夫，雖然名稱不一，而其實只是「一事」。所謂「物有本末、事有始終」之「物與事」，實際是「工夫和工夫的對象」。不是朱熹講的自然界事物。「物者，事也，凡意之所發必有其事，意所在之事謂之物」。

㈡所謂「致知」，是致「吾心之良知」也，直達孟子「四端之心」。是人的至善之心。

㈢所謂格物，王陽明認爲：「格者，正也，正其不正以歸於正之謂也。正其不正者，去惡之謂也。歸於正者，爲善之謂也。夫是之謂格。書言『格於上下』、『格於文祖』、『格其非心』，格物之格實兼其義也」。格，就是規範其走到正路。與格非、格心，格正詞意一致。

然則，考察陽明先生之「格者，正也」，還有些說的不夠直接。其實從詞語字根看，「上」字加一豎爲「止」，「止」字加一横爲「正」。按中文造字原理，一般加一横爲「頂天」，加一豎爲立地。「上」字如果理解爲進步，得到的話，加一豎才能「立地」，說明「想得到進步」必須要有「止」，而如果「止」上加横，悟到天理，天道，就是「正」。說明有了「止」，就能達到天理，悟到正道。

陽明先生認爲，格物致知，誠意正心，都是致良知的順序，是「闡堯舜之正傳，而爲孔氏之心印也。」

關於「格物」之分歧，表明中國儒家在實證修行道路上兩種不同觀點，從《大學》古典原意看，把格物理解爲「控制物質欲望」，較爲符合原始儒家「文明以止」的觀點。

第三節 道家：得止者得天下

相對於儒家，道家對「止」的理解更加深刻，幾乎上升到了實踐哲學的根本。主要體現在老子和莊子對「止」的認識上。

「知止不殆」出自老子的《道德經》第三十二章和四十四章

道常無名，樸雖小，天下莫能臣也。侯王若能守之，萬物將自賓。天地相合，以降甘露，民莫之令而自均。始制有名。名亦既有，夫亦將知止，知止所以不殆。譬道之在天下，猶川谷之於江海。——《道德經．三十二章》

道本來是沒有名稱的，這個自然物雖然幽微不可見，可天地不能支配它。侯王如果能守住它，萬物將會自然地歸從。天地間陰陽之氣相合，就會降下潤澤萬物的甘露，民眾沒有誰去命令它，它卻能自然分佈均勻。天地萬物生，便有了名位。名位既已註定，就要明白各自的限度，知道各自的限度，守好本位，就不會有危險。比如道在天地間，猶如江海與小河，小河都要匯入江海。

名，是指名相，各類看得見摸得著的物質都屬於名相。名相意味著分別。名相越多，分別就越多，分別越多，離道就越遠。老子告誡世人，要知道約束和控制欲望，知道分別，復歸於樸，復歸於簡單，復歸於清靜，只有這樣，才可以遠離危險。大道不是知識，世人覺得自己開竅了，心中滋生了許多的新花樣，新點子，殊不知，那些都是危險的紅燈，是步入死亡的開始。

「名與身孰親？身與貨孰多？得與亡孰病？甚愛必大費；多藏必厚亡。故知足不辱，知止不殆，可以長久」——《道德經．四十四章》

譯文：名望和生命何者更值得親近呢？生命與財貨何者更多呢？得到與失去何者更值得擔憂呢？過分愛惜名聲就要付出很大耗費，過多貯藏財物一旦損失也必然巨大。所以，懂得滿足就不會受到屈辱；懂得適可而止就不會遇到危險，這樣才可以長久的平安。

從這兩段話可以看出老子提出了一個「道——名——止」的邏輯脈絡。

老子說：道常無名，是無限的、超越的、大而全的宇宙規律，無法用一個「名」來把它表達出來，如果強行要用一個名的話，我只能把它稱作道。從這裡可以看出「道」是一個無限的存在，而「名」是一個有限的存在。用一個有限的存在去描述一個無限的存在，本身就是暫時的，並不能代表全貌。世界上任何事物一旦被確定了名稱，那麼這個事物就一定有其邊界，是不能逾越的，人也是這樣，**始制有名。名亦既有，夫亦將知止，知止所以不殆**。人的任何行爲如果用一種「名」把它確定下來那麼就必須遵守這個名稱所確定的邊界。並且要知道約束和控制自己，只有知道約束和控制自己才能脫離危險。

道是無限實體，名是有限概念，用名來描述道，本身就是一種局限，所以，名一旦確定，就要守本分，懂規矩、有邊界，不然就會把自己陷於危險之中。老子告訴世人，知止而不殆，**「止」才是人類實踐修行的根本**。

老子的道悟，更多是一種境界，並沒有把路徑明白指給我們，明白指出了這個路徑的，是莊子。

《德充符》中，莊子借孔子之口說：「人莫鑒於流水，而鑒於止水，唯止能止眾止。」這就是那個路徑。背後，乃是一個天道運化的大原理。

「鑒」，就是鏡照。流水之中是照不出人的影子的，照出的只是一片破碎支離、扭曲的樣子。只有靜水中才照得出來，照出的才是事物的「眞實」，眞眞切切，這便是實相的樣貌。而流水所照出的，則是與水波糾纏在一起的形態，是變幻莫測，欲壑難填的人心，人心便如這流水，世間的樣貌於是是被自己這顆心扭曲支離過的，以此爲鑒，名之爲「鑒」。而「心如止水」就是一種很高的境界，破了自己的欲望，衝破流水幻象，讓心安靜，回到初心，那麼，心就和水融合爲一。

怎麼理解「唯止能止眾止」這一句，就是關鍵。那個路徑和大原理，是在這一句裡。

先要明白什麼是「眾止」。老子說水「幾於道」，水性與道是差不多的，莊子這裡則再一次進行了演示——水往低處流，所有的水流都是向著低窪處匯聚的，無論是湖還是海。在低窪處匯聚後，則自然就是「止」處，根本不需要做什麼。所謂的「眾」就是這眾流，譬喻的是人的種種權欲、物欲、色欲，對於多數人來說，他們的欲望不能自己去約束，就和水一樣，順著大流而去，你只要放它流去，便自然會向著該去的地方去，到了那個最低處，自然就再不能流動了。

而作爲一個個體的「我」，如同其中一段水流，因局限於自身而看不到這個全局和本相，途中要麼被路邊的野花吸引，要麼想抄近路，便鼓動著波浪向岸邊沖刷去，由此不斷分流，形成無數的支流，何時能歸大海？分流之下，心之流勢就被分散了，心之能量就被稀釋了，所以普通人的心都是散亂而無力的，要想收勢聚能、回復水性，追溯到源頭，一切都是從「當下一念」開始的，每一當下一念，都是你墮入地獄或實現救贖的契機，莊子說的「唯止」之「止」，說的就是這源頭一念之止，每一個個體的一念之止，就可以合起來成爲整體水流的「止」勢，這裡止，一切自然向止，所以「唯止能止眾止」。作爲個體人來說，每個人懂得控制，學會約束，就可以對社會、國家有益處。

莊子的珍貴處，是從天道運化的角度來呈現這個道理，告訴我們這是天道運化之律則，依此而修是遵循這律則行事，在道家叫做「道法自然」，在禪宗叫做「性在平常」。自然與平常的背後，就是實現那種「自動」，你的心性會自動調整，你的本性會自動回復，還有比這更省事與更究竟的辦法嗎？人的修行，就是呵護這個自動；人的成就，就是化入這個自動。所謂自動，遵從自然之動，成就自在之動。這還不是結束。莊子接著又說：「受命於地，唯松柏獨也正，在冬夏青青；受命於天，唯堯舜獨也正，在萬物之首。幸能正生，以正眾生。」什麼意思呢？「唯止能止眾止」，這是天道運化之律——當你在心之修爲中得了那個止處，進入了那個本性，本性即天道，實際上你便已經是天道的代言了。而天地萬物也是往天道上止歸的，不就等於說是向你止歸嗎？

就如同一個在現實生活中的奮鬥著的人，懂得了「止」勢爲天道之勢，順天而爲，就如同萬事萬物等資源向你匯聚嗎？那麼對於入世成就事業，也還有比這更究竟高明的辦法嗎？

故莊子最後說：「彼且擇日而登假，人則從是也。彼且何肯以物爲事乎！」得了那止處的人，將來超逸絕塵、眾生歸附，是指日可待的早晚的事，哪裡會被過程中這些局部困擾呢？怎麼會以物爲事，他一定是與道同行，與道合一的。不要說爲什麼莊子窮困潦倒，他想來歸的是天地，他想得的是道，他已經得了。

禪宗馬祖云：「住於大海，即混諸流」。如人在大海中浴，即用一切水，如此，通往的便是全體。控制了自己欲望，就不會脫離了「道」，就會永遠處於「道」中，你就會混入諸流，歸於大海。

莊子講莫鑒流水而鑒止水不是非讓你走這條路，而是究竟之路，只此一條。在道家，止更多體現一種人本性自動契合天道，這才是眞正的逍遙。

第四節　佛教的修行法——「止觀」

佛教的入法處爲「解空」，「空」是佛教對世界本體的認識，能破空，就相當於進入佛法之門，釋迦牟尼以「空」入法，解釋世界，開創了世界獨一無二的信仰體系，從印度走向中國，走向世界，其佛理的精湛性和邏輯嚴密性，爲世界信仰體系之最高。

佛教在後來的發展中，從「空宗」到了「有宗」，對世界本體認識有了很大變化，由「萬法爲空」，發展到「唯識不空」，即作爲世界本體的清靜種子「阿賴耶識」是不空的，是實在的，這是個很大變化，並且這個「識」不同於釋迦牟尼時代說的那個「識」，釋迦牟尼否認那個「識」，是靈魂，是破人的我執，而阿賴耶識是萬法變化而唯一不變的宇宙本體清淨心，也稱爲如來、眞如等等。

隨著解釋世界眞相的深入，佛法在相應的對應人類修行實證上體系不斷豐富、認識不斷提高，最初佛陀破空，只是讓人放下執著，生出慈悲心、菩提心，改善心性、修養人生、普度眾生，而在發展到中國佛教最高形式天臺宗、唯識宗時候，佛教理論之綿密龐大，已經讓人歎爲觀止。最值得注意的，在人類修行實證的理論建樹上，佛教提出了「止觀」方法，既是一種修行理論，也是一種修行方法，是佛教高峰時最精彩的論述。

「止觀」來源於六度，是大乘佛教修行六大方法，《大乘義章》卷十二：「波羅蜜者，是外國語，此翻爲度，亦名到彼岸。」謂菩薩乘此六度船筏之法，既能自度，又能度一切衆生，從生死大海之此岸，度到涅盤究竟之彼岸。爲大乘佛教最主要的中心教義。「度」梵語是「Pāramitā波羅蜜多」，字義是「到彼岸」，即是從煩惱的此岸度到覺悟的彼岸。六度就是六個到彼岸的方法：佈施、持戒、忍辱、精進、禪定（止觀）、智慧。其中禪定就是止觀。

止，梵文Samatha（音譯「奢摩他」）的意譯，亦譯爲「止寂」或「禪定」等。觀，即智慧。止觀是禪定和智慧的並稱，乃佛教修行的重要方法。

《大乘義章》卷十：「止者，外國名奢摩他，此翻名止。守心住緣，離諸散動，故爲止；止心不亂，故復名定。觀者，外國名毗舍那，此翻名觀。於法推求簡擇名觀：觀達稱慧。」

《止觀輔行》卷一：「中道即法界，法界即止觀。止觀不二，境智冥一。」就練功次第而言，「止」在前，先降伏煩惱，停止妄念；「觀」在後，斷諸妄念，證得「眞如」。

《摩訶止觀》認爲：關於止觀的異名，諸經論或者叫作遠離，或者叫作不住、不著、無爲、寂滅、不分別、禪定等，這都是止的異名；或者叫作知見、智慧、照了等，這都是觀的異名。

佛教天臺宗對「止觀」論述體系極爲龐大，可以說，後期佛教，如天臺宗、唯識宗、包括禪宗都對止觀修行法有深切的論述。

止觀之法從印度佛教釋迦牟尼開始，法脈相傳不息，在中國得到發揚光大，最早在北魏慧思（515-577年）《大乘止觀法門》做了詳細論述，在中國佛教發展史上，《大乘止觀法門》對天臺宗性具、性惡的思想，禪宗無相、無住、無念思想的形成，都有著直接的影響，這是一部重要的著作。但是《大乘止觀法門》的眞僞問題，目前學術界還存在很大的分歧，有待於研究工作者進一步探索。而對止觀法做出最重要發揚的是慧思的弟子智凱大師。

在這裡簡單介紹下天臺宗開祖智凱大師的《摩訶止觀》。

《摩訶止觀》，十卷（或二十卷），是天臺宗詳述圓頓止觀法門的主要著述，爲天臺三大部之一。即天臺宗開祖智凱大師於594年（隋文帝開皇十四年）四月二十六日起，在荊州玉泉寺，一夏九旬間朝暮二時講出，弟子筆錄成書。原來題名《圓頓止觀》，後來改稱《摩訶止觀》，前後有三本，現行本是第二本（通稱廣本）的再治本。

《摩訶止觀》全書分作序分、正說分兩部分：序分是記錄者灌頂略說本書的緣起，正說分是智凱講說圓頓止觀法門的記錄。略說緣其中，先敘述本書的說主、說時、說處及其概況，次敘述關於圓頓止觀法門的師資傳承，其中又分作金口、今師兩種。金口相承指遠從佛世尊經過迦葉、阿難、商那和修乃至馬鳴、龍樹、提平等脈脈相傳，到第二十四世師子遇害而法統絕。今師相承是指北齊時代（550～577）的慧文禪師，依龍樹《大智度論》及《中論》的偈文，悟入空、假、中三諦圓融之理，由此構成一心三觀的禪法。後來把這個法門傳授南嶽慧思，慧思把它和《法華經》相結合而構成他的實相論，雙弘定慧二門。智凱師事慧思，傳受漸次、不定、圓頓三種止觀，其中《摩訶止觀》便是發揮他自己的觀行體系，顯示圓頓止觀法門的深旨，行解雙遠，最爲精要。

正說分開作十章：一、大意，二、釋名，三、體相，四、攝法，五、偏圓，六、方便，七、正觀，八、果報，九、起教，十、旨歸。這簡稱爲十廣。

十廣的第一大意章，把以下的九章概括作發大心、修大行、感大果、裂大網、歸大處五段。略舉全書的大體，這簡稱爲五略。合稱五略十廣。

其中第二章釋名章。對「止觀」概念做了詳細闡述。

先說止有三義：一、止息止，即止息一切的心想；二、停止止，即停住於諦理（諸法實相眞如理）上；三、非止止，即對不止叫它作止。次說觀有三義：一、貫穿觀，即妄想的動亂停止，眞智顯發，穿滅煩惱；二、觀達觀，即體達諸法實相眞如理；三、非觀觀，即對不觀叫它作觀。以上是可思議的相待止觀。至於不相對待，不可思議，所有的煩惱、業、果乃至教、觀、證等都不生，止不止都不可得，眞慧開發，斷絕凡情妄想攀緣諸法實眞如理所起推畫分別，直下契證獨一法界，這便是絕待止觀。關於止觀的異名，諸經論或者叫作遠離，或者叫作不住、不著、無爲、寂滅、不分別、禪定等，這都是止的異名；或者叫作知見、智慧、照了等，這都是觀的異名。於絕待止觀中，會同所有止觀異名，這謂之會異。這個止觀兩字和涅盤的法身、般若、解脫三德相通，從而和所謂三菩提、三佛性、三寶等一切三法相通。這便是通三德。

止是法界平正良田，何法不備。上舍攀緣即是檀，止體非惡即是戒，止體不動即是忍，止無間雜即是精進，止則決定即是禪，止法亦無止者亦無即是慧，因止會非止非不止即是方便，一止一切止即是願，止止愛止止見即是力，此止如佛止無二無別即是智，止具一切法即是秘藏。

但安於止何用別修諸法，善巧方便種種緣喻令生善根，即是隨便宜以止安心也。

若言我觀法相散睡不除者，當爲說止，大有功能。止是壁定八風惡覺所不能入；止是淨水蕩於貪淫八倒，猶如朝露見陽則晞；止是大慈怨親俱潛能破恚怒；止是大明咒，癡疑皆遣；止即是佛破除障道，如阿伽陀藥遍治一切，如妙良醫咒枯起死。

善巧方便種種緣喻，令其破惡，是名對治以止安心，其人若言我觀察時不得開悟，當爲說止。止即體眞照而常寂；止即隨緣寂而常照；止即不止止雙遮雙照；止即佛母；止即佛父，亦即父即母。止即佛師佛身，佛眼佛之相好。佛藏佛住處，何所不具何所不除。善巧方便種種緣喻，廣贊於止。是爲第一義以止安心。彼人若言止狀沈寂非我悅樂，當爲說觀推尋道理。（摩訶止觀卷第五上）

從上面可以看出，止觀是佛法最重要的修行法則，也就是後來禪宗的「禪定」，是一種從信念到氣息的控制法則，主要是針對「心」的控制法則，通過一種理念描述和實踐練習，達到修心、治心的目的，止爲安心方法，觀爲觀察世界的智慧。

把心安在哪裡呢？要安在佛性上，回到法性本體。「起是法性起，滅是法性滅；然而法性空寂，實無起滅，即名爲止」。止觀就是安心方法。

天臺宗將此法叫做圓頓止觀，有一種將解釋世界和實證修行圓融結合的高度，提出了「一心三觀」的圓融眞諦法。

所謂「一心三觀」：即心是一切法，一切法是心，非縱非橫，非一非異，玄妙寂絕，非識所識，非言所言，所以稱爲不可思議境。於此一念心、念念用即眞、即假、即中三觀觀察。如觀一法即一切法，是爲假觀；

觀一切法即一法，是為眞觀；非一非一切，是為中觀。一空一切空，無假中而不空，是總空觀；一假一切假，無空、中而不假，是總假觀；一中一切中，無空、假而不中，是總中觀。所觀照的是三諦圓融的境，能觀照的是空、假、中三觀，總稱不可思議一心三觀。

天臺宗又叫法華宗，其修習方法為止觀法門。天臺止觀法門自隋以來流傳，曆久不衰，究其原因，其法皆出自智者大師之止觀修行法。智凱大師另外有一本《童蒙止觀》（也稱《小止觀》），主要介紹了止觀修行練習之法，對養生、治病有重要作用。

《小止觀》裡具體實施略有十種方法，較適宜今人學修之法者有四種：一、具緣；二、訶欲；三、棄蓋；四、調和。這是修習者必須首先要掌握的，若能善取其意而修習，必可安心免煩，發定生解，愉悅身心。

所謂具緣，要外具五緣：「第一、持戒清淨。嚴以律己，寬以待人；第二、衣食具足。衣裝整潔，勿求華裳，粗茶淡飯，勿貪美食，以令心安；第三、得閒居靜處。工作忙碌之後，儘快地使心緒趨於平靜，從事務堆裡跳出來。從從容容，不急不躁；這裡之靜，是以無憒鬧的心情處世。在此前提下，獨居靜室；第四、息諸緣務。即盡可能地減少不必要的人事往來，除了工作以外的事情，概予釋懷；第五、近善知識。近朱者赤，近墨者黑。常與養性之士善處，這樣能夠及時調整自身的修習境界，以免誤入歧途」

上述修習五緣，綜合而言，不出八字：息業養神，隨緣過日。有如《素問．上古天眞論》講的：恬淡虛無，眞氣從之，精神內守，病安從來。

所謂訶欲，即訶責且去掉貪欲。《小止觀》云：「所言訶欲者，謂五欲也，凡欲坐禪，修習止觀，必須訶責。五欲者，世間色聲香味觸，常能誑惑一切凡夫，令生愛著，若能深知過罪，即不親近，是名訶欲。」從上述經文中可以體會到，修習止觀者，應逐步做到對世間酒、色、財、寶心如止水；對靡曼之音不生親悅之心；對男女身香、飲食馨香、一切熏香等味不作貪求。

所謂棄蓋，即貪、慎、眠、掉悔、疑等，彷彿是罩住常人智能的蓋，故應棄之。

所謂調和，《小止觀》云：「行者修心，亦復如是，善調五事」。其一調食：即一日三餐，每餐不可過飽，也不可太少，一般七分飽最爲適宜，同時，不能多吃葷蒜食品。因爲過飽易昏沉，少食念頭易散亂，葷蒜類食入過多，則會胡思亂想，爲修心之大忌。其二調睡眠：即休息有規律。其三爲調身，其四爲調息，其五爲調心，一一做來，方能步步深入。

通過以上內容，可以看到天臺宗的止觀修習於人類身心的調養方法及其認識，是非常深入的，也是直接進入人的身體健康和心靈修養領域。

更爲可貴的是，修習止觀可以用來治病，在《童蒙止觀》一書中，專門有一部分是講止觀治病的，認爲用心修習止觀，可以治療身體的各種疾病。智者認爲，要治療四大不調，或者五臟的疾病，根本的辦法就是修習止現。修止能治病。在肚臍下一寸處名叫憂陀那，就是我們所說的丹田。若能止心守此處，不使分散，時間一久，疾病不難治癒。這也就是氣功中講的「意守丹田」。修觀也能治病。比如善於觀想十二種呼吸方法（十二息），就能治各種疾患。這十二息皆從觀想心生，治病時各有針對：上息治沉重，下息治虛懸，滿息治枯瘠，焦息治腫滿，增長息治羸損，滅壞息治增盛，暖息治冷，冷息治熱，沖息治壅塞不通，持息治戰動，和息通治四大不和，補息資補四大衰，善於運用這些呼吸方法，就可以治療各種病症。又如用假想觀，也能治眾病。如人患冷病，就想像身體內生起火氣，即能治冷。

天臺宗通過修習止觀來治病，其實有點兒類似於氣功治病。尤其是所謂的「假想觀」，用想像的辦法治病，其次就是讓病人不斷給自己進行心理暗示，使得自己的病趨向於痊癒。

綜合而言，止觀法門，它的目的在滌蕩淫欲、憎恚、怠惰、焦慮、不安、疑惑等心智方面的騷亂不淨，一方面又培養集中注意力、清明的心智、知識、意志力、精進力，分析力、自信、歡喜心、寧靜的心境等優良品格，以冀最後導致如實知見一切事物本性的最高智慧，而證入最終的眞理——涅槃。

南傳上座部佛教把修習止的方法歸納爲四十種業處。禪修者可以選擇其中一種適合自己的禪修業處來作爲入門的方便。然而，在四十種止業處當中，最爲禪修導師們推崇與教導的應該是入出息念。開始修行時，可以先找個安靜且適合禪修的地方，以舒適自然的姿勢坐著，上身保持正直，然後將正念安住於禪修的目標——呼吸。應嘗試覺知經由鼻孔而進出身體的氣息（呼吸時的鼻息）；只應借助在鼻子的正下方（人中）或鼻孔出口處周圍的某一點來感覺氣息的進出，而不要跟隨氣息進入體內或出到體外。如果跟隨氣息進出，將難以成就禪定。反之，只是在氣息與皮膚接觸最明顯的那一點覺知氣息，將能培育及成就禪定。這就是止禪。

在佛教的實證修行法裡，止觀是一種最重要的實踐修行法則，作爲人類最重要的宗教，佛教把約束和控制人的欲望不僅提高到無以復加的高度，從調身、調心、調息都提出了非常具體的修行方法，理論與實踐相向而行，從而更加印證了一切宗教，一切哲學，一切文化最重要的不是解釋世界，而是爲了讓人類活得更幸福，而幸福的秘訣在於人類要控制自己的欲望，這一點在世界其他宗教的修行法則裡也得到了同樣的印證。儘管各個宗教的語言和內在邏輯有著相應的差異性，但是在控制人類欲望這個方向上，「止」的原則高度想似。

第五節　「止」是眞正的實踐自由

「止」作爲中國傳統儒家文化提出的一個概念，同時也是一個原則，不是停下、靜止、或者不動的意思，而是表達一種逆向於人類欲望的態度，是約束、控制的原則，隱含著向欲望說「不」的含義，並且這種原則不管來自上帝的啓示或者人類自己的信念，都是文化、哲學、宗教裡人類實證修行走的方向，在世界其他信仰體系裡，無論語言是否是「止」，但是這種原則是高度相同的。

我們可以簡單對照一下世界五大宗教的基本戒律

一、佛教五戒：不殺生、不偷盜、不邪淫、不妄語、不飲酒。

二、道教五戒不殺生、不喝酒、不妄語、不偷盜、不邪淫。

三、儒教五常（仁義禮智信）對應五戒：不亂殺近於仁，不偷盜近於義，不邪淫近於禮，不妄語近於信，而不飲酒理智清醒，則近於智。

四、基督教十誡：第一誡，尊崇天主在萬有之上。第二誡，不能以天主名義發虛誓。第三誡，守瞻禮主日。第四誡，孝敬父母。第五誡，勿殺人。第六誡，勿行邪淫。第七誡，勿偷盜。第八誡，勿妄證。第九誡，毋貪他人妻。第十誡，毋貪他人財物。

五、伊斯蘭教：勿非法殺人、勿偷盜、勿姦淫、勿飲酒、勿陷害、不賭博；禁止吃自死物、血液、豬肉；禁止求籤；禁止拜偶像。

所有宗教的戒律，都明確的告訴信徒，哪些是必須遵守的，哪些是不允許做的，哪些是絕對不能觸犯的錯誤。

人類生而嚮往自由，為什麼宗教、哲學裡面都在用「控制欲望」的原則引導人類呢？

西方最偉大的哲學家康德把這個問題做了很好的闡述。

康德認為，凡是我們想瞭解世界的知識、凡是科學所想確定的概念，一定在前面有一個超然又必須的前提，那就是在時間、空間、品質、範疇等這些「先驗」限制之後的概念。康德對科學知識的這個認識，為後來人類建立了自然界知識的「理性法庭」，也明確了一個基本常識：「任何科學都是在限制下的科學」，或者說，科學只能解決在一定前提條件下的問題，沒有絕對的科學。

那麼，「自由」如果作為一個科學知識的概念，那一定是有矛盾的，因為一切科學知識概念，如果能成立，一定是有限制，有時間、空間、品質、範疇等先驗的概念為前提，而「自由」如果加入了一些限制性的前提，那麼就不是自由的含義了，自由的含義是不受限制，康德據此認爲，自由不是純粹理性（科學界）的概念，只能是實踐理性（道德界）的概念，因爲在人類實踐領域，確實存在著一種眞正的自由。

康德認爲，普通人認爲的自由事實上不是眞正的自由，而是任性，是一種順成的任性，與動物拉不開區別，每個人如果是這種任性，那麼一定會給別人帶來不自由，這就是後來盧梭所說的：「人生而嚮往自由，卻又無處不在枷鎖之中」。但是，在人類的實踐中確實存在一種眞正的自由，比如「捨身取義」，生命是最寶貴的，沒有人願意去死，卻有人願意爲一種他所信仰去犧牲生命，那麼在他眼裡一定有一種比生命更高的價值存在，這種逆向於人類欲望的行爲，是一種眞正的「自由」，是由這個人的自我意志所決定的，這種行爲對於他本人來說是「自由」的。既然有一種超過他生命的價值，值得他爲此犧牲，這個價值具有什麼樣的特性呢？在這裡康德發現這種自由具有兩大特性，一是逆向於人類欲望的行爲；二是具有向善的特徵。從而從「自由律」裡面發現了「道德律」。

而逆向於人的欲望，且具有向善的方向，是需要人約束和控制自己，並且只有應用約束和控制的原則，人類才能體現出自我發出的自由意志。那是眞正的自由，那就是「止」的原則。

而一切順成的任性，沒有節制的人類行爲，只不過體現了人類的動物性和胡作非爲，那不是眞正的自由。

爲什麼要控制人類的欲望呢？

人是一個有限的動物，是肉體與精神的組合體，肉體的規律是不斷索取，對五色五味，情色財氣有無止境欲望的要求，是一個逐漸墮落、走向生命死亡的過程。而精神的規律是不斷向上提升境界的過程，人的全部悲情在於肉體的有限性和精神的無限向上性的矛盾和糾結，欲望全部來自於肉體，如果擺脫了肉體，精神是無限的自由，但那是不可能，人類只有不斷的反思，通過精神的自我意志調節和控制自己的欲望，對肉體進行有效的節制，才能最大程度的實現精神的自由，而這一點精神的自由就是人與動物最根本的差別。

康德發現的這個控制和約束的原則，與中國哲學裡「止」的原則不謀而合，東西方文化在這裡得到高度的統一。

而在中國文化裡，由孔子而後的儒家傳統就是「仁者，人也」的方向，整個儒家就是立足在人的精神性和道德性上進行論述，仁義禮智信，溫良恭儉讓，這些儒家的根本原則，都是對人類的道德實踐作出規範，而這些規範必須靠人的情感意志對自身的肉體性，物欲性進行約束。所以也可以說儒家的實踐原則就是一個「止」的原則。

「止」，是人類自我發出的自由意志，因爲控制和約束，才體現了人的自由價值，也因爲控制和約束，人的精神性才體現出來。

必須著重指出的是，「止」的原則包含了道德至善，比如恐怖分子利用人肉炸彈去傷害平民，雖然他們也是逆向於人類欲望，敢於犧牲的行爲，但是他們的行爲是反人類的，並不具有道德性，這是一種醜陋的自由。

歷史的回顧我們可以看出，在人類目前已經出現的宗教、哲學、文化裡，雖然在解釋世界的論述上各有不同，形成分歧，但是重要的不是解釋世界，而是人類如何改造世界，宗教和哲學一切目的，就是爲了教化人類，引導人類走向至善的目的，在這個意義上，人類在修行實證的方向上，異路同歸，共同選擇了一個原則，那就是約束和控制人類的欲望，在儒家的原則裡就是「止」。

而這樣的一種「止」的原則，其核心就是包含了向善的方向，包含了道德的方向，「止」是道德的實踐行爲，是道德律的核心行爲。這種「止」的原則必須來自人的自覺自願，主動主觀，如果有一種「止」是由外力引發，或者暴力引發，比如非法拘禁或者監獄關押，就不是合理的「止」的行爲，因此，止學也是美學，也是善學。

就如康德的名言：有兩樣東西，愈是經常和持久地思考它們，對它們日久彌新和不斷增長之魅力以及崇敬之情就愈加充實著心靈：我頭頂的星空，和我心中的道德律。

從某種意義上來說，一切人類的宗教都是道德宗教，都是讓人向善向好的宗教，而向善向好的實踐道路就是「止」。

第六節　文中子的《止學》

在中國的歷史上，曾經出現過一部《止學》，是一部湮沒久遠的關於勝敗榮辱的絕學，作者王通，號文中子，隋朝大儒，史書中關於他的文字不多，但他門下的弟子則有大名鼎鼎，唐太宗開國時的一批元勛魏徵、李靖、徐世績、房玄齡等等，而他的孫子更加有名，就是唐初四傑之一、寫下名垂千古雄文《滕王閣序》的王勃。

王通（584—617），字仲淹，道號文中子，河東郡龍門縣通化鎮（今山西萬榮縣通化鎮，通化鎮1972年由山西河津縣劃入萬榮縣）人，隋朝著名儒家、教育家、思想家。隋文帝仁壽三年，王通西遊長安，獻《太平十二策》，隋文帝楊堅雖然表示讚賞，但最終也不能採納。王通於是回到故鄉，隱居於白牛溪，專心做著述和講學。隋政府後來又幾次徵召他入朝作官，但王通都沒有出山。可惜的是，王通30多歲就身染重病英年早逝，門下弟子私謚老師爲「文中子」，這便是文中子的來歷。

《止學》是傳統文化中關於「止」之思想集大成者，「止」的思想古已有之，《道德經》、《莊子》、《論語》都有涉獵。但作爲一種專門學問，文中子卻是歷史上第一個集大成者，也是破解成功核心秘密的第一人。他的「大智知止，小智惟謀」、「眾逐利而富寡，賢讓功而名高」、「勢極無讓者疑，位尊弗恭者忌」、「人無譽堪存，譽非正當滅」、「情之不斂，運無幸耳」等眞知灼見，從根本上解開了長期困擾人們的成敗謎因；第一次道破了在「止」與「不止」之間，實是一道成功和失敗的分水嶺，也是成大事者與平庸者的分界線。清代的曾國藩深愛《止學》一書，他一生的作爲和成就，處處都有「止」的烙印。李嘉誠按照《止學》身體力行，他曾將「知止」二字懸掛於辦公室，讓他時刻不忘「知己之行，知己之止」，終使其成爲一代大商。

墨子曰：「知止，則日進無疆」。老子曰：「反者，道之動」；「知足不辱，知止不殆」。《止學》更多的是告誡做人的哲理，辦事、斂財要有「度」。

《止學》因爲文中子早逝，以及其他一些原因，幾乎成爲絕學，爲了便於學習，全文翻譯錄下。

止學

作者：文中子（隋朝）

智卷一

1. 智極則愚也，聖人不患智寡，患德有失焉。

   【譯文】過於聰明就是愚蠢了。聖人不擔心自己的智謀少，而擔心自己的品德有缺失。

2. 才高非智，智者弗顯也。位尊實危，智者不就也。大智知止，小智惟謀，智有窮而道無盡哉。

   【譯文】才能出眾不是智慧，有智慧的人並不顯露自己。地位尊崇其實充滿危險，有智慧的人不戀權位。大智慧的人知道適可而止，小聰明的人只是不停地謀劃，智計有窮盡的時候而天道卻沒有盡頭。

3. 謀人者成於智，亦喪於智。謀身者恃其智，亦舍其智也。智有所缺，深存其敵，慎之少禍焉。

   【譯文】謀劃別人的人成功在其智計上，也會失敗在其智計上。謀劃保全自身的人依靠其智計，也要舍其智計。智計有它缺欠的地方，謀略存有他的敵手，謹慎使用才能減少禍患。

4. 智不及而謀大者毀，智無竭而謀遠者逆。智者言智，愚者言愚，以愚飾智，以智止智，智也。

【譯文】智慧不夠卻謀劃大事的人只能失敗，智計不知停止卻謀求長遠的人很難如願。對有智慧的人說智慧，對愚蠢的人說愚蠢，用愚蠢來掩飾智慧，用智慧來停止智計，這是眞正的智慧。

用勢卷二

1. 勢無常也，仁者勿恃。勢伏凶也，智者不衿。

【譯文】勢力沒有永恆的，仁德的人不會依靠它。勢力埋伏著兇險，有智慧的人不會誇耀它。

2. 勢莫加君子，德休與小人。君子勢不於力也，力盡而勢亡焉。小人勢不惠人也，趨之必禍焉。

【譯文】勢力不要施加給君子，仁德不能給予小人。君子的勢力不表現在權勢上，以權勢爲勢力的人一旦權勢喪失勢力也就消亡了。小人的勢力不會給人帶來好處，趨附它一定會招致禍害啊。

3. 眾成其勢，一人堪毀。強者凌弱，人怨乃棄。勢極無讓者疑，位尊弗恭者忌。

【譯文】眾多的人才能成就勢力，一個人卻可以毀掉它。有勢力的人欺凌弱小的人，人們怨恨他就會離棄他。勢力達到頂點而不知退讓的人讓人猜疑，地位尊貴而不謙恭的人使人嫉恨。

4. 勢或失之，名或謗之，少怨者再得也。勢固滅之，人固死之，無驕者惠嗣焉。

【譯文】勢力有時會失去，名聲有時會遭誹謗，少發怨言的人能失而復得。勢力一定會消失的，人終會死亡的，不驕縱的人才能惠及子孫。

利卷三

1. 惑人者無逾利也。利無求弗獲，德無施不積。

【譯文】迷惑人的東西沒有超過利益的了。利益不追求它就不能獲得，仁德不施捨就不能積累。

2. 眾逐利而富寡，賢讓功而名高。利大傷身，利小惠人，擇之宜慎也。天貴於時，人貴於明，動之有戒也。

【譯文】追逐利益的人眾多但富貴的人卻很少，賢明的人出讓功勞但他的名望卻有增高。利益大的容易傷害自身，利益小的能給自己帶來實惠，選擇它們應該慎重。天道貴在有其規律，人貴在明智有節，行動要遵守戒規。

3. 眾見其利者，非利也。眾見其害者，或利也。君子重義輕利，小人嗜利遠信，利禦小人而莫禦君子矣。

【譯文】許多人都能看見的利益，就不是利益了。許多人都視爲有害的東西，有的卻是有利益的。君子重視道義而輕視利益，小人貪戀利益而遠離信用，利益可以驅使小人而不能驅使君子。

4. 利無盡處，命有盡時，不怠可焉。利無獨據，運有興衰，存畏警焉。

【譯文】利益沒有窮盡的地方，生命卻有終了的時候，不懈怠就可以了。利益不能獨自占據，運氣有好有壞，心存畏懼就能警醒了。

辯卷四

1. 物樸乃存，器工招損。言拙意隱，辭盡鋒出。

【譯文】事物樸實無華才能得以保存，器具精巧華美才招致損傷。拙於言辭才能隱藏眞意，話語說盡鋒芒就顯露了。

2. 識不逾人者，莫言斷也。勢不及人者。休言諱也。力不勝人者，勿言強也。

【譯文】見識不能超過別人的人，不要說判斷的話。勢力弱於別人的人，不要說忌諱的話。力量不如別人的人，不要說勉強的話。

3. 王者不辯，辯則少威焉。智者訥言，訥則惑敵焉。勇者無語，語則怯行焉。

【譯文】稱王的人不和人爭辯，爭辯會減少他的威嚴。有智慧的人話語遲鈍，話語遲鈍可以迷惑敵人。勇敢的人並不多言，多言會使行動猶豫。

4. 忠臣不表其功，竊功者必奸也。君子堪隱人惡，謗賢者固小人也矣。

【譯文】忠臣不會表白他的功勞，偷取他人功勞的人一定是奸臣。君子可以替人隱瞞缺點，誹謗賢德之士的人一定是小人。

譽卷五

1. 好譽者多辱也。譽滿主驚，名高眾之所忌焉。

【譯文】喜好名譽的人多數會遭受侮辱。讚譽太多君主就會驚恐，名聲太高就會招來眾人嫉恨。

2. 譽存其僞，諂者以譽欺人。名不由己，明者言不自贊。貪巧之功，天不佑也。

【譯文】名譽有虛假的，諂媚的人用它來欺騙他人。名望不是自己所能左右的，明智的人不會自我讚揚。貪婪和巧取所得的功名，上天不會保佑他。

3. 賞名勿輕，輕則譽賤，譽賤則無功也。受譽知辭，辭則德顯，顯則釋疑也。上下無爭，譽之不廢焉。

【譯文】賞給他人名譽不要隨便，太隨便了名譽就不貴重了，不貴重就失去了它的功效。接受榮譽要懂得辭讓，辭讓就能顯現美德，顯現美德就可以解除猜疑了。上司和下屬沒有爭鬥，他們的名譽就不會被廢棄了。

4. 人無譽堪存，譽非正當滅。求譽不得，或爲福也。

【譯文】人沒有名譽可以存活，不是正道得來的名譽卻能讓人毀滅。求取名譽而得不到，這也許就是福氣了。

情卷六

1. 情濫無行，欲多失矩。其色如一，鬼神莫測。

【譯文】情感過度就沒有品行，欲望太多就會失去法則。神色保持不變，就無人能猜測出他的心思。

2. 上無度失威，下無忍莫立。上下知離，其位自安。君臣殊密，其臣反殃。小人之榮，情不可攀也。

【譯文】上司沒有度量容人就會失去威信，下屬不能忍受屈辱就不會成就事業。上司和下屬都懂得保持一定的距離，他們的地位自然會保全。君主和臣子過於親密，做臣子的反而會招來禍殃。小人的榮達，不可以和他們攀附交情。

3. 情存疏也，近不過己，智者無癡焉。情難追也，逝者不返，明者無悔焉。

【譯文】情感有疏遠的時候，最親近的人不會超過自己，有智慧的人不會對他人癡迷。情感難以追尋，過去的一去不回，明智的人不會懊悔不已。

4. 多情者多艱，寡情者少艱。情之不斂，運無幸耳。

【譯文】注重情感的人艱辛多，缺乏情義的人磨難少。情感不加收斂，命運就不會有好結果了。

蹇卷七

1. 人困乃正，命順乃奇。以正化奇，止爲樞也。

【譯文】人處困厄是正常的，命運順利是出人意料的。把逆境轉化爲順境，控制欲望是關鍵。

2. 事變非智勿曉，事本非止勿存。天災示警，逆之必亡；人禍告誡，省之固益。躁生百端，困出妄念，非止莫阻害之蔓焉。

【譯文】事情的變化不是有智慧的人就不能掌握，事情的根本不知控制就無法保存。天降災難表示警告，違逆它一定會滅亡；人生禍亂讓人警戒，反省它必有益處。躁進產生無窮禍患，困境容易生出邪惡的念頭，不控制就不能阻止此中害處的蔓延了。

3. 視己勿重者重，視人爲輕者輕。患以心生，以蹇爲樂，蹇不爲蹇矣。

【譯文】看視自己並不重要的人爲人所重視，看視別人十分輕視的人被人輕賤。禍患從思想引發，如果把困境視爲樂事，那麼困境就不是困境了。

4. 窮不言富，賤不趨貴。忍辱爲大，不怒爲尊。蹇非敵也，敵乃亂焉。

【譯文】窮困不可以說富貴的事，貧賤不要去攀附富貴的人。忍受屈辱是最重要的，不發怨怒是最寶貴的。困境不是敵人，真正的敵人是放縱胡爲。

釋怨卷八

1. 世之不公，人怨難止。窮富爲仇，彌禍不消。

【譯文】世道不公平，人們的怨恨就難以停止。窮人與富人互相仇視，遍佈的禍患就無法消除。

2. 君子不念舊惡，舊惡害德也。小人存隙必報，必報自毀也。和而弗爭，謀之首也。

【譯文】君子不計較以往的恩怨，計較以往的恩怨會損害君子的品行。小人心有隙怨一定要報復，這樣只能讓我毀滅。講和而不爭鬥，這是謀略首先要考慮的。

3. 名不正而謗興，正名者必自屈也焉。惑不解而恨重，釋惑者固自罪焉。私念不生，仇怨不結焉。

【譯文】沒有適當的名義就會惹來非議，讓名義歸正就一定要委屈自己了。疑惑不能解除仇恨就會加重，想消融疑惑的人一定要自我譴責了。自私的念頭不產生，仇怨就不會結下了。

4. 寬不足以悅人，嚴堪補也。敬無助於勸善，諍堪教矣。

【譯文】寬厚並不能討好所有的人，嚴厲可以作爲它的補充。恭敬對勸人改過沒有幫助，諍諫就可以教導他了。

心卷九

1. 欲無止也，其心堪制。惑無盡也，其行乃解。

【譯文】欲望是沒有止境的，思想可以制伏它。疑惑是沒有盡頭的，踐行就能解除它。

2. 不求於人，其尊弗傷。無嗜之病，其身靡失。自棄者人莫救也。

【譯文】不向他人求助，尊嚴就不能受到傷害。沒有特殊愛好的毛病，自身就不會迷失。自我放棄的人人們無法拯救他。

3. 苦樂無形，成於心焉。榮辱存異，賢者同焉。事之未濟，志之非達，心無怨而憂患弗加矣。

【譯文】苦與樂沒有一定的形態，它的形成取決於人們的思想。榮與辱存有差異，賢明的人卻同等對待它們。事情沒有成功，志向不能達到，思想上沒有抱怨就不會增加人的憂慮和禍患了。

4. 仁者好禮，不欺其心也。智者示愚，不顯其心哉。

【譯文】仁德的人喜好禮儀，是不願欺騙他的思想。有智慧的人顯現愚鈍，是不想暴露他的思想。

修身卷十

1. 服人者德也。德之不修，其才必曲，其人非善矣。

【譯文】讓人信服的是一個人的品行。不培養品行，人的才能就會用於偏邪，他的下場便不是善終了。

2. 納言無失，不輟亡廢。小處容疵，大節堪毀。敬人敬心，德之厚也。

【譯文】採納他人的建議就沒有缺失，不中途停止就不會前功盡棄。小的地方存有缺點，大的節操就可以被葬送掉。尊敬他人就要尊重他人的思想，這是提高品德的關鍵處。

3. 誠非致虛，君子不行詭道。禍由己生，小人難於勝己。謗言無懼，強者不縱，堪驗其德焉。

【譯文】眞誠不能靠虛假得來，所以君子不使用詭詐之術。禍患由於自身而產生，小人很難戰勝自己。對誹謗的話不懼怕，對勢大的人不放縱，以此可以驗證一個人的品德了。

4. 不察其德，非識人也。識而勿用，非大德也。

【譯文】看不出人的品行，就算不上會識別人。能識人卻不能任用他，就不能說是德高者了。

《止學》從智、用勢、利、辯、譽、情、蹇、釋怨、心、修身十個方面分析了「知止」與「不止」的利弊、得失、成敗。給出了以止求進、以止求成、以止求勝的破解之道、制勝之道。

爲什麼《止學》把智放在第一位來說？因爲古往今來的人都非常注重智慧。人活一世的意義就在於獲取智慧。《止學》告誡人們，「大智知止，小智惟謀，智有窮而道無盡哉。」大智慧的人知道適可而止，小聰明的人只是不停地謀劃，智計有窮盡的時候而天道卻沒有盡頭。知止方能謀劃長遠，「智極則愚也。聖人不患智寡，患德之有失焉。」聖人不擔心自己的智謀少，而擔心自己的品德有缺失。唯有注重修身立德，行端品正，才能「高山仰止，景行行止」，讓眾人服之、眾心歸之。如果一個人只強調智謀，忽視品德修養，他勢必會失去仁愛之心，於德有虧，失德必敗。

即使有智慧的聖人，也要重視「勢」的重要性，要順勢而爲，不可強行用勢，違背常識。《止學》告誡人們，「勢伏凶也，智者不矜。」勢力埋伏著兇險，有智慧的人不會誇耀它。「勢無常也，仁者勿恃。」、「勢固滅之，人固死之，無驕者惠嗣焉。」仁德的人縱是登上高位，在用勢的進退和取捨上也不會頭腦發暈，得意忘形，而是懂得「傲不可長，欲不可縱，志不可滿，樂不可極」。低調做人，才能高調行事，貴而不顯，華而不炫，才是至高境界。

在關於利益的問題上，《止學》告誡人們，「惑人者無逾利也」。迷惑人的東西沒有超過利益的了。「利無盡處，命有盡時。」、「利大傷身，利小惠人，擇之宜慎也。」追求利益要遵守戒規「天貴於時，人貴於明，動之有戒也。」（《止學》）天道貴在有其規律，人貴在明智有節，行動要遵守戒規。每個人無一例外生活在利益世界，割絕利益幾乎等於告別世界。然而實現自身利益，卻不可毫無顧忌，更不能爲利而不擇手段，甚至坑蒙拐騙、明搶暗偷、殺人放火。獲取利益並非零和博弈，「利己」不「損人」，甚至「利己」先「利人」實現「己欲立而立人，己欲達而達人」才是追求利益的最佳選項。

在控制情緒上面，《止學》告誡人們，「情濫無行，欲多失矩。」情感過度就沒有品行，欲望太多就會失去法則。「私念不生，仇怨無結焉。」利令智昏，情令智迷，如果貪得無厭，爭名逐利，爲名、利、情奮不顧身，則必然走向絕路，成爲人民的敵人。去甚、去奢、去泰，不受制於形體感官的七情六欲，不爲「外物」（名、利、情）所累，在「恬淡爲上」的生命情調中，做到有所爲有所不爲，有所得有所捨，有所進有所止，才能享受「知足之足、常足矣」的快樂。

在面對逆境方面，《止學》告誡人們，「人困乃正，命順乃奇。以正化奇，止爲樞也。」人處在困厄當中是正常的，命運順利是出人意料的，把逆境轉化爲順境，有所不爲，控制欲望是關鍵。「以蹇爲樂，蹇不爲蹇矣。」、「蹇非敵也，敵乃亂焉。」困境不是敵人，如果把困境視爲樂事，不放縱胡爲，那麼困境就成爲磨練意志的刀石。一個人，得意不忘形固然可貴，失意不忘形更難，逆境恰是展現英雄本色的試金石。人生如果一帆風順就不正常了，在困境中忍受常人所不能忍受的艱苦磨練，這種磨練是意志品質的修煉，是一種終成其高，必成其大的智者之道。

在修養安心、心態調整方面，《止學》告誡人們，「欲無止也，其心堪制。惑無盡也，其行乃解。」欲望是沒有止境的，思想可以制伏它。疑惑是沒有盡頭的，踐行就能解除它。「無嗜之病，其身靡失。」沒有特殊愛好的毛病，自身就不會迷失。「小處容疵，大節堪毀。」小的地方存有缺點，大的節操就可以被葬送掉。「苦樂無形，成於心焉。」苦與樂沒有一定的形態，它的形成取決於人們的思想，煩惱實際上起於妄心。少私寡欲，人只有丟棄了那些身外之物，才會獲得心靈的空間。丟棄世俗雜念，你會心地明朗；丟棄功名利祿，你會輕鬆自如；丟棄怨恨屈辱，你會堅強坦蕩。

文中子的《止學》，是儒家在「止」的傳統下一部集大成的奇書，人之所迷惑者，權力、金錢、利益、名譽幾大障礙，限制人認識這幾大障礙的要素無非是智慧與心態，在突破自我障礙的問題上，順境和逆境有著不同的選擇，面對逆境和困惑，調動自己的意志，應用理性原則，是眞正的大智慧，作爲控制和約束人的欲望的「止」的原則，是人類修身和安心的核心內容，是人類實證修行的密碼。

當然，這本書就如同儒家歷史的其他經典一樣，缺乏具體的指導內容，只是在各個層面提出了原則，它的範圍沒有超出修身養心範疇，沒有超出個體人類的意志法則，而事實上，「止」的原則，不僅包括了個人的修身養心，也包含了社會發展、政治制度、經濟運行、法律調節、人與自然關係、環境發展、科技進步、倫理道德、宇宙意識等一切人類未來的方向，限於歷史的局限，文中子不可能給出答案，給出的是啓示。

面向未來，人類研究的並不是無節制的開發，而是控制自己的欲望，讓地球太平，讓宇宙和諧，讓人類更加幸福。所以新型的、面向未來的《止學》，是人類共同期盼的實證修行法，人類未來的目光必然是超越自我，超越地球，面向宇宙的法則。

「止」的原則，作爲以往一切宗教文化對人類教化的核心，必然要從人類個體的修身養性發展到政治、經濟、社會、文化、環境等一切人類存在的領域，也一定會跳出人類自身思維，從地球思維，走向宇宙思維。

未來的人類不管身在任何星球，解釋世界的法則也許會變，但是改造世界的法則是永恆不變的，人類存在於星空下，必然有對外部世界的改造過程，人類所信仰的，不是能做什麼，而是不能什麼，約束和控制才能保持人永遠的精神標誌，它是意志的屬性，也是道德的屬性。

第八章
新止學

第一節　「止功」身法

在以往的宗教、哲學、文化裡，在人的肉體與精神關係上，肉體都是一個消極的對象，阻礙人靈魂的發展，肉體生而有罪，貪圖無色五味，享受食色情欲，本能強烈且具有動物性，人類修行的主要方向就是去動物性，提升精神性。然而身體是靈魂的載體，如果沒有了身體，精神性無從談起，人的肉體生命品質決定精神生命的品質，讓肉體能做到愉悅的承載精神，無疑是一個美好的事情。

然而，何其難也，肉體處於動物的本能，讓多少英雄盡折腰？是要節制肉欲或者順其自然，又或者放縱肉欲？——不同的世界觀決定人類不同的行爲。

新止學的原則是，既不是停止斷流，也不是放任自流，而是控制約束，不斷修煉，讓身體積極起來。結合道家、佛家、儒家的修身功法要領，糅合精華，取其各長，經過長期實踐，筆者特總結出一套「止功」，對於提高身體素質，提升身體免疫力，增強內在體力，促進血液迴圈，改善睡眠，延年益壽，自癒自理都有很大益處，本人實修練功多年，實證此法無任何副作用，練法簡單易學，隨時隨地，可長可短，是普通大眾最適合的一種修身養心之法。

「止功」分爲身法和心法。

身法口訣：以神控氣，以氣禦精；三寶歸位（神守天靈，氣沉丹田，精養會陰），六極閉合；心體唯一、持靜守中；鬆緊放收，貫通天地；與道不違，逍遙無極。

方法：控、禦、守、沉、養、閉。

目標：一、中、通、道。

義理分別講解如下。

以神控氣，以氣禦精。

從淵源上看，精、氣、神概念乃發端於先秦哲學與醫學。《周易·系辭上》說：「精氣爲物，遊魂爲變，是故知鬼神之情狀。」意思是說，精緻的氣凝聚而成物形，氣魂遊散而造成變化，考察物形的變化，這就能夠知曉「鬼神」的眞實狀態。在上古哲學中，不僅有「精氣」的概念，而且有「精神」的概念，《莊子·列禦寇》在描述「至人」的生活狀態時即使用了「精神」的術語。在《莊子》中，「精神」指的是人「心志」。戰國以來的「醫家」既使用「精氣」概念，也使用「精神」概念。如《黃帝素問·生氣通天論》即說：「陰平陽秘，精神乃治；陰陽離決，精氣乃絕。」

道教內丹學稱精、氣、神爲人的「三寶」。「精」指的是構成人體生命組織的精華，這種精華可以從先天與後天兩個層面來理解。「先天之精」，是與生俱來的，所以又叫做「元精」，它是本原性的精華，「後天之精」指的是人在性交時所射出的精液。與「精」相對應，「氣」也有先天與後天的區分。「先天之氣」是人體原發性的「氣」，故而有「元氣」之稱，它體現了先天原火的推動，所以，寫作「炁」。從字形上看，「炁」底下四點，表示火在下燃燒，這種「火」是生命的原動力。至於「後天之氣」呼吸之氣，也就是宇宙空間外在之氣，對於人的生存來說，呼吸之氣也是必不可少的。

「神」也有先天與後天之別。「後天之神」指的是「識神」，它的作用是認知與分別，這種「識神」對於學習知識是有用的，老子《道德經》稱「爲學日益」講的就是如何通過「識神」的作用來增加知識；但就修煉來講，必須靠「先天之神」的觀照。這種「先天之神」又叫做「元神」，它是人本來的自我慧光，元神之觀照，是一個減損識神的過程，老子《道德經》稱「爲道日損」，就是排除識神的干擾，從而進入無爲的直覺狀態。這樣，元神觀照，而「後天之氣」轉換爲「先天之氣」，於是元精培補，生命煥發出恆久的青春。

我們這裡所說的「精、氣、神」都是先天意義的精、氣、神。

用現代語言來理解，所謂精：就是構成人體、維持人體生命活動的物質基礎；所謂氣就是運行於體內微小難見的物質，又是人體各臟腑器官活動的能力；所謂神：就是精神、意志、知覺、運動等一切生命活動的最高統帥。它包括魂、魄、意、志、思、慮、智等活動，通過這些活動能夠體現人的健康情況。

從中醫學講，人的生命起源是「精」，維持生命的動力是「氣」，而生命的體現就是「神」的活動。所以說精充氣就足，氣足神就旺；精虧氣就虛，氣虛神也就少。反過來說，神旺說明氣足，氣足說明精充。中醫評定一個人的健康情況，或是疾病的順逆，都是從這三方面考慮的。因此，古人稱精、氣、神爲人身「三寶」，精、氣、神，三者實爲一，一者實爲三，統一在人身體，主宰人的生命運行，精爲物質基礎，氣爲運行保障，神爲靈明主宰。精的運動態就是氣，氣的無形態就是神。

神爲人的靈明所在，一個人的死亡，就是神走了的過程，氣是一個人的力量所在，一個人的外在活力，體現在氣化運行，精爲人的物質要素，保持人體自主平衡。神是既外在，又內在於人體的無形之存在，掌握人的靈明，並與宇宙能量相互交換，神控制氣的運行，氣控制精的運行，一個人如果打亂了這個規則次序，就會出現身體健康問題。這就是所謂「以神控氣、以氣禦精」，這是止法修身功夫的總則。

三寶歸位，六級閉合。

理論上，精、氣、神遍佈人的全身，但是，作爲人體「三寶」，它們都有一個「司令部」。精的「司令部」在人體會陰，（男爲睾丸一會陰地帶，女爲陰道一會陰地帶，俗稱深深海底）；氣的「司令部」在丹田，道教稱人體有三丹田：在兩眉間者爲上丹田，在心下者爲中丹田，在臍下者爲下丹田。而我們指的丹田是下丹田，古人認爲下丹田和人體生命活動的關係最為密切。是「性命之祖」、「生氣之源」、「五臟六腑之本」、「十二經之根」、「陰陽之會」、「呼吸之門」、「水火交會之鄉」，是眞氣升降開合的樞紐，是匯集烹煉、儲存眞氣的重要部位。人的身體，除了有形的器官，在各個器管之間或者內部，存在很多空隙，是氣化流行通道，氣不通則痛，這就是為什麼我們在醫院檢查不出來器官有毛病，但依然能感覺到疼痛的原因。肚臍之後三寸，就是人的「氣海」所在，也是「氣」的「司令部」。神的「司令部」在「大腦」，為精神靈明發出點和歸宿地（俗稱高高山頂）。所謂「三寶歸位」就是指運功之前，首先要精、氣、神都回到司令部坐鎮，精歸會陰，氣歸丹田，神歸大腦。

所謂六極，指的是人體與外界相通的六個「邊界」，兩腳掌心（湧泉）；兩手中指（中沖穴）；會陰、頭頂（百會穴）。此為人體「六極」，相當於六個邊界，與外界連通。

湧泉穴：湧，外湧而出也。泉，泉水也。該穴名意指體內腎經的經水由此外湧而出體表。本穴為腎經經脈的第一穴，它聯通腎經的體內體表經脈，腎經體內經脈中的高溫高壓的水液由此外湧而出體表，在足底部，蜷足時足前部凹陷處，約當足底第2、3蹠趾縫紋頭端與足跟連線的前1/3與後2/3交點上，大約兩腳中央掌心位置，又名「地沖」。地，地部也。沖，衝突也。地沖意指體內腎經的經水由此外湧而出體表，本穴屬木。指本穴氣血運行變化表現的五行屬性。

中沖穴：出自《靈樞．本輸》。別名手心主。屬手厥陰心包經。位於手指中指末端最高點。有指掌側固有動、靜脈所形成的動、靜脈網，為正中神經的指掌側固有神經分佈處。《會元針灸學》：「中沖者，心陽從中指直而沖出也，改名中沖。」此穴五行從心，屬火。

會陰穴：它位於人體肛門和生殖器的中間凹陷處。會陰穴與人體頭頂的百會穴為一直線，是人體精氣神的通道。百會為陽接天氣，會陰為陰收地氣，二者互相依存，相似相應，統攝著眞氣在任督二脈上的正常運行，維持體內陰陽氣血的平衡，它是人體生命活動的要害部位。為任脈、督脈、沖脈交會穴。五行屬水。

百會穴：百，數量詞，多之意。會，交會也。百會名意指手足三陽經及督脈的陽氣在此交會。本穴由於其處於人之頭頂，在人的最高處，因此人體各經上傳的陽氣都交會於此，故名百會。百會穴位於頭頂正中線與兩耳尖連線的交叉處，穴居顚頂，聯繫腦部。百脈之會，貫達全身。頭爲諸陽之會，百脈之宗，而百會穴則爲各經脈氣會聚之處。手足三陽經及督脈陽氣在此交會。五行屬火。

此「六極」，位於人身體六個邊界，與外界交換氣息，平時屬於自然開放狀態，人在修煉時，應該全部閉合，不要體內眞氣外溢。

三寶歸位，六級閉合，爲止法功夫起手式，練功開端，必須馬上做到三寶進入司令部，六級關口閉合狀態。

心體唯一，持靜守中。

所謂心體唯一，就是身心合一，在進入練功狀態後，逐步開始把精氣神統一結合，三者合一，把工作生活狀態下分離的身心收攏回來，身心化爲一體。這是一個很難的境界，需要時間培養收攏功夫。

所謂持靜，靜，主要是心靜，放鬆，心外無物，無住生心。心無所漂移，也無所執念，進入極靜狀態，這個狀態不是聲音安靜，而是「不主動想任何事情」，忘了想任何事情的狀態，不執不求，寂靜喜悅。儒家講靜虛存養工夫主要在這裡。

所謂守中，主要是把「三寶」運行方向始終保持在會陰到百會這一條氣化流行的主要「道路」上，《中庸》講：「不偏爲中，不易爲庸」；又云：「喜怒哀樂之未發謂之中，發而皆中節謂之和；中也者，天下之大本也，和也者，天下之達道也。致中和，天地位焉，萬物育焉」。守中，目的是爲了達到「和」，身體和諧安康，氣息源源不斷，不偏大道，不離主流。

松展放收，貫通天地。

所謂松展放收，此爲眞氣運行法門。

「松」，是全身放鬆，但是方法是先從密處（會陰開始），會陰處是全身最軟處，最軟反而最不好眞正放鬆，此處爲三關交匯之處，從這裡放鬆，逐步擴散到全身，層層打開，全身進入沒有任何外力外意作用下的「筋顫」狀態。

「展」，主要從「展慧中」開始，進而展遍全身。慧中，就是眉心，我們高興的時候，就眉開眼笑；眉心爲意竅，你的這個竅就開了，就叫展慧中，就是展開意竅的意思。人的意念，是從這裡出入，也就是說發射和接受資訊之地；人的情感也是從這裡發出的，人的七情六欲等，就是從這裡進進出出，所以你才能「通感」，很直接地感受到別人的情緒，也能讓別人感受得到你的情緒。爲什麼叫慧中，就是智慧的中庸之道，要讓情緒「引而不發謂之和，發而皆中謂之節」，要「和」、要「節」，就是要恰恰好，符合中庸之道，這才是聰明人，所以古人將此精確地稱爲「展慧中」。展慧中是「松」的更進一步，松後才能展，不能心急。

「放」：三寶歸位，六極閉合後，體內眞氣自行運行，開始順暢，開始內部整合調整，修正，自癒，完善，做到了人體內部「小宇宙」的整合，這個階段千萬不要用意念導引，應該給予一個眞氣自我歸位組合過程。但是，經過一個過程後，體內眞氣運行，也必然有一些需要排出的「廢氣」，爲人自身的排毒需要，需要和宇宙天地交換聯通，關口已經全部關閉，從哪裡出呢？還是從慧中這個「意竅」出，全身只保留一個「慧中」，把體內沉積的全部眞氣，廢氣，逐次排出，源源不斷流到廣大無邊的宇宙中，與天地交換。

「收」，放不是目的，收才是目的，只放不收，功法大忌，放出去，要收回來，把經過交換吸收的宇宙眞氣，好氣，都逐步通過慧中意竅收回來，氣息要源源不斷，不斷外溢，意念不停息，進入一種內外合一狀態。最後貫通天地，人與天地渾然合一，上下同源。

與道不違，逍遙無極。

與道不違，是指通過功法儲備的體內能量，不能肆意揮霍、不加節制浪費身體資源，永遠保持糧草充足；不能透支，要節制欲望，有效率工作；不能違背大自然作息規律與天地間倫理道德規律，保持身體心靈進入一種內在逍遙，坐忘、無我，方生方死，不生不死，逍遙無極的狀態。

止學的身法口訣義理解釋大致如此，此身法功夫，也稱爲「止功身法」，雖然借鑒了道教、禪修的一些原理，但只是從「形與器」上借鑒，止功內在練功修法，實爲儒家工夫，是儒家持敬、修身、愼獨、克己、內省、存養之功，練法上不拘泥於外在形態與刻板的穴位、經絡打通，追求整體性意念，其與道、禪最大的不同點在於，儒家所持的精、氣、神總括，實爲天地人的道德精神，向善精神，亦稱爲良知，非一般物質界氣化流行，即使是身體修行，所修所養都是「浩然之氣」，是宇宙眞精神，是宇宙眞善美，是內在於人心，外通於宇宙的「絕對精神」。

具體練功心法、身法、氣法、形法，因人而異，並不能統一概括，一視同仁，需要根據不同人的體質、氣質、生活習慣、文化層次有所「見機行事」，適合一對一秘傳，以上所述的練功大概，爲初入門的修煉，進入者不可以千篇一律，僅做初級功參考而已，悟性於人，實在各有千秋，如人飲水，冷暖自知，望眞正學習者切莫死守成規，拘泥不化。

「止功」練習法門：

隨時隨地，不拘一格，可站、可坐、可臥，只要有空，緣法一到，起心動念，即可進入練功態。

站式：全身直立，雙腿分立，與肩同寬，收腹含臀，雙手自然下垂。會陰、百合、雙腳中點保持一條直線，眼睛自然閉合或者微微閉合。

坐式：雙腿盤坐，與肩同寬，手放膝蓋，收腹含臀，會陰與百會爲一直線，眼睛自然閉合或者微微閉合。

臥式：雙腿分開，與肩同寬，（或者一單腳彎曲放另一腿膝蓋後方），雙手自然下垂，收腹含臀，會陰與百會爲一直線，眼睛自然閉合或者微微閉合。

第一步：攝元歸神。呼吸平穩，放下一切世俗所思，調整身體姿態，進入舒適，感受元神、元氣、元精，此乃形象比喻，把「三寶」之態做遐思冥想，給予自己的想像力，感受在身體周圍的無形力量，體會氣息與身體變化，把諸多元素都總體提高統一在「神」識的基礎上。這個準備階段因人而異，主要是收斂外在干擾，進入思想狀態，把一切人體要素集中在「神」的領導下，感受到元神的存在。

第二步：三寶歸位，六極閉合。精、氣、神由發散狀態，集中起來，分別由意念指引，進入各自司令部，精入會陰，氣入丹田，神存大腦。六級（百會、湧泉、中沖、會陰意念）關閉，氣息自然。

第三步：松展放收。

第一關：松，從密處（會陰開始），深深海底開始放鬆，氣息隨著意念流動，意念隨著身體從密處開始，每個細胞放鬆，放鬆的標準是意到之處以發熱、感受到自然顫動或皮筋鬆開、或者螞蟻趴臉上有舒癢麻電的感覺。一寸一寸逐步擴展到全身，不可放過每一處地方，身體有疼痛或者不適的地方重點停留關照。這個階段，不要刻意記著時間，務必學會松，這個階段少則幾天，多則幾月，因人而異，不過此關，不要急於進入下一關。

第二關：展，從慧中展起，內心微笑，不是臉部表情那種皮笑肉不笑，而是發自內心喜悅，如蓮花盛開，一朵一朵展開，逐步拓展全身，展遍全身，細胞都能呼吸，內外渾然一體。標準是進入半睡半醒，但不是瞌睡，是通透光明，呼吸自然，每一個細胞都似乎展開了。這個關口少則幾天，多則幾月。熟練後，時間就會壓縮。此關未過，不練下一關。

第三關：放與收同練。放，把全身存在眞氣在意念帶引下，逐步從慧中放出，通向宇宙，但是切記不能睡著，放到最後關口，務必記著開始收，進入收的階段，就可以完全進入睡鄉，但是收的口子打開，從慧中逐步把宇宙眞氣塡滿全身，到滿了後溢出，不必關閉慧中意竅。

此功法練功大要如此，心法秘傳，不能全部述出，乃爲防止某些練習者德行不夠，貪天之功，走火入魔，害人害己。

此功根本在於保全人的基本健康，能保證人睡眠充足，精神健忘，神清氣爽，小病自癒，大病自防，爲儒家修身之法，修心之基，齊家治國之根，浩然正氣充盈宇宙之本。練者不可急功近利，但益處自然顯現，三月小成，三年大成，終身不懈，可保延年益壽。

第二節 「止功」心法

如果宇宙起源於大爆炸，那麼從宇宙的誕生之日起，在不斷擴張擴大的同時，一定有一個反向的力量來約束和控制，這是辯證法的規律，也就是中國道家所講的「一陰一陽謂之道」。

如果宇宙間存在著一種「絕對精神」，那麼在它的內部一定存在著正反兩個方向，一個方向是無限的擴張，另一個方向是不斷的約束，這就是道家所說的「反者道之動」。反向的力量體現了道的規律，而道在中國文化裡有自然一種眞善美的力量。

如果人類從誕生精神的那一刻起，就有一種不斷探索宇宙的勇氣，那麼也一定會有一種力量約束和控制，使精神回到本心和初心，使宇宙走向圓滿，「周行而不殆」，實現生生不息。

「心」是中國文化的本體，是宇宙的絕對精神，也是人的精神性，此「心」是圓滿的、清淨的、不增不減、不淨不垢、無漏的本體。此「心」一心開二門，一門管生法，創生出世界的無限和多樣，另一心管約束，使世界呈現一種道德的力量，守住本心與初心。此心既是「有」也是「無」，共謂之「玄」，玄之又玄，眾妙之門也。

宇宙和人類的前進與發展是不可阻擋的自然規律，這就是所謂的「道法自然」，而宇宙與人類發展的秩序性，圓滿性、和諧性、美好性是靠一種逆向的約束力量來決定的，這種逆向的力量，被人類稱爲道德實踐，合乎大道的一定是道德圓滿的。

所以我們可以看出，目前人類的所有宗教、哲學、文化對人類的教化都是一個控制的原則，因爲這是符合大道的，也可以說是上帝的要求。

「止」學心法，就是控制精神的法門，入門的要義就是「止」，修心就是從知止開始的，如何實踐止，儒家其實提供了一條路徑。

儒家經典四書之首《大學》被北宋程顥、程頤譽爲儒家「初學入德之門」，朱熹稱爲之「古之教人之法」，但是我們不要僅僅把《大學》看成是知識，而應該認爲是儒家從明德到成德、至善到成聖之路徑，更應該視作儒者精神實踐生活即「止法」的心法。

《大學》開明宗義：「知止而後有定，定而後能靜，靜而後能安，安而後能慮，慮而後能得。物有本末，事有始終，知所先後，則近道矣」。

這是儒家爲世界提供了一條修心路徑：

知止—定—靜—安—慮—得。順序不能顚倒。

知止：知道約束和控制欲望是符合大道的，《易經》所云：「文明以止」，人的道德光明是靠控制來體現的；儒家所言：「克己復禮」，文明的外在形式「禮」是靠約束控制自己欲望來體現的；基督教的「十誡」，伊斯蘭教的「五功」，佛教的「六度」，其他宗教裡的戒律，都體現了人類的一種實踐原則，那就是約束和控制欲望。所以「知止」是人類共同的行爲準則，是符合宇宙規律的人間道德，是修心的起點。人類如果想有所得，必須從內心裡遵守這個意志法則。

定：在宗教爲定信仰之源，在哲學爲定宇宙本體，在文化範疇爲定精神來源，在國家爲定國家精神，在民族爲定民族精神，在政黨爲定政黨精神，在軍隊爲定軍隊精神，在企業爲定企業精神，在家族，爲定家族精神。總而括之，定，就是定精神之源。萬事萬物都有初心，宇宙人間都存本心，由人類所創造的，必然是由人類的本心發出的。定本源精神，是一切事物成功的基礎。成功的人必然心有定性，不成功的人千差萬別，但有一點是有共性的，那就是「心無定性」。

靜：清空一切雜念，做到「唯精唯一，允執厥中」，精神與身體合二唯一，守住初心，不偏不倚，此爲人之大中大本，《中庸》有曰：「喜怒哀樂之未發，謂之中，發而皆中節，謂之和。中也者，天下之大本也，和也者，天下之達道也。致中和，天地位焉，萬物育焉」。靜的目標是守中致和，這是宇宙的秩序，萬物的生化之本。靜的方法，佛家有禪定，道家有調息，這些都是外入之法，內入法即儒家所說的養浩然之氣，萬物同胞，我與天地萬物爲一體，此浩然之氣即爲人的良知正義，此浩然之氣，氣貫全身，神通宇宙，與萬物爲一體，捨小我之執念。靜的原則既無思又有思，無思者，排初一切小我雜念，排除一切物欲干擾，有思者，非刻意去想，而是自然而然，讓元神與宇宙接軌，通宇宙之浩然之氣，養人身「小宇宙」的浩然之氣。

安：排除恐懼。人類的一切宗教情結來源於恐懼、憂患、苦業意識。人所不安者都是對不確定因素的不安，人所好奇者都是對形而上學的好奇。人的最大不安就是死亡，死亡是人一切不安因素的最大。突破生死關，是人修行的最高境界。生也者，宇宙之生生不息也，死也者，亦宇宙之生生不息也。人來自於宇宙，人是宇宙生化的產物，人類給宇宙貢獻的是精神之光，生亦何歡，死亦何難？死亡是精神擺脫肉體的開始，使我們的意識擺脫地球進入宇宙，進入四維以上的空間，抑或轉化爲萬物之靈，萬物是我，我爲萬物。不愛物者，亦不愛人。愛上帝、愛他人，也一定要愛萬物，萬物爲宇宙的一部分，人類也是宇宙的一部分，從另一個角度來說，從來也沒有生，也沒有死，生死只是肉體的幻滅，而宇宙的精神永遠存在。

慮：謀略與思考，主要思考點在於價值排序。如果說知止、靜、定屬於修心的前置性入法，那麼從「慮」開始，就開始可以考慮具體的現實問題了，我們人類最大的毛病就是遇到事情馬上開始思慮，如果不進行前置性的設定，思慮往往會變成焦慮，因爲不懂得知止，就會外求，就會不斷索取，就會失去初心，就會被欲望導引；不懂得定，就不知道精神的本源在哪裡，又不知道戰略的起始點在哪裡，就不知道一切後面行動的本心在哪裡，就會牆頭草，就會騎牆派，就會心無定性，就會失去方向；而不懂得靜，就會有雜念，就會有恐懼，做事情就不徹底，不純粹，就會有私心，有小我，就會瞻前顧後，前後不一，就會身心分離，就會與實踐脫節。所以前三個環節物有本末，事有始終，要知所先後，才能近道。只有上述三個環節打通後，才能進入慮的環節。慮的環節的根本原則是：學會價值排序。什麼是最重要的？什麼是次重要的？什麼是不重要的？按照「近於道」的規律，做好一一排序，先解決事物的主要矛盾，再解決次要矛盾，這是做事的根本。很多人價值排序是錯的，錯在與道相逆，違反宇宙大法。愛權者、愛錢者、愛色者絡繹不絕，從人的價值排序就可以看出人的境界層次，與欲望相關的價值排序必將不長久，一時的成功不能掩蓋未來的失敗，一部人類的歷史充分的說明了這個道理，「眼看他起高樓，眼看他樓塌了」，就是這種價值排序的眞實寫照，也是宇宙的因果法則。還有一些人不會價值排序，眉毛鬍子一把抓，這是方法問題，需要訓練，根本之法還是學會價值排序。總之在慮的這個層次上，主要思考解決問題的順序、方法、路徑，並且一定做到「與道不違」。

得：得者，德也，得到的也一定是符合道德的，這是得的原則，這是止法修心的總目標，如果得到的是非法的，不符合道德規律的，那麼一定是危險的，暫時的，不穩定的。反之如果得來的東西，符合道德規律，就一定是圓滿的。得到是人的本能欲望，人類經常因爲想得到迷失本性，沉迷於權欲、色欲、物欲之中，守好最後一扇門，相當於守好了底線，君子愛財，取之有道。取之無道，必有後患。得的最圓滿，不是物，而是物所代表的財富精神，是財富和權力後面載負的人類理想，如果只在意外在的物質欲望，就會失去人類本心，走向迷途，做加法的人生就會越活越累，直到耗盡人最後的生機。

讓我們來共同回顧孟子的這一段名言吧：

魚，我所欲也；熊掌，亦我所欲也。二者不可得兼，舍魚而取熊掌者也。生，亦我所欲也；義，亦我所欲也。二者不可得兼，舍生而取義者也。生亦我所欲，所欲有甚於生者，故不爲苟得也；死亦我所惡，所惡有甚於死者，故患有所不辟也。如使人之所欲莫甚於生，則凡可以得生者何不用也？使人之所惡莫甚於死者，則凡可以辟患者何不爲也？由是則生而有不用也，由是則可以辟患而有不爲也。是故所欲有甚於生者，所惡有甚於死者。非獨賢者有是心也，人皆有之，賢者能勿喪耳。

一簞食，一豆羹，得之則生，弗得則死。呼爾而與之，行道之人弗受；蹴爾而與之，乞人不屑也。萬鍾則不辨禮義而受之，萬鍾於我何加焉！爲宮室之美，妻妾之奉，所識窮乏者得我與？鄉爲身死而不受，今爲宮室之美爲之；鄉爲身死而不受，今爲妻妾之奉爲之；鄉爲身死而不受，今爲所識窮乏者得我而爲之；是亦不可以已乎？此之謂失其本心。——選自《孟子·告子上》。

這裡面的「捨身取義」與「萬鍾則不辨禮義而受之，萬鍾於我何加焉」，這是人類早期最燦爛的文化思想，是把人的精神性高懸於物質性上的光輝格言，人類任何的得到必須不失本心，必須與道同行，才能圓滿幸福。

儒家不僅提供了止學修心法的原則和順序，也提供了一條從個人、家庭、國家、天下、內聖外王的修心路徑。這個路徑就是：格物、致知、誠意、正心、修身、齊家、治國、平天下。

其中格物、致知、誠意、正心、修身爲內聖階段。並且指出以修身爲本。所謂格物、致知、誠意、正心，都是修身，所謂修身不是指人的身體，而是指人的精神性生活。

所謂格物就是控制人的物質欲望（前文有論述），而非朱熹所言窮究萬物之理，向外求是永遠求不完的，即使能求完萬物之理，也與修身背道而馳。因此格物在這裡與「文明以止」，「克己復禮」一樣，都是控制人的欲望的意思。

所謂致知，知道的是德性之知，而非聞見之知，儒家多有論述。

所謂誠意，《大學》有云：「毋自欺也。如惡惡臭，如好好色，此之謂自謙。故君子必慎其獨也」。也就是說誠意就是不要自欺欺人，更不能欺天，更不能違道，即使沒有人監督，一個人獨在也要遵守道德規律。

所謂正心，《大學》有云：「身有所忿，則不得其正，有所恐懼，則不得其正，有所好樂，則不得其正，有所憂患，則不得其正。心不在焉，視而不見，聽而不聞，食而不知其味。此謂修身在正其心」。也就是說正心的前提是安心，不能憤怒，不能恐懼，不能有所偏好，不能患得患失，不然就無法正心。

所謂修身，《大學》有云：「人之其所親愛而辟焉，之其所賤惡而辟焉，之其所畏敬而辟焉，之其所哀矜而辟焉，之其所敖惰而辟焉。故好而知其惡，惡而知其美者，天下鮮矣」。這就是說修身的關鍵在於擺脫偏見，培養正見，正見就是「中庸」法則。中庸不是圓滑，不是妥協，更不是沒有原則，而是人類修身的理想目標，是很難實現但一定要追求的目標，「不偏爲中，不易爲庸」，從做人來說做到中庸是很難的，人都有私欲，都有偏好，認識各不同，在對待他人和他物上很難做到中庸原則。

格物、致知、誠意、正心、修身，這是儒家的內聖修行，每一個階段都暗含著「止」的原理，是逆向於人類欲望的人類實踐，是靠人類的自由意志來約束和控制，並且儒家明確指出，這是走向成人成聖的必經之路，是道德實踐之路。

從一個人擴充到一個家庭、家族、國家、乃至天下，是儒家的社會治理方向，也是「外王」階段，其中也包含著深刻的「止學」原理。

無論歷史或者未來，止的原理和法則是永恆不變的，變化的是外在的環境、時代的現實、禮儀、法度都可以隨外在形式改變，而核心原則不會變，因爲那是人類修行的「密鑰」。

第三節 和爲治家之本

儒家的世界觀是一個同心圓，個人、家庭、國家、天下、宇宙，層層外擴，環環包圍，概念逐步外延擴大，原則上彼此關照統一。有人說儒家不重視個性發展而推廣共性規則，這是不確切的。比如說愛，基督教只認可上帝對眾生的愛，是一種博愛，反而是一種共性規則，而儒家的愛是一種從內向外層層外擴的愛，孔子首先規定了一種方向——「仁者，人也」，爲人的精神性確立了本源，說明了精神性才是人區別於萬物的本質規定，仁包含了眞善美，也包含了愛，這是人的本質，與生俱來，不能懷疑，更不能排除。在這個基礎上才外擴爲「仁者，愛人」，也就是愛他人，把他人作爲與我人格平等的主體，「己所不欲，勿施於人」，孟子也有「老吾老，以及人之老」的思想，把對自身的精神性的原則擴充到對他人的關注和愛護。在這個基礎上又擴展到家族、國家、民族、天下、宇宙。大愛與小愛的原則一致，互不違背，個性與共性想通聯，既保留了個性，也確認了共性，而不像基督教只認可上帝之愛。

而儒家所說的守禮，遵從禮的原則，並不是一套墨守成規的外在的禮儀規範，也不是只強調遵守落後的社會秩序，更不是泥古不變。孔子曾說：「禮經三代，必有損益」，禮的外在形式是不斷變化的，要隨著時代而有所改變，與時俱進。但是禮的內在原則是不能變的，禮的內在原則就是「敬」，如果沒有「敬」，那麼一切外在的形式都是虛假的，沒有必要的。所謂「祭神如神在，祭鬼如鬼在」，心裡要有所敬，才是禮的根本。

在儒家眼裡，家庭和家族是一個社會秩序的最基礎單位，來自於血緣和親情，維護這套家庭秩序的基本規範在上古時期的《禮經》裡就已經確認。上古時期，據稱周公制禮，大約在周公的時代，周朝的禮儀已經完善明備了，確立了從宇宙秩序到人間秩序的一套行爲準則，形成了中國文化的一種範式：宇宙秩序就是人間秩序。上古時代，禮法同源，禮就是法。個人、家庭、國家、天下都在這套禮的體系中存在。禮法雖多，兩條線索，所謂「尊尊、親親」是也。

「尊尊」者，就政治而言，一系王、公、侯、伯、子、男。這一系掌政權主權，可世襲。另一系王、公、卿、大夫、士。這一系掌握治理權，後三類不能世襲。

「親親」是就著家庭而言，有遠近親疏，從自己往上五世，自己、父親、祖父、曾祖、高祖。這五世也叫五服之親。

所以中國古代的禮儀，在家庭上就是順著「親親」原則講的，婚禮、喪禮、成人禮、壽禮等一切家庭的外在禮儀形式，都必須按照「親親」的順序來進行。也就是按照血緣關係的遠近親疏來制定規矩。千變萬化不離其中，並且這種原則一直流傳到現在，雖然外在的形式不斷的變化，但是內在的規則就是遠近親疏，這個不能變。

以上說的是家庭秩序的原則。而維持一個家庭和家族不能光靠外在的禮儀形式，必然有一種精神的連接，這種精神會形成家風，凝聚家族力量，傳承家族血緣，維繫宗法力量。

雖然每一個家族的具體精神是由這個家族在發展過程中自我確定的，但是在中國文化中，還有一個對家族發展的總原則，那就是「和」，所謂「家和萬事興」就是如此。

「和」是什麼意思呢。

《中庸》有云：「喜怒哀樂之未發，謂之中，發而皆中節，謂之和。中也者，天下之大本也，和也者，天下之達道也。致中和，天地位焉，萬物育焉」。

「和」就是喜怒哀樂的發出必須保持在中節，就是不偏不倚，不變不易。「和」是天下之達道，中國人的治家原則就是「和」。

「和」可以使「天地位焉，萬物育焉」，位就是各歸其位，各守秩序。育就是生化生育，繁衍後代。

說明家庭的作用大致爲二，一、從天倫的角度進入人倫，各歸其位。形成父子、夫妻、叔嬸、姑舅等以血緣親疏爲核心的倫理位置和次序關係，這個秩序是天倫導入的，也就是說，即使動物界也會如此，人類更不能違反，人倫來自天倫，這不是階級關係，而是倫理關係，所謂：「虎毒不食子」，何況人乎？毛澤東發起的「文革」之所以被否定，就是出現了兒子打父親，學生打老師等違反人倫的事情，用階級鬥爭理論來打破人倫，這是人類發展史上最無恥的時代，一定會被歷史所無情拋棄。未來如果出現類似的情況，也一定是違反人類原則的，必然會被人類所唾棄。二、生化生育。繁衍後代是家庭的責任，現在人類出現的墮胎、頂客、同性戀、計畫生育其實都違背這個原則，都違背了大道。儘管有很多科學的辯護，但是都逃不出一個事實，這些問題都不是人類的正道正義，而是偏道和變態，即使是由基因決定的某些狀態，如同性戀，也是如此，我們可以用同情心來觀察和理解這些現象，但絕不能否認這些現象是違背家庭倫理的。

無論人類如何發展，只要有家庭這種形式的存在，「和」的原則就不會變，所以儒家所講的「父爲子綱，夫爲妻綱」還不能輕易的拋棄，更要有時代的新注解，「父爲子綱」不能強調家長的權威能在人格上超過兒子，不能家長意志去強迫兒子，這是舊時代的殘餘。現在強調的「父爲子綱」應該是指父親必須是兒子道德的標準和榜樣，家長的行爲決定了後代的行爲，家長是家風的起點，所謂上梁不正下梁歪，父親必須是兒子品德優良的典範。而「夫爲妻綱」也絕不能強調男性在人格上高於女性，也不能強調男性在經濟上優良於女性，更不是男性可以爲所欲爲的藉口，這些都是舊時代的殘餘，現在的「夫爲妻綱」，體現的是丈夫是家庭道德的榜樣、向善的典範。夫妻在人格上是平等的，之所以強調「夫爲妻綱」體現的是一種禮，男性要有一種紳士般的溫度去溫暖整個家庭，這是由男女的性別差異和性格特徵來體現的一種溫情，體現一種對家庭的愛。

而要做到這一切，家庭的每一個成員，其角色都是不斷變化的。一個男人既可以是父親，也可以是兒子，也可以是丈夫，也可以是別人的叔叔或舅舅等。那麼要做到家和萬事興，就一定是仁義禮智信、溫良恭儉讓、忠恕誠信孝的典範，這些原則要求家庭的基本生活態度是對家人情感第一、對自己理性第一，家庭是講情感的地方，不是說理的地方。並不是說家庭都不要講理，而是把層次分清楚，對家人的愛，這是最高的情感表達，並且這種情感表達是需要付出的，每一種付出就意味著犧牲自我，成就家人。這實際上內含著理性、內含著忍讓、內含著責任，對家人把情感放到第一，就意味著對自己是道德意志和理性在前。反過來，如果一個人處處和家人用講理的方法來計較，則在情感上就降低了溫度。這種辯證的原則一般人常常會忘記，這是需要思考，需要人生經歷，需要天賦，一切的家庭矛盾恰恰是不懂得這個辯證規則造成的。

怎麼樣做到對家人情感第一，對自己理性第一呢？那就是控制自己的欲望，成全家人，「止」的原則是「和」的依據，知止也是家庭法則。一個家庭，一個家族懂得了這樣的道理才能長治久安，才能興旺發達。

第四節　泰爲治國之綱

由家族，必然擴充到國家，有家才有國，不是有國才有家，這是邏輯的常識，也是歷史的常識。

中國古代有一句對治理國家最高境界的詞語：「國泰民安」，只有國泰才能民安。

爲什麼國泰才能民安？泰爲何意？

必須從《易經》說起。

「泰」爲易經六十四卦之第11卦：䷊泰卦。從卦象來看：上坤（地）下乾（天），「泰」爲天地各得其位，國家立於天地之間。

彖曰：泰，小往大來，吉亨。則是天地交，而萬物通也；上下交，而其志同也。內陽而外陰，內健而外順，內君子而外小人，君子道長，小人道消也。

從卦辭上看，小往大來，吉，亨。意思是付出小，收益大，吉祥，順利。

主卦的卦象是天，天有無窮威力；客卦卦象是地，地對天無限順從。因此，整個形勢對主方有利。「小往大來」，交往中主方付出小，收益大。「吉」，形勢對主方吉利。「亨」，進展順利。從國家的角度看，統治者爲主方，百姓爲客方，卦辭說明「泰」意味著國家統治者和百姓水乳交融，關係和諧，統治成本最小，而國家收益最大，所以，國泰是國家治理的最高境界。但是如何才能做到國泰呢？

要從爻辭來分析下，泰的爻辭爲三陽三陰。分別如下：

一陽：拔茅茹，以其匯，征吉。

意思是：拔柔軟小草的時候，將草葉匯合在一起拔，出征吉利。

拔柔軟的小草，將草葉匯聚在一起，在國家來說，象徵著國家統一，這是國家的基本要求。

這是泰卦第一爻爻辭，代表主方的行動，陽，表示主方積極主動地謀取和擴大自己的利益等。第四爻是陰爻，客方被動，因此，客方依附於主方，主方與客方的利益像草一樣纏合在一起。如果主方主動，吉利。在主方採取積極主動的時候，須要考慮客方利益，並且協同客方一起行動，「拔茅茹，以其匯」。爻辭沒有說不主動就不吉利的意思。

從爻辭結構分析來看，第一爻是主卦上爻，其位置是陽位，這條爻是陽爻，陽爻在陽位，當位，表明主方積極主動，可能有利於發展，從而取得更多利益，是潛在的對主方有利因素。並且與四陰爻有應，表明客方消極被動，是主方發展的好機會，這潛在因素成了眞正的對主方有利因素，所以爻辭說「征吉」。

從現代國家的結構來看，「茅茹」也可以看成爲公民，統一公民的意志，國家的行動爲大吉大利，也意味著百姓對執政者的治理是滿意的。

二陽：包荒，用馮河，不遐遺；朋亡，得尙於中行。

意思是：包括荒涼的原野，越過河川，不遺漏遙遠地方，廣闊無與倫比，公正的行動得到尊崇。

這是泰卦第二爻爻辭，這是陽爻，表示主方素質是陽，主方良好素質是對積極主動行動的有力支持，主方應當充分發揮自己力量，用自己的力量強化主客雙方關係，「包荒，用馮河」。「中行」，不左不右地走中間。在廣泛的範圍內，主方處事不偏不向，公正公平，取得客方尊重。代表著執政者應該公平正義。

從爻辭結構分析來看，第二爻是主卦中爻，其位置是陰位，但這條爻是陽爻，陽爻在陰位，不當位，表明主方良好素質有可能在與客方交往中遭受損失，不過，和五陰有應。有應，表明客方素質不佳，需要從主方取得補益，這潛在因素成了眞正的對主方不利因素。然而，由於主方積極主動，客方消極被動，以及主方態度強硬，客方態度隨和，主方有可能依靠良好素質逼使客方按自己的意圖行事，這實際上對主方有利。不過主方應當處事公平，取得客方尊重，這樣主方的良好素質才能眞正發揮作用，所以爻辭強調「得尙於中行」。

從國家統治集團的角度看，處事公正，堅守公平正義，是國家治理的基本原則。

三陽：無平不陂，無往不復；艱貞無咎，勿恤其孚，於食有福。

意思是：沒有平坦而不坡斜的地方，沒有往前而不返復的路，艱苦堅持就無所怪罪，不用擔憂他們的信任，給予食物就有福氣。

這是泰卦第三爻爻辭，陽爻，表示主方態度強硬。「恤」是憂慮。在與客方交往中，可能會有許多問題，許多反復，主方態度不宜過分強硬，應當比較靈活而柔和地處理雙方關係中的各種問題，要認識到，「無平不陂，無往不復」，如果艱苦地堅持下去，就無所怪罪。不用擔心客方是否信任主方，如果主方爲客方做些實事，主方就有福氣，「於食有福」。

從爻辭結構分析看，第三爻是主卦上爻，其位置是陽位，這條爻是陽爻，陽爻在陽位，當位，表明主方強硬態度可能有助於主方制約客方，是潛在的對主方有利因素；又與六陰有應。表明客方態度隨和，接受主方制約，這潛在因素成了眞正的對主方有利因素。不過，第三爻是對第二爻的補充，這兩條爻都是陽爻，表明主方素質非常好，實力極強，這樣就可能對客方過於強硬，從而引起客方不信任。爲了取得客方信任，主方應當態度強硬適當，不能過度，還要以自己良好素質，爲客方做實事，所以爻辭強調「艱貞無咎」，「於食有福」。

從國家統治的角度來說，執政者即使在有利於自己的情況下也要保證態度平和，保障人民的利益和福利，做到強民富民。

四陰：翩翩，不富以其鄰，不戒以孚。

意思是：輕快地行事，不以取得鄰居的利益而富裕，以誠懇取得信任，他們不再戒備。

這是泰卦第四爻爻辭，陰爻。這條爻表示客方行動被動，客方順從主方，爲主方的積極行動創造了良好條件。結合主客形勢，這條爻辭的意思是：主方輕快地進入客方利益領域；主方不損傷客方利益，對待客方誠意，使客方不加戒備。主方不宜依仗自己的實力損害客方利益，「翩翩，不富以其鄰」，而應當與客方協同，在協同合作中，以誠信取得客方信任，通過發展與開拓，取得自己的利益。

從爻辭結構分析看，第四爻是客卦下爻，其位置是陰位，這條爻是陰爻，陰爻在陰位，當位，並且和一陽有應。當位，表明客方消極被動有可能爲主方發展提供方便，是潛在的對主方有利因素；有應，表明主方積極主動，正好利用客方提供的機會，這潛在因素成了眞正的對主方有利因素。不過，主方應當尊重客方利益，取得客方信任，才有利於主方發展，所以爻辭強調「不戒以孚」。

從現代國家的角度看，不要逞強逞富於鄰國，建立良好的外交關係的原則是平等互助，謹愼。也可以理解爲取信於鄰。把客方看著人民的話，也可以理解爲取信於民。

五陰：帝乙歸妹，以祉元吉。

意思是：像帝乙出嫁妹妹，以此得到他們的福佑，非常吉利。

這是泰卦第五爻爻辭，陰，表示客方素質不佳，「祉」（zhi），是福。「帝乙歸妹」是歷史典故，這裡用歷史典故說明主方與客方建立親善關係。「妹」指少女，「歸妹」指嫁女。主方素質良好，主方以自己良好素質幫助客方，像帝乙歸妹那樣，主方與客方建立親善關係，以此主方受益，非常吉利。

從爻辭結構分析看，第五爻是客卦中爻，其位置是陽位，這條爻是陰爻，陰爻在陽位，不當位，表明客方素質不佳，有可能向主方索取利益，是潛在的對主方不利因素；然而與二陽有應。表明主方素質良好，有可能滿足客方需要，對主方不利因素。然而，由於主方積極主動，客方消極被動，以及主方制約客方，主方有可能給於客方實惠而同時獲得更多利益，這種情況對主方非常有利，所以爻辭說「元吉」。

從現代國家角度看，表明統治者應該與人民親密的溝通，溝通管道暢通，民主機制完善。

六陰：城復於隍，勿用師；自邑告命，貞吝。

意思是：他們的城牆倒復在城壕中，不需用兵，他們來報告國情，堅持下去就過分。

這是泰卦第六爻爻辭，陰，表示客方態度隨和。「復」，翻倒。「隍」，沒有水的城壕。「邑」，都城，古時指諸侯國國家。這裡，「邑」指客方。「告命」，報告情況。《左傳》有段說：「宋不告命，故不書。」意思是：宋國沒有報告情況，所以不寫入春秋。「城復於隍」形象地指客方態度隨和，「勿用師」指主方不需要對客方採取強硬措施。「自邑告命」，從這個諸侯國有使者來報告情況了，以此為比喻，說明客方服從主方了。

從爻辭結構分析看，第六爻是客卦上爻，其位置是陰位，這條爻是陰爻，陰爻在陰位，當位，又與三陽有應。當位，表明客方態度隨和，可能有利於主方按自己的意圖行事，是潛在的對主方有利因素；有應，表明主方態度強硬，正好可以利用客方的隨和態度按自己的意圖辦事，這潛在因素成了真正的對主方有利因素。然而，第六爻是對第五爻的補充，這兩條爻都是陰爻，表示客方素質很差，力量極薄弱，而相比之下，主方實力極強，主方有可能對客方過於粗暴和傲慢，這種情況對主方不利，所以爻辭強調「貞吝。」主方的態度不宜過分強硬。

從現代國家的角度看，即使在占有優勢的情況下也要謹慎用兵，謹慎地使用國家財力，不可浪費人民錢財。

綜上所述，「泰卦」表現的是天地運行的最佳狀態及其過程變化，因此「國泰民安」也成爲國家治理的最高形容詞。

從爻辭的順序看，「泰」所包含的國家治理原則分別有：統一、公正、富民強民、誠信外交、人民民主、和平友善。這是人類發展到國家形態的普世價值。同時也指出，在好的國家，君子道長，小人道消。在壞的國家，小人橫行，奴才遍地，君子無法立足。

從爻辭的整體精神看，主方（執政方）全部是站在有利的情況下做出的政策舉措，對客方（百姓和鄰國）保持克制的態度，這是「止學」的國家應用。

在整體有利的情況下也能保持克制，有比這更高的治理國家的藝術嗎？雖然現代國家形態千差萬別，選擇的社會制度也不盡一致，但是無論什麼樣形態的國家，採取的是什麼樣的社會治理制度，國家繁榮難道都不是在這樣的道德原則下取得的嗎？

第九章
止以成人

第一節　止以克物

人類的信仰史就是精神與物質的鬥爭史，有多少在信仰中的人，就有多少在物欲中掙扎的人，人因掙扎而信仰。

人類的全部悲情在於一個有限的肉體承載一個無限的心靈。

如果精神性是人向上提撥的本質，那麼物質性就是人向下墮落的本質。

人是萬物之靈，也是萬物之悲。

在基督教裡，亞當和夏娃不能抵擋誘惑已經預示了人類的悲劇，生而有罪的烙印刻在人類身上，人不能自我拯救，需要被上帝拯救。所以要愛上帝、愛他人，愛是基督教爲人類指出的救贖之路。

在佛教裡，人由於「無明」而被迫輪迴，死了再來，來了再死，永無休止，永遠擺脫不了輪迴報應，所以佛陀解「空」，以慈悲心和菩提心拯救人類，慈悲是佛陀爲人類指出的救贖之路，走出輪迴，到達涅槃。

在儒家，「性」代表了人的物質性，「心」代表了人的精神性，通過復性、愼獨、至誠等「工夫」，指導人類不斷修行，成人成聖，完成道德圓滿，與天道合一，與天理同行。

一切宗教的本質就是在人的物質性和精神性之間，建立一種道德橋樑，讓人的精神昂立起來。

也由此我們悲涼的發現一個事實，如果沒有信仰，人類的起點永遠是建立在物質性上，所有的人，包括聖人，生而物質性。

在通往精神性的道路上，只有很少的人能越過物質之牆，到達精神彼岸。

儘管現在世界上大多數人有著不同的信仰，在渡化著人類，但是我們經常會哀歎，這個世界似乎並沒有更加美好，反而時時顯示其惡的一面，這些惡都是人類做的事，其中不乏在信仰中的人。

物欲的本質如影隨形，形同人的醜惡，多數人並不敢直視，即使在夜靜人深時，面對自己醜惡的肉體之欲，迴避也是多數人的選擇。

如果有人承認，人的物質之欲也是一種精神的屬性，或者物質性是受精神性控制的，那麼唯物主義就不必存在，我們只需要探討精神的兩面性，那麼肉體算什麼？

也許人類永恆之問就在這裡。

人類是怎麼一步步走向貪婪的物欲之路呢？

人之初，對物質的創造也許來自一次偶然，但是這一次的偶然蘊含著天地間無數次的靈光，可以想像最初的創造物一定是對人類身體功能的延伸，一個地上躺著的木棍如果用來打棗，就是一個適手的打棗工具，換一個場合它可以趕走豺狼，棍子還是那根棍子，在使用性上，它具備了人類思維賦予的作用，人類在此基礎上稍加改造，比如把棍子的頭削尖就可以變成一個鋒利的「矛」，一個原始時代的武器誕生了。

諸如此類，我們可以想像，很多的工具，都源自於人類自身的生存和生產需要，在漫長的原始人類時期，生產工具作爲人類的創造物，占據了創造物的全部，人們創造工具是爲了解決生存的需要和安全的需要，那個時期的人類，並沒有占有物質的思想。

假如某一種物質工具，由於使用的經常性，使得人可以不斷的複製，在數量上就可能產生一定的富餘，那麼人類最初對於這種富餘生產出來的工具進行儲存備用，原則上並不是占有思維，假如每個人都是對自己所生產的創造物進行儲存，就沒有占有的概念，占有的概念一定是對他人所創造的物質有企圖心而引起的。

一個人、或者一個部落，對他人或其他部落的創造物具備了企圖之心，並且應用手段進行搶奪占有，這是人類物質欲望的開始。

並且我們發現，占有物質欲望的強烈程度，決定了人類最初的啓蒙程度，甚至說，占有欲高的部落進入文明更早，或者文明程度更高。我們觀察一些世界上迄今爲止處於原始狀態的部落，他們一個特點就是並不強烈的占有物質。從世界歷史看，大航海後的殖民時代特徵就是一些強烈占有欲的人類對另一些沒有占有欲人類野蠻掠奪和殺戮。

這個原則現在依然有效。假如每一個人，每個團體，每個國家只對自己的創造物進行使用儲存，就沒有占有之說。**所謂人類的物質欲望一定是對他人所創造物具備企圖之心、貪婪之心的結果。**

人類的創造是分有的，每一個人或團體並不能創造全部物質，其他人或者團體亦如此。對他人物質的企圖之心有兩種獲得辦法，一種是交換，這是一種和平的方法，在這種方法下產生了人類全部的經濟史，產品變爲商品，商品的交換產生了仲介物——抽象的金錢。經濟史本身並不骯髒，是和平理性發展的結果。另有一種方法是通過非道德的方法獲取的，比如通過戰爭搶奪，這構成了人類全部的軍事史和政治史，政治史是可以看作爲通過權力對物質分配的歷史。

即使在第一種方法，即和平的交換商品的前提下，依然存在著有人通過欺詐、以次充好等一系列非道德的手段對他人的物質進行的占有，這形成了人類對道德問題的最初探討。

創造物質的人，並不一定對物質擁有主權，這是存在於人類歷史直至現今的一個普遍現實，在人類的早期，氏族的首領通過一種「權力」的概念對物質的占有權進行了再分配，**對他人物品的占有，抽象出一種權力和分配原則，這是政治的起源**。

涉及到權力，無論是財產的分配權或使用權，事實上都在政治的領域裡，而我們要探討的是，作爲一個自然人，爲什麼先天的對他人的創造物產生的強烈的占有之心呢？

這實際上是一個天問，基督教把人類的這種欲望叫做「原罪」，佛教叫做「無明」，儒家稱之爲「性惡」，這種答案相當於沒有答案，相當於本來如此，那麼人本來就具有這種貪婪之心嗎？

對於人性本善還是本惡的追問又涉及到終極的形而上學問題，這是各大宗教文化分歧的所在。

如果老實的回答，在人的孩提時代，在物品的歸屬性模糊的前提下，每個人對物品的占有欲望就是一種本能，即使孟子提出了「四端之心」是人的本能，也不能否認人對物質的占有貪欲也是本能，人的道德，倫理，價值，信仰，都是在人的後天的成長過程中生化出來的，從物質性走向精神性，跨過道德與信仰之橋，這是人類與其他動物的分界線，精神使我們發出人性的光明，孔子把它叫做「仁者，人也」，而跨過這座橋的修煉是一個實踐學習的過程，是從明德到成德的過程，儒家把它叫做「學以成人」。

人類只要沒有狂妄的把自己看作神，就可以完全老老實實的承認人對物質的貪欲性，人人皆貪，是人類物質性的底色。

但爲什麼人類要擺脫這種底色呢？

這其實是人類的利益計較後的選擇，如果整個社會呈現的是一個每個人都以貪婪爲底色的狀態，那麼每個人都將生活在一種危險之中，這就如霍布斯所說的：「一場所有人對所有人的戰爭」，每一個自然人都是自私而貪婪的，而資源是有限的，人們都在殘酷的相互殺戮，最終的結果對每一個人都是一場災難。

聰明的選擇是避免這種情況的發生，人類在此思路下展現的解決方案是：道德的進路和法治的進路。道德的進路多保留在個人生活的宗教和信仰之中，而法治的進路體現在社會治理之中。

就人類社會已經呈現的歷史進程來看，以中國爲首的東方大國多採用道德的進路，並且形成形式上的政教合一，其弊端是統治者天然擁有道德標準的制定權和解釋權，形成專制傳統。而西方社會多採用法治的進路，經過長時間的鬥爭，君權和神權進行了分離，神權保留在人類的道德、價值、信仰之中，君權保留在世俗的社會治理中，並且通過法律對人類的物欲進行了約束。

如果仔細研究人類對物欲控制的兩種進路——道德和法律，就會發現，他們所應用的原則是一致的，那就是「止」的原則，控制欲望的原則。

仁義禮智信，溫良恭儉讓這些人類道德和倫理的標準，是在人的精神性上建立一種規則，而法律是控制人們已經發生的行為，是對肉體性建立的規則。

也就是說，無論在肉體性或是在精神性上，為了人類自身的擺脫危險和互害模式的需要，人類就必須的選擇控制和約束對物質的欲望。

就人類的發展來說，一方面是由欲望推動創造，另一方面，必須有一種控制欲望的約束機制，中國古人稱之為陰陽平衡。

在中國古人的智慧裡，這種「止」的原則也來自上天的啓示，無論《易經》裡所言：「一陰一陽謂之道」或者《道德經》裡所言：「知止不殆」，其實都是把宇宙間的規律化為人間的道德規範，這也是中國文化的一種範式，宇宙規律就是道德規律，道德規律就是宇宙規律。

所以「止」的原則作為一種道德實踐，在中國文化裡恰恰是「道」的體現，這種「道」折射在人的身上就是「德」，而所有的德，都是通過一種節制和控制展現出來人性之精神之美，任何一種關於道德的概念都是逆向於人類本能需求，通過對物質性的一種反省和提拔能力，通過一種控制的力量展現出來，並且這種力量在中國文化裡，只能來源於人的本能良知，人是這種道德力量的起點發源處，「吾欲仁，斯仁至矣」、「我的良知我做主」、「吾性自足」都是這個道理。

同樣「止」的原則作為一種法律實踐，在西方文化裡，也是天經地義的。在基督教傳統裡，人的道德感來自於上帝的啓示，人類與上帝的約定是一種不容置疑的「天啓」規定，基督教「十誡」，實際是上帝給人類定下的法律，並沒有討價還價的餘地。

在西方社會的發展歷程中，無論是在君權神權統一的教會時代，或者是在君權神權分離的資本主義時代，法律貫穿著社會倫理與社會治理的始終，法律本身就是對人類欲望的一種制約，法律的制定權和解釋權雖然在變，但是法律作爲一種手段已經天經地義的貫穿西方社會發展的全部歷史。

進入近現代以來，無論是東方還是西方，猶如一劍雙刃，雙刃就是道德與法律，而一劍就是「止」的原則。

在克制人的物質性和肉體性的「原罪」上，人類無論道德和法律，無論是來自天理或者「天啓」，無論來自利益計較或者利益交換，都一致性的走向「止」的原則，這是人類實踐的必守之規，不容置疑。

第二節　止以制權

人類最早的「權力」概念來自於對他人財物的分配主導性，當一個部落對另一個部落通過發動戰爭而搶奪的財物進行分配的時候，部落裡那些身強力壯的領頭人，就具備了這樣的優先權。

由對於物質的貪婪和占有，進而抽象出一種對物質的分配權力，這是人類早期權力意識的啓蒙，這種分配權力又進一步加深了部族首領作爲領袖的權威性，這種權威的約定俗成又導致部落首領對物質分配權力「越界性」的延伸，比如對戰俘和奴隸生命權的處置、對部落成員肉體懲罰、制定內部規則約束部落成員、與外部部落結盟或者戰爭的決定權等。

由單純的財產分配權利「越界」延伸到生命權、管理權、法制權、外交權等一系列權力，政治的雛形開始出現了。

在這個過程中，部落成員對領袖者的權力是默認的，甚至是崇拜的，只有領袖者體現出特別暴虐的一面後，才會展開反思。

部落成員對領袖者的期待以及領袖者自覺的受到上天的啓示，對施政行爲進行反省形成了最初的政治道德。

「爲政以德，譬如北辰，居其所而眾星拱之」，這顯然是被統治者的期待。「康誥曰：『克明德』，帝典曰：『克明峻德』，皆自明也」，這顯然是統治者自己的覺悟。

值得探討的是由統治者「越界」延伸的權力，無一例外得到了被統治者的認可，東方大國的做法是以道德立教期待統治者依德行政，西方國家後來發展出「社會契約論」，把統治者「越界延伸」出來的權力追認爲被統治者主動「讓渡」的權力，其實是一種自欺欺人。

從政治的實際效果和東西方歷史呈現出來的現實來看，無論東方的君權統治傳統還是西方的社會契約傳統，都是現實利益計較後的結果。現實政治都是通過「習慣」而約定俗成的，無論東方和西方，相互借鑒可以，相互改變政治習慣很難。從政治理想來考察，中國出現了「大同社會」的政治理想，西方早期出現了「哲學家國王」的政治理想，不過這兩種超越於人類的政治理型模式，從來沒有出現過，也從來沒有在思想上被超越過。

與超越的政治理想比，政治的現實總是不盡人意，古往今來的政治史，充滿了黑暗算計和血腥的陰謀。

近現代以來，西方的民主，法治，公平，正義，共和的思想深入人心，乃至於全球的政治實體，無論是君主制傳統的東方國家，或是宗教色彩濃厚的伊斯蘭國家，抑或是剛從部落聯盟走出來的非洲國家，都在披著西方政治的外殼，毋庸置疑，當代的政治語言全部是西方化的，即使是專制性很強的國家也經常把民主、法治、公平、正義掛在嘴邊，而解釋權屬於統治者。

考察東西方政治模型的形成過程，也能看到其中的種種不完美性。

中國的政治起源於古老的夏、商、周時代，氏族部落聯盟已經形成，經過共同的生產及對相鄰部落的戰爭，一些大的氏族聯盟開始崛起，較大的聚居地逐漸形成城市的雛形，聯盟的領袖巨有崇高的權威，這種權威多數產生於對外戰爭中的力量與智慧。

夏、商、周這些原始部落聯盟產生於中國黃河中上游的河洛地區，這個地區屬於中國內陸，依靠黃河、洛水，簡單的農業生產已經開始了，部落的首領及部落裡有智慧的上層人士通過對天象的觀察，積累了一定的天文、地理、氣象和農業知識，他們逐漸觀察到四季有序，天道迴圈，雲行雨施、各有其歸。古老記憶中那個變化無常、高高在上的「天帝」，似乎可以逐漸的親近，人似乎可以逐漸掌握它的規律，並且人只要按照四時順序進行生產活動和祭祀活動，上天總會給你一個滿意的結果。

由於中國古代的聖人多數是部落聯盟首領，如堯舜禹湯，文武周召等，他們從統治和管理的角度著想，很容易從宇宙天象中得到一啓示，這種啓示就是「德」的概念，最初「德」的概念就是「得」，「德者，得也」，如果想得到，就必須有一種「德」的概念。「克明德」、「克明峻德」，都是統治階級刻在青銅鼎上的治理警示，這種對自己統治思想的警示也來自一種深刻的憂患意識，對部落未來的思考並引發出對上天的敬畏，由敬畏很自然的感覺到上天好生之「德」。上天對生命的憐憫和愛心光耀著部落的生民。

簡單來說，憂患意識產生敬畏思想，敬畏思想產生保德思想，這是中國古人的思想路線，儒家在此基礎上擷取精華，形成了個人、家庭、國家、天下的道德倫理觀，並形成了一種沒有外在祭典形式的道德宗教，但是在春秋戰國，儒家出現的時代，也不過是諸子百家中的一種學說而已，完成國家統一的主要靠法家的力量。

法家在打破舊的以血緣關係爲核心的宗法制度，打擊諸侯、保護王權、形成統一的過程中起到了決定性作用。但是法家的刻薄無情，殘暴寡恩也導致統治階級與被統治階級矛盾尖銳，秦朝的快速滅亡，給取代它的漢朝統治者帶來了深刻的反思，漢武帝對儒家的加以利用，或者儒家的主動投懷送抱，都是歷史的必然。

儒家並沒有對政體本身貢獻出思想，政治實體由部落聯盟發展到「國」概念，在周天子分封諸侯的時候已經完成。儒家的貢獻在於對政治的超越性，即意識形態貢獻了思想。統治者皇權的合法性來自於「天賦」，這是漢武帝想要的結果，儒家把皇帝定義爲天子，而不直接稱之爲「天」，是在人間最高的統治者的頭頂上籠蓋了一層道德的無形力量，天子的力量來自於天道和天理，這是儒家的智慧，也是中國政治的無奈。

問題在於道德本身是建立在人的個體精神性上，屬於個體生命的精神性範疇，是否合適擴展到一個團體整體的行爲規則，如果可以擴展到整體的行爲規則，那一定會對個體生命的精神性造成部分抹殺，因爲道德是很個人的因素，每個人道德邊界是不同的。並且以德治國，對於那些具有行爲自覺，精神性飽滿的人來說是沒有問題的，而對於社會中大多數生活在物質短缺基礎上的人類來說就是一個很大的難題，即使對當今社會來說，具有自覺道德實踐性的人也是少數，多數人生活在物質屬性之中，道德治國的缺陷在於捨多數而取少數。

所以中國歷史體現出來的現象是：每一個統治者都在建立道德標準，並且對道德標準具有解釋權，而實際的處罰依然是嚴酷的權力，表面上是道德決定著法律的走向，比如「春秋決獄」。而實際上，政治權力比拼的是實力，比拼的是軍事力量，所謂的道德殺人，實際上是統治者殺了人以後，又給自己披上了道德的外衣，嫁禍於道德本身罷了。

道德本身沒有錯，儒家的錯在於占據了意識形態的上層，但對國家治理層面毫無辦法，顯示出有德君王在位的時候四海昇平，無德君王在位的時候德喪國敗。所以在中國從來沒有政教合一的時刻，道統和政統永遠是兩張皮，完全取決於統治者的個人德行，統治者德行好的時候，政統和道統完美融合，統治者德行差的時候，政統和道統分道揚鑣。那麼也就遺留下這樣的一個政治頑疾，無論時代如何變化，統治者總希望把自己的統治建立在一種完美的道德性上，必須要對自己進行道德的包裝，道德越來越不值錢，成爲抹髒的布，爲統治者遮羞，一部中國政治歷史充滿了假大空，貽害至今。

西方政體形式來源於古希臘，古希臘地處愛琴海地區，海洋氣候的變化莫測容易使人聯想，有一個超級的神族存在，因此啓蒙時期的古希臘諸神林立。海上貿易的頻繁容易使人們形成原始的契約精神，人口的流動又形成大大小小的城邦，古希臘的人就產生於城邦之中。

沒有和土地的勾連，只有和貿易千絲萬縷的關係，城邦政治以一種「共和」的形式存在著。

「共和」一詞來源於拉丁語，意思是「公共事務」。共和制是指國家權力機關和國家元首由選舉產生並有一定任期的政權組織形式。共和政體區別於君主政體，而且是作爲君主政體的對立面存在的。在奴隸制時代，古希臘和古羅馬都曾實行過共和制。出現過貴族共和制和民主共和制。貴族共和制是在少數奴隸主階層中選出豪紳顯貴執掌國家權力；民主共和制是在公民中選舉產生國家政權機關。這顯然區別於中國由家族血緣組成的宗法制度，而是由不同姓氏的人聯合掌握權力。

這個傳統延續到後來出現的羅馬帝國，在世界歷史中，存在時間最長，影響區域最廣的羅馬帝國，最初是由城邦擴張發展起來的。同盟城邦搭夥擴張，歷經一次次戰爭，一次次挫折，抓住歷史機遇，發展成環抱地中海，地跨歐亞非的大帝國。古羅馬先後經歷羅馬王政時代（前753～前509年）、羅馬共和國（前509～前27年）、羅馬帝國（前27～476年/1453年）三個階段。探究古羅馬帝國的政體，即使到了君主制的帝國階段，國王的權力也在制衡中，君主也是貴族內部由軍事強人相繼執政，並沒有血緣世襲關係，並且共和制的影響深入人心，執政官、元老院、平民官三權分立貫穿始終，這是近代歐洲民主制度的雛形。

西羅馬帝國消亡後的歐洲，城邦林立，形成大大小小的國家，基督教在社會生活中占了絕對統治地位，教皇成了仲裁各封建主矛盾的最高權力擁有者。中世紀歐洲事實上形成了教皇代表的神權，封建主代表的君權，各城邦領主和騎士代表的貴族層、以及城市平民組成的平民層，階層自然而然形成，有的地方形成城市共和國，由城市公民選出貴族富商掌握政權，如義大利的威尼斯、熱那亞，法國的馬賽，俄國的諾夫哥羅德等曾採用共和制。在封建制度下，封建君主制占統治地位，這時的共和制其實質仍然是封建地主階級專政。

文藝復興以後，城市貴族及農村封建主逐漸轉化為資產階級，資產階級因生產關係的先進性，很快走上了歷史舞臺，成為一支龐大的力量，他們的發展勢必與封建君主體系產生矛盾衝突，在17、18世紀，歐洲各國相繼爆發了資產階級革命，資產階級逐漸掌握政權，世界歷史進入資本主義時代。

伴隨著資產階級革命，哲學家盧梭，孟德斯鳩、霍布斯相繼續推出了社會契約論、天賦人權、三權分立、公民財產權不受侵犯等一系列學說，深刻影響著歐洲資產階級革命，為資產階級革命的正當性提供了學術基礎。整個近現代社會，西方政治形態發展，就是按照社會契約論，三權分立等理論奠基而成。民主與法治貫穿了歐洲政體產生始終。

無論東方君主專制模式或是西方民主分權制模式，我們在探究其政體變化同時，也難免感慨，人類目前出現的政治體制，既是出於歷史習慣，也是出於利益計較選擇，都有其極大不完美處。

東方政治以家族血緣關係為紐帶，發展出的君權實為一家之權，國家興亡，匹夫有責，是知識份子一廂情願的感慨，清朝的乾隆皇帝曾經嘲笑道：朕的國家興亡，與你們有什麼關係？我們需要探討的是，為什麼君主制國家曾經在世界歷史上，留下了非常輝煌的文明，高效率和統一的生產運作，社會各界井然有序的生活，比如：中國的漢唐盛世。

而在另一方面，西方民主制度自詡為目前人類最好的政治制度，在保障人權和各階層利益上有獨到之處，但是民主協商制度也存在著不同的弊端，很難凝聚起全民的力量，社會總是以各黨、各階層的深刻矛盾和相互制約平衡為基礎。特別是面對全球性問題，如恐怖主義、貿易全球化、生態環保、氣候變化、文化衝突等，缺乏政策的一致性和連貫性。

至今為止，控制人類政治發展的兩大模式都有現實的不完美處，而其手段，無非兩種：道德與法治，無論道德與法治，其核心原則是「止」，即控制人類的欲望，但是，著重點是不同的。

西方的民主與法制，是有前提的，即承認社會是有階層的，皇帝、貴族、市民代表了社會各階層，也承認各階層是有對立矛盾的，所以各階層要訂立契約或者憲章，在鬥爭中爭取各自的利益，所以西方民主是代表一個團體，代表一個階層的，並不是個人一種絕對自由，也就是說民主的框架是在政治領域，並不能把民主氾濫到社會生活及個人私德領域，如果氾濫民主，則老師不能管學生，家長不能管孩子，夫妻講民主只能相敬如賓，所以在社會生活中人們要遵守的是法律。法律就是約束人的，是在尊重人的基本權利基礎上對人的行爲嚴格約束，法律只是規定在政治領域的原則是民主，除開政治領域人並不能任性胡來。即使在政治領域，每一個階層的權力界限，也是通過談判或契約方式，非常清晰的存在，任何階層不能越界，「止」的原則，無論在社會生活中的法律，還是在政治生活中的民主，無處不在。

中國等東方國家的政治，在思想上重視一種恆常性，這與西方國家重視經驗法不同，在西方國家，變是唯一的不變，利益總是隨時在調整，沒有永久的敵人，也沒有永久的朋友，只有永久的利益。中國的古代政治強調「常道」，把政治理想安排在禮法之中，並且「常道」可以不隨政權更替而改變，即使是少數民族掌握政權，也得認可此「常道之政治法則」，因爲這是來自天理，來自天地秩序，這一點，應該成爲人類政治發展的寶貴經驗。

同時，中國的古代政治，重視道德教化和王道思想，類似於西方的普世價值，雖然在政治的實踐中，很難實現，但是因爲有高懸的政治理想，歷代帝王的執政標準清晰可見，從帝王死後，後世給予的「謚號」也能看出對帝王是有內在評價標準的。

中國政治弊端是道德標準由統治者發出，並且道德和法律的界限不清，除了統治者之外，其他各階層，都沒有權力參與法律的制定，這樣就形成了獨裁體制。在東西方文化融合的今天，政治制度相互參考尤爲必要，權力分蛋糕模式，如何制定，考驗的是民族文化智慧。

如何讓每一種權力不能越界，如何使道德生活和法律生活各司其職，如何使政治常道與權謀分離，這其實是東西方政治文化共同面臨的問題。

第三節　止以節欲

愛欲之人，從古至今，絡繹不絕，似乎從亞當和夏娃突破禁忌之後，人類就再也無法擺脫欲望的糾纏。

古往今來，英雄難過美人關，從平民到君王，從英雄到聖賢，都擺脫不了性欲的吸引。

物有陰陽，人有男女，電有正負，欲望就是人類的本能，是肉體與生俱來的能力，既然同性相斥、異性相吸是自然界規律，爲什麼還要克制欲望呢？

陰陽觀念，是中國人的宇宙觀，是對世界物質二元對立統一的總體觀念，就如太極圖顯示那樣。但是太極圖是一個靜態理想平衡圖，在實際生活中，從來也沒有那種絕對平衡，絕對靜態，多數時候展示的是陰陽力量此消彼長，相互作用，大量交叉空間爲「灰色」地帶，人也一樣，在平常時候，並不能看出陰陽狀態，而呈現相對模糊，這是「藏」性的狀態，這個狀態實際是自然界的啓示，自然界不能每天都雲行雨施，多數是風輕雲淡，只有氣流碰撞激烈時候，才會雲雨激烈。

性的吸引在身體上是本能的，就如同陰陽相吸，是自然規律，就著自然規律我們也會觀察到，凡是對立物質相互吸引到達一個臨界點，必然有一次深刻而且慘烈的「革命」，對撞之後，會徹底改變現有狀態，到達另一個平衡，但是原有平衡就「覆水難收」了。

人類之初，就是完全無意識的自然性行爲，經過了混亂蒙昧時代，又經過了以母系爲核心的氏族時代，這時的人類，已經有了財產權概念，是爲了繼承財產而按照母系來世襲血統，從簡單的分工也可以看出，女子從事的職責比男子從事的工作有比較穩定的特徵，是可靠的生活來源，她們是氏族組織中的重要成員，她們的活動是爲了氏族集體利益，對維護氏族的生存和繁衍都起著重要的作用，因此女性在氏族社會裡占有重要地位，普遍受到重視。

母系社會的特點是：子女跟隨母親，因此是無父無夫的國度。在原始社會，物質條件極其有限情況下，氏族是人們賴以生存的基礎，血緣關係是維護氏族成員的紐帶，相互保護，並按照性別和年齡進行分工。如青壯年男子擔任狩獵捕魚和防禦野獸的任務，女性擔任採集食物，燒製食品，縫製衣服，養育老幼等繁重任務，老人和小孩從事輔助性勞動。

由於出現了社會分工和財產繼承，人類的男女性行爲開始有了內外分別，在母系社會出現了族外婚，其實是族外性行爲，（婚姻作爲一種人類文明標誌其實是在父系社會出現後才逐漸形成的）族外性行爲的出現，標誌著人類開始對性的社會功能有所重視，性行爲不再是自然的動物能力，而是有了一個界限和範圍，雖然這個範圍很模糊，但是族內與族外的分別已然是一個巨大進步，性的範圍選擇，是人類利益權衡的結果。

隨著人類生產能力的提高，畜牧業和農耕業取代了狩獵，男人的作用在生產中超越了女性，男人逐漸成爲生產活動中主要力量，女人成爲從屬力量，傳統的族外婚（性）子女只認得母親，不知道父親，並且財產的繼承只能留在女方氏族內部，這與男權上升是相背離的，因爲父親創造的財富要遠遠大於母親，在這種情況下人類進入了父系氏族，妻子從夫而不再是夫從妻子，財產由子女繼承，世襲按父系計算，於是父權制氏族公社被確立起來。

父系社會是私有制的開始，男子處於中心地位，這個時候的婚姻形式，由族外群婚（性），發展到一夫一妻或一夫多妻形式，由於涉及到財產的分配，妻子的數量進一步得到了固定。

由此看出，人類從無固定性行爲活動走到了固定性行爲的婚姻制度，實質上最大的限制來自於財產分配問題，這是一個由自然人走向社會人的過程，也是一個利益計較後相對平衡的結果。換句話說，婚姻從來就不是

人類自然的選擇，而是社會發展的選擇。

而人類最後明確規定的一夫一妻制婚姻，是基督教產生後宗教與道德的結果，最終通過國家法律形式得以確認，這個時候的人類，才把性行爲和精神生活結合起來，才把財產權分配和婚姻制度結合起來，才把道德標準與婚姻忠誠掛鉤，無故脫離婚姻制度的一方總會與不道德相關。

愛情呢？愛情何時出現，與婚姻什麼關係呢？

愛情從來與婚姻無關，它是人類精神的本質屬性，是一切對異性發出自己內心最高喜歡的抽象原則，它的具體對象總是變化，而核心不變，這就是爲什麼愛情原則永存，而負心之人絡繹不絕的原因。

婚姻從開始就是一個經濟利益平衡的結果，以後也是，只要人類存在私有利益，就會有婚姻形式存在。把婚姻忠誠作爲道德標準實際是人類用共有價值降臨到個人價值觀的結果，雖然不是人類本性，但是對人類有好處，所以道德宗教必須對婚姻形式的完美性給予包裝。

那麼，留藏在人類血液裡的那個原始而自然的性欲呢？

在婚姻形式出現以後，這種原始的性行爲只能在「不合法」的狀態下出現，凡不願意在打破財產分配權的情況下通過支付財物與配偶以外的人發生關係，這是一種「有償出軌」行爲，反映了人類想以少量財產能力去追求婚外性的行爲活動，這是人類自然性結果，是人類嫖妓、養妾、保養外房等一切現象的本質。違反的是婚姻法，而婚姻法本質上是財產權法。

另一部分男女，也許不涉及財產權的分配，單純從肉體之歡考慮，發生性行爲，違反的是「道德法」，這是人類給自己加入的婚姻倫理範疇，所以這類歡樂都是一種「偷歡」，是在道德之外的人類性行爲。

而我們現在要探討的是，排除道德法和財產權法，人類自然殘留的性本能，是否合自然法？爲什麼要「發乎情，止乎禮」？

從人類的自然本能上來看，男女之情就是性的外化，沒有性吸引的基礎，異性之間很難產生好感。如果我們不考慮婚姻狀態，不考慮道德約束，單純從男女性吸引來分析，每一個人（無論是否在婚姻狀態中）與另一個人（無論是否在婚姻狀態中）所產生的性關係，本身就是從一種陰陽平衡的狀態進行自我的打破，雲行雨施後，要產生劇烈的變化，無論外在或是內在，一個自然狀態性行爲也會引起業已形成的社會狀態（婚姻形態）發生內在變化，這種變化，會產生兩種結果，一種是形成另一個陰陽平衡狀態的婚姻存在，或者會形成一個或兩個人因爲保持平衡而發生內在人格分裂，由一個愉快的性行爲而額外產生了有心理負擔的精神生活，這就是人類現在的圍城現象，所謂「城裡的人想出去，城外的人想進來」，其實就是處於陰陽變化中的人並沒有承擔後果的思想準備，也就是人們常說的每一次放縱，必將帶來一次痛苦，放縱越多，痛苦越多。

自然屬性特別強烈的年輕人，也許並不認可這種說法，可是人類的無奈在於人不僅僅是自然屬性的人，而且也是社會屬性的人，打破一種陰陽屬性，或者享受一種陰陽媾和，就會對原有自然屬性平衡破壞或重組，並且一定對人的社會屬性產生影響，所以，有生活經歷的人會逐漸認識到這樣的變化，開始反思自己的自然屬性，最後回到「發乎情，止乎禮」的道德軌道上。情是自然屬性，禮是社會屬性。

人類的實踐史表明：無論是社會屬性產生的婚姻制度，或者是自然屬性產生的自然性行爲，放縱都不是長久之計，都要不約而同的回歸到「止」的軌道。

「止」以節欲，也是人類必然的推演。

紅塵中的男女，也許還會遊蕩很久，但是有一條鐵律亙古不衰，無論你走多遠，想讓自己無所負擔且幸福的活下去，遲早會走到「止」的境界中。

第四節　止以破知

知識是一種障礙，很多人並不清楚，它來源於人類對世界的認識。

人類對於宇宙是一種有限的存在，即使對於地球來說，在人類沒有出現之前，地球已經至少有46億年的客觀存在。

這種自然存在的歷史對人類沒有意義，自然史這個概念也是人類出現以後的觀念，沒有人參與的宇宙，無所謂時間，無所謂空間，無所謂品質，無所謂範疇，無所謂歷史，無所謂生死，只是宇宙的自然態。

有了人類的出現，自然史和人類史正式形成，因爲人類要認識這個世界的本身。

宇宙的眞相是什麼？在哲學上是本體論問題，這是人類的終極問題。

正是因爲人對宇宙終極問題的探索，形成了人類的知識。

人類對於宇宙眞相的表達從最初的聲音、簡單的圖形、簡單的音樂發展到簡單的語言和文字，在文字基礎上形成語言邏輯。換言之，現在人類所擁有的音樂、舞蹈、藝術、文學、科學、哲學、宗教等都是人類表達對宇宙實相的認識方式，語言和邏輯承擔了重要功能，也間接說明語言、邏輯和其他表達方式，諸如舞蹈、音樂、美術、攝影等表達方式一樣，都不過是人類認識世界的工具，並不是世界實相的本身。

並且這種表達方式由於人的有限性，從文字最初出現的那一刻，就體現了一種對宇宙眞相的縮小。所謂：「道可道，非常道；名可名，非常名」，就是這個道理，老子甚至認爲，即使「道」這個詞也是勉強說出來的，無法表達宇宙的無限性：「有物混成，先天地生。寂兮寥兮，獨立不改，周行而不殆，可以爲天下母。吾不知其名，字之曰道，強爲之名曰大」。

所以人類一切用文字語言所表達對宇宙眞相的認識，從名字誕生那一刻起，就註定會限制和縮小「眞相」。因爲語言和邏輯是由人這個有限存在體思維所產生的認識世界工具，而由語言和邏輯，層層堆切，添磚加瓦，構成了人類迄今爲止一切學科知識，並且這些學科知識印刷在書本上，成爲知識份子認識世界的必經之路，但是，現在有很多人把這些由語言和邏輯堆切的材料當做了宇宙的眞相，實際上文字語言邏輯越發達，我們離宇宙的眞相愈來愈遠。這就是所謂的「爲學日益，爲道日損」。

古人對此非常清楚，也對由文字和語言這些認識世界工具所組成知識保留著警惕，並且古人對人的有限性有更清醒的認識，莊子曾經有言：「道術爲天下裂」，假如道是一個完整的「一」，由於每個人個體有限而形成的認識，只是一個「洞見」，就像從一個洞裡觀看世界一樣，世界由此而分裂，形成各種各樣的宗教和信仰、觀點與矛盾。

現今世界上存在的各種學科分類，哲學與宗教的對立，觀點與見解的分歧，不過是人類認識世界各種「洞見」，都有一葉障目的特徵，從出發點就有先天局限性，從本質上說，一切科學、宗教、哲學這些由文字和語言堆砌的「理念」都與世界的眞相無關，只不過是由認識世界工具所表達的「另一個世界」。而人類的悲劇在於迷信這些工具。

很多知識份子並不能體會六祖慧能這類天才人物的見識，而是抱殘守缺，把他們所背誦和掌握的資料當作世界眞相，乃至於知識越高，見識越短，解決實際問題的能力越小，更有甚者，沾沾自喜，用自己所掌握的知識，去貶低和看不起別人，去照亮別人的醜陋，這是猥瑣的小人行徑。殊不知知識是用來擴大人的心胸，用悲憫之心照亮別人的優點，而感同身受別人的缺憾。

所以，中國古代的儒家把這種寫在書本上的知識當作「聞見之知」，認爲這種知識是下一個層次的事情，而眞正最重要的知識是「德性之知」，就是關於道德倫理價値和信仰的知識，就是通向至善的知識，就是良知。

王陽明先生提出的「致良知」和「知行合一」，就是面對知識最好的態度。

「致良知」最初語出《孟子．盡心上》，孟子曰：「人之所不學而能者，其良能也；所不慮而知者，其良知也。孩提之童，無不知愛其親者；及其長也，無不知敬其兄也。親親，仁也；敬長，義也。無他，達之天下也。」

《大學》也有「致知在格物」語。王陽明認爲，「致知」就是致吾心內在的良知。這裡所說的「良知」，既是道德意識，也指最高本體。他認爲，良知人人具有，個個自足，是一種不假外力的內在力量。「致良知」就是將良知推廣擴充到事事物物。「致」本身即是兼知兼行的過程，因而也就是自覺之知與推致之知合一的過程，「致良知」也就是知行合一。「良知」是「知是知非」的「知」，「致」是在事上磨煉，見諸客觀實際。「致良知」即是在實際行動中實現良知，「致良知」是陽明心學本體論與實踐論直接統一的表現。

陽明先生的「知行合一」思想包括以下兩層意思：

一、知中有行，行中有知。王陽明認爲「知行」是一回事，不能分爲「兩截」。「知行原是兩個字，說一個工夫」。從道德教育上看，道德意識離不開道德行爲，道德行爲也離不開道德意識，二者互爲表裡，不可分離。知必然要表現爲行，不行不能算眞知。道德認識和道德意識必然表現爲道德行爲，如果不去行動，不能算是眞知。王陽明認爲：良知，無不行，而自覺的行，也就是知。

二、以知爲行，知決定行。王陽明說：「知是行的主意，行是知的工夫；知是行之始，行是知之成」。意思是說，道德是人行爲的指導思想，按照道德的要求去行動是達到「良知」的工夫。在道德指導下產生的意念活動是行爲的開始，符合道德規範要求的行爲是「良知」的完成。

對於知而不行的時弊，王陽明有這樣一段一針見血的話：「今人卻將知行分作兩件去做，以爲必先知了，然後能行，我如今且去講習討論做知的功夫，待知得眞了方去做行的功夫，故遂終身不行，亦遂終身不知。此不是小病痛，其來已非一日矣。某今說個知行合一，正是對病的藥。又不是某鑿空杜撰，知行本體原是如此。」。他認爲「眞知即所以爲行，不行不足謂之知」、「知是行之始，行是知之成」，又強調「聖學只是一個功夫，知行不可分作兩事」。王陽明把執行範疇中的知理解爲良知，認爲聖學功夫即致良知。

按理說，陽明先生對「致良知」和「知行合一」的哲學表達是清晰的，即使這樣，在他生前還是對後人對此理解表示了一種深刻的擔憂，他認爲，自己提出「致良知」和「知行合一」，是經過百折千磨、事上磨練，用生命來體悟出來的眞理，後人有可能把它當做了文字說教浮在表面看待，果然不幸而言中。王學後期，教派支離，有些弟子故弄玄虛，背離了陽明先生初衷，把「致良知」和「知行合一」又當作書本知識和道德要求強加給別人，空談誤國，以至於後世把明代衰落責任推到陽明心學身上，對明代後期東林黨人平時空談心性、亡國時一死了之做了刻骨的揭露和批判。

而作爲鄰國日本，反而深刻體會陽明心學的精髓，《日本之陽明學》作者高瀨武次郎曾言：「大凡陽明學含兩種元素，一曰枯禪的，一曰事業的，得枯禪之元素者可以亡國，得事業之元素者可以興國，中日各得其一」。日本人掌握了陽明心學的實踐精神，明治維新實現了國家強盛，而中國流於理論空談，在晚清走向了衰落。

研究陽明心學後世的誤解與支離，我們發現重點在於對「知」的理解。雖然陽明先生直接點出「知」只是德性之知，是良知，屬於道德範疇，但對於現代人來說，更願意把其當作科學知識，因爲朱熹有言：「格物在致知」，不得不說朱熹的格物窮究萬物之理，更符合現代人直觀體驗，也是陽明心學與朱熹理學分歧所在。即使陽明先生下了很大的功夫把「知」當做德性良知，後人依然前仆後繼走到了科學路上，把「知」當作萬物客觀之理。

因此我們認爲，王陽明先生的「知」，雖然解釋成良知，但是並不究竟，間接性太強，在操作性上有些牽強，因爲良知是一種本體的存在，一個人即使知道良知，就好比知道上帝一樣，我知道上帝的存在，並不代表我知道應該怎麼做，因爲我應該怎麼做是一個實踐的範疇，我知道良知也一樣，並不代表我知道我該怎麼做，儘管王陽明先生說，知道良知，不知道怎麼做，就代表不是眞知，而事實上，確實存在有些人，你只告訴他一種理論，在實踐上並不能行得通。

在實踐上的辦法，就一句話，知什麼？知止，止是實踐原則。「知止而後有定，定而後能靜，靜而後能安，安而後能慮，慮而後能得」。想得到一切的前提是知止。

「知行合一」在實踐上爲了避免支離破碎的理解，最好改爲「止行合一」。即一切實踐行爲的總原則是控制人的欲望，這是良知的實踐法則，也是人類信仰和宗教的實踐原則，想要到達至善，前提是「止」。

人類的任何實踐行爲，如果在前提上介入了「止」的原則，就與良知本體大道相合，必將到達至善的彼岸。

第十章
止學與人類的未來

第一節 越界止學與政治、經濟、軍事

人類最初創造這個世界，從物質產品到精神產品，及至產品的流通，最後到形成延伸性抽象的產品管理組織，大致遵循著以下一條線索：獨立創造生產物——與他人創造的生產物交易或者掠奪——對本部落的創造物以及從他人部落掠奪來的創造物進行再次分配，從而產生權力的雛形——**因財產的分配權越界和放大權力**，進入其他領域，如剝奪他人的生命權，發言權等，形成政治權力和軍事權力——權利的維護和壟斷產生軍隊、監獄等國家機器，形成政治實體，即國家初步形成——國家形成後爲強化國家的合法性，引入意識形態（宗教或者准宗教）、推廣外交政策、經濟政策、軍事政策等方略。

由此看，儒家在西漢時，被樹立爲國家意識形態，完全是被動的，只不過儒家基因裡關於道德來源和價值來源說法符合統治階級的需要，統治階級進行了改造（或者說儒家有意妥協），道德從私人領域又越界到公共領域，成爲全體國民的共同準則。道德從一種靈活的個人原則，演變成一種死板的公共原則，儘管有不盡人意之處，但是，裝飾了統治階級越界的合法性。

儘管道德原則有普世的價值和特徵，如仁義禮智信等，但是降臨到每個人的頭上，本應該是是靈活的，展現出每一個人的生命與他人生命的不同之處，生命由此而燦爛和多元。而道德一旦演變成一種死板的原則和統治階級的意志，就會扼殺人性，扼殺創造力，扼殺人的相對自由。

而我們恰恰不能就此把所有的負面包袱推給道德，推給道德宗教，比如儒家。道德宗教本來就是由於統治階級階級的「越界」而被強行拿來裝

飾的工具，他從來也沒有在實際政治生活中起作用，政治史的全部過程告訴我們，道德從來沒有在實際的政治舞臺上占過上風，相反，政治史體現的是一部流氓成功的非道德歷史。

另一條線索，按照人口繁衍順序，從氏族部落發展到共同語言，共同文化心理（民族），最後又形成國家，國家在一定程度上代表了一部分人的整體利益，代表了一部分人的榮譽感，統治階級願意把這種抽象的榮譽感上升爲愛國情結，維護其統治。其實這種抽象的榮譽感並不給國家每一個人帶來實際的好處，往往只有統治階級的好處。

國家一旦形成，標誌著人類的自我解放終結，人類歷史進入國家時代，人人有國成爲事實，在現代社會，失去了國家的人相當於被人類拋棄。

在國家的框架下，政治、經濟、軍事是國家最重要的大事，一切人類活動都是在此框架下展開，我們有必要簡單討論下，從氏族部落到國家，人類發生了什麼變化。

在中國，原始社會的社會組織是建立在血緣關係基礎上的氏族部落，社會秩序的維持主要是依靠習慣、傳統力量以及氏族首領的威信。這種制度是質樸而美妙的，但也是註定要滅亡的，國家就在氏族制度改體的過程中一步步建立起的。

按照馬克思的觀點，國家是經濟矛盾不可調和的產物，財產私有化一經確立，社會就分裂爲相互敵對的階級而陷入自身不可解決的矛盾之中，占人口少數的有產階層，爲了維護對奴隸、平民的剝削和壓迫，保護自己和社會不致在殘酷的無休止的鬥爭中陷於毀滅，就必須要建立一種有組織的、特殊的暴力工具以緩和衝突，把衝突保持在一定的「秩序」範圍內，這種有組織的、特殊的暴力工具最高抽象就是國家。同時，由於社會職能進一步分化，從而爲社會提供了專門的官吏和武裝部隊，於是，一個完全脫離社會生產，脫離廣大群眾，專門從事階級壓迫和社會管理的特殊機構——國家機器終於建立起來了。

國家和氏族組織的主要差別

一、國家是按地域來組織居民，而氏族是按血緣關係劃分的。

二、特殊的社會權力機構建立，即出現了專門的武裝隊伍和各種強制機關，以及專門掌握這些權力的官吏。

三、爲了維持這些權力機關，需要有專門的經濟來源，就是捐稅和國債。

上述三個特徵是原始社會沒有的，而當這些新特徵完全具備的時候，也就標誌著國家機構形式的形成。

中國國家的發展經歷了分封治國家和郡縣制國家，分封制國家具有血緣統治的特徵，春秋戰國的歷史表明，在財產和權力面前，血緣關係弱不禁風，私有制具有摧毀一切的魄力。

郡縣制國家體現的是一家之天下，那這一家人就要爲全體人承擔無限的責任。政權更迭一定是到了不可收拾的地步，通過暴力來改變，其慘烈無與倫比，乃至很多帝王的後世也在哀歎：轉世絕不生在帝王家。

在西方，關於國家的形成大概有以下幾個來源說法：

一、神授說：神權論認爲，世俗國家的君主是代表上天對世人進行統治的，即所謂「君權神授」。歐洲中世紀神學家托馬斯．阿奎那把理性引進神學，用「自然法則」來論證「君權神聖」說。

二、自然主義觀：古希臘哲學家亞里斯多德提出，人天生是政治動物。

三、契約論：把國家的產生說成是人們相互之間或人民同統治者之間相互訂立契約的結果，即國家是共同協議的產物。由啓蒙思想家盧梭、孟德斯鳩、洛克、霍布等人相繼完成。

四、社會分工說：美國思想家摩爾根在科學上第一次將人的社會關係區分爲物質的社會關係和思想的社會關係。物質的社會關係指婚姻形式及其產生的親屬關係；思想的社會關係指親屬制度，是婚姻形式及其產生的親屬關係的確切反映。摩爾根認爲，人類的「生存技術」是社會歷史發展長河中的第一類「事實」。此外還有三類「事實」，其一爲政治制度，包括以血緣爲基礎的「氏族社會」和以地域、財產爲基礎的「政治社會」（《古代社會》入第61頁）；其二爲「家族制度」；其三爲財產制度（同上書，《序言》第2頁）。摩爾根說：「各種社會制度，因與人類的永恆需要密切相關，都是從少數原始思想的幼苗發展出來的；它們也同樣成爲進步的標誌。」可見這後三類「事實」，並非發端於「生存技術」，而是從「思想的幼苗發展出來的」，國家是社會分工的產物。

五、階級論：馬克思認爲隨著經濟發展，私有制的產生導致了不同階級的出現，從而形成了國家。

20世紀中葉，經過兩次世界大戰，世界上多數國家進入了現代制度的國家類型，現代制度的國家類型基本分爲：資本主義國家和社會主義國家。

資本主義國家是指以資本爲紐帶，資本家占有生產資料、實行雇傭勞動制度爲基礎，由資產階級掌握政權的國家。資本主義國家以機器大量生產代替個體生產，生產力比封建社會有極大提高。商品生產和交換成爲普遍的形式，勞動力也成爲了商品。19世紀末20世紀初，資本主義國家完成由自由資本主義到壟斷資本主義的過渡，壟斷資本的特性導致了必須占有全球化的資源，資本主義各國之間的矛盾不可調和，爆發了人類史上最大的兩次全球性戰爭，戰爭的慘烈使資本主義國家重新審視國內各階層矛盾的調和，重視工人福利和社會保障，控制軍國主義全球擴張，用法治保障社會各級層利益，迎來了資本主義的二次繁榮。

社會主義國家，一般指實行社會主義制度的國家。標誌是共產黨（工人黨或勞動黨）執政，由於社會主義國家普遍實行一黨制或一黨專政制，且是共產黨（工人黨或勞動黨）執政，因此在世界上又被稱爲「共產主義國家」。社會主義（socialism）是一種社會學思想，誕生於16世紀初，主張整個社會應作爲整體，由社會擁有和控制產品、資本、土地、資產等，其管理和分配基於公眾利益。19世紀30至40年代，「社會主義」的概念在西歐廣爲流傳，發展出不同分支。馬克思和恩格斯對社會主義發展出了他們的理論體系，亦認爲社會主義社會是資本主義社會向共產主義社會過渡的社會形態。

19世紀30年代至40年代後，馬克思、恩格斯科學總結歐洲工人運動的經驗，批判地吸收了空想社會主義，創立了科學社會主義，並使之與國際工人運動緊密結合起來，得以在工人階級中迅速傳播，空想社會主義的影響逐步走向衰落。馬克思、恩格斯爲創立科學社會主義理論體系寫下的著作主要是：《1844年經濟學哲學手稿》、《〈黑格爾法哲學批判〉導言》、《論猶太人問題》、《政治經濟學批判大綱》、《神聖家族》、《英國工人階級狀況》、《德意志意識形態》、《共產主義原理》、《共產黨宣言》、《1848年至1850年的法蘭西階級鬥爭》、《資本論》、《法蘭西內戰》、《哥達綱領批判》、《反杜林論》、《社會主義從空想到科學的發展》等，還有他們寫的其他一些重要文章和書信。在這些主要著作、重要文章和書信中，馬克思、恩格斯運用全新的世界觀和方法論，闡述了科學社會主義的理論基礎，科學社會主義的基本原理以及科學社會主義的實現條件，形成了十分完備的理論體系。

1848年，以《共產黨宣言》的誕生爲標誌，社會主義由空想變成了科學，社會主義也由理論變成了現實。1917年，人類歷史上第一個社會主義國家在俄國誕生了。蘇聯無產階級政權的建立和社會主義制度的建立，使社會主義由理想變成了現實。第二次世界大戰以後，社會主義由一國實踐變成了多國實踐，並形成了社會主義陣營，從而結束了資本主義一統天下的局面。這個階段，是社會主義由理想變成現實的初創階段。

但是，蘇聯模式的社會主義經過近半個多世紀的發展，並沒有充分顯示出自身的優越性，反而陷入僵化和教條的桎梏而裹足不前，在國內外複雜因素的作用下，蘇聯解體，東歐劇變，國際共產主義運動遭受了有史以來的最大挫折，這是社會主義運動遭遇挫折的階段。

總結而言，國家的發展本來就是人類化成天下的產品，創造產品，化成天下是人類的本能，本質上是解放人類完成自由，而現實與初衷恰恰相反。如果說人類有一個共同的、最大的化育產品的話無疑就是國家。國家既保證了人們的權力，也在一定程度上干預了人們的權利。

那麼人類可以擺脫國家形態而存在嗎？就目前的現實來看，沒有任何一個人，可以脫離國家的形式而存在，但按照人類發展的規律來看，未來人類要實現自身的解放和自由，一定會擺脱國家的形式。

馬克思把實現人類解放的社會理想置於人類社會發展的歷史進程中，認爲國家的消亡是歷史發展的必然。國家消亡是歷史發展的必然結果，但它的實現是以一定的歷史條件爲前提的。那麼國家將在什麼條件下消亡？馬克思從經濟基礎、政治前提和思想文化條件等方面展開了可能性論證。首先，共產主義經濟的高度發展是國家消亡的經濟基礎。馬克思說：「在共產主義社會高級階段，在迫使個人奴隸般地服從分工的情形已經消失，從而腦力勞動和體力勞動的對立也隨之消失之後；在勞動已經不僅僅是謀生的手段，而且本身成了生活的第一需要之後；在隨著個人的全面發展，他們的生產力也增長起來，而集體財富的一切源泉都充分湧流之後，——只有在那個時候，才能完全超出資產階級權利的狹隘眼界，社會才能在自己的旗幟上寫上：各盡所能，按需分配！」可見，馬克思認爲在高度發展的共產主義社會，私有制被徹底消滅，生產力極大提高，物質產品極其豐富，「三大差別」不復存在，從而從根本上消除了階級產生的可能性和存在的經濟根源。

馬克思基於共產主義的設定，提出了國家消亡理論，雖然存在著極大的理想主義色彩，但是至少爲我們提供了一個思路：人類社會發展的歷史進程，必須把人類的解放作爲最終目標。在經濟的高度發展後，人類應該做減法，把自己所創造的最大的副產品——國家，實現消亡。

回歸到現實層面，資本主義以資本爲紐帶，通過商品交換實現社會進步，本質上是物質中心主義，缺乏人文關懷。而社會主義雖然以生產資料的社會共同占有爲基礎，追求共同發展和終極平等自由，但是長期剝奪個人權利和自由，也呈現了一種不完善性。尤其目前世界上現成的國家實體，無論是共和體制還是民主體制，都是以西方的近現代政治理論爲基礎，民主、自由、公平、法治都是各國常用的政治辭彙，但是，內容解釋各有不同，也沒有什麼資本主義和社會主義原始的差別，有的就是傳統對現代社會的烙印，相互之間的攻擊，所謂生存權、發展權、平等權、民主權的解釋，也是基於各自的傳統和現狀，各說各話，五十步笑百步，都不可能從本能上反思人類的解放問題，更不會主動的去設計國家的消亡。

由國家而帶來的政治、經濟、軍事亦是如此，人類在不斷的做著加法，鞏固和強化著各自的統治，強權政治在全球並未消失，壟斷經濟進一步擴大，軍國主義隨時抬頭。

「止學」作爲人類歷史中永恆貫穿的實踐原則，已經明確的告訴我們，強權越大的國家越會作繭自縛，離人類的自由和解放日期遙遠，只有把國家形態裡統治階層已經越界跨越的權利收回來，只有把每一個階層的權利義務約束到一定的範圍內，只有人類的思想解放形成共識，願意共同約束和控制自己的願望，國家這個最大的外衣才能剝下來，人類才能實現自由解放。

儒家的未來，並不需要追求道德說教重新回到政治領域，因爲道德進入政治領域從開始就是一種越界行爲，是統治階級與儒家一次默契的合作。道德作爲個人修養工夫被越界和擴大，成爲統治階級越界擴大權力的幫手，統治階級通過制定共同道德標準把自己的統治手段合法化，這才是問題的關鍵。未來的社會，儒家如果試圖再讓道德返場，進入政治領域，會特別不合時宜，也不會成功。儒家應該把其在實踐領域最成功「止」的原則標準化，配合現代社會法制化的進程，讓權力和權力的分配回到各自軌道，把統治階級不能做的事情、應該被約束的事情說清楚、說明白，制度化、規範化，使儒家在實踐的道路上眞正與民主和法治擁抱，那麼，儒家的實踐論才會進一步發揚光大。「止學」作爲一種實踐的原則，並不是取代具體的制度，而是要時刻陪伴著制度，超前的設計著制度、監督著制度，貫穿人類政治、經濟、軍事的發展。

第二節　生態止學與環保

全球環境與生態問題目前相當嚴重，也被稱爲地球環境問題，指超越主權國國界和管轄範圍的全球性環境污染和生態平衡破壞問題，其對人類的影響和危害深遠，已經成爲人類不可忽視的大問題。

其表現現象爲：第一，有些環境問題在地球上普遍存在。不同國家和地區的環境問題在性質上具有普遍性和共同性，如氣候變化、臭氧層的破壞、水資源短缺、生物多樣性銳減等；第二，雖然是某些國家和地區的環境問題，但其影響和危害具有跨國、跨地區的結果，如酸雨、海洋污染、有毒化學品和危險廢物越境轉移等。當前，普遍引起全球關注的環境問題主要有：全球氣候變化、酸雨污染、臭氧層耗損、有毒有害化學品和廢物越境轉移和擴散、生物多樣性的銳減、海洋污染等。還有發展中國家普遍存在的生態環境問題，如水污染和水資源短缺、土地退化、沙漠化、水土流失、森林減少等。

全球環境問題雖然是各國各地環境問題的延續和發展，但它不是各國家或地區環境問題的加和，因而在整體上表現出其獨特的特點。

全球化：過去的環境問題雖然發生在世界各地，但其影響範圍、危害對象或產生的後果主要集中在污染源附近或特定的生態環境中，其影響空間有限。而全球性環境問題，其影響範圍擴大到全球。這是因爲：

一、一些環境污染具有跨國、跨地區的流動性：如一些國際河流，上游國家造成的污染，可能危及下游國家；一些國家大氣污染造成的酸雨，可能會降到別國等。

二、當代出現的一些環境問題，如氣候變暖、臭氧層空洞等，其影響範圍是全球性的，它們產生的後果也是全球性的。

三、當代許多環境問題涉及高空、海洋甚至外層空間，其影響的空間尺度已遠非農業社會和工業化初期出現的一般環境問題可比，具有大尺度、全球性的特點。

綜合化：過去，人們主要關心的環境問題是環境污染對人類健康的影響問題。而全球環境問題已遠遠超過這一範疇而涉及人類生存環境和空間的各個方面，如森林銳減、草場退化、沙漠擴大、沙塵暴頻繁發生、大氣污染、物種減少、水資源危機、城市化問題等，已深入到人類生產、生活的各個方面。因此，解決當代全球環境問題不能只簡單地考慮本身的問題，而是要將一區域、流域、國家乃至全球作爲一個整體，綜合考慮自然發展規律、貧困問題的解決與經濟的可持續發展、資源的合理開發與迴圈利用、人類人文和生活條件的改善與社會和諧等問題，這是一個複雜的系統工程，要解決好，需要考慮各方面的因素。

社會化：過去，關心環境問題的人主要是科技界的學者、環境問題發生地受害者以及相關的環境保護機構和組織，如綠色和平組織等。而當代環境問題已影響到社會的各個方面，影響到每個人的生存與發展。因此，當代環境問題已絕不是限於少數人、少數部門關心的問題而成爲全社會共同關心的問題。

高科技化：隨著當代科學技術的迅速發展，由高新技術引發的環境問題越來越多。如核事故引發的環境問題、電磁波引發的環境問題、雜訊引發的環境問題、超音速飛機引發的臭氧層破壞、航太飛行引發太空污染等，這些環境問題技術含量高、影響範圍廣、控制難、後果嚴重，已引起世界各國的普遍關注。

累積化：雖然人類已進入現代文明時期，進入後工業化、資訊化時代，但歷史上不同階段所產生的環境問題，在當今地球上依然存在並影響久遠，同時，現代社會又產生了一系列新的環境問題。因爲很多環境問題的影響週期比較長，所以形成了各種環境問題在地球上日積月累、組合變化、集中爆發的複雜局面。

政治化：隨著環境問題的日益嚴重和全社會對環境保護認識的提高，各個國家也越來越重視環境保護。因此，當代的環境問題已不再是單純的技術問題，而成爲國際政治、各國國內政治的重要問題。其主要表現在：

一、環境問題已成爲國際合作和國際交流的重要內容。

二、環境問題已成爲國際政治鬥爭的導火線之一，如各國在環境責任和義務的承擔、污染轉嫁等問題上經常產生矛盾並引起激烈的政治鬥爭。

三、世界上已出現了一些以環境保護爲宗旨的組織，如綠色和平組織等，這些組織在國際政治舞臺上已占有一席之地，成爲一股新的政治勢力。

綜上所述，全球環境與生態問題主要來自於人類自身的發展，自然界本身的災害，並不能帶來可怕的後果，人並不能自覺的按照需求和大自然索取，而是狂妄的利用自己目前所取得的科技成果，加倍的對自然進行掠奪，違背了「天人合一」的原則，導致生態問題日積月累，終成大患。一旦成爲全球性問題，就已經不是一個國家所能解決的問題，以目前人類各自國家的利益角度來解決這個問題，是非常困難的，人類苦苦建立的物質王國有可能在一夜之間化於無形，有一天地球也許不能成爲我們的理想家園，我們將眞正的成爲「流浪地球」，或者成爲宇宙間的流浪公民。

儘管各個國家對環境與生態問題日趨重視，採取的各種類型的地區合作，科技合作也層出不窮，但是，國家間利益的終極問題又會擺到面前，人們又要回到原點去思考問題。我們的生產活動爲了什麼？什麼才是合理的生產活動？國家這種形式又怎樣妨礙了我們的生存？

《大學》有云：「生之者眾，食之者寡，爲之者疾，用之者舒，則財恆足矣」。在古代物質財富極其不發達的情況下，中國古代的智者就對生產和消費的關係做了恰當的說明，近500年來，人類在進入資本主義時代後，由於科技的高度發展，沒有任何組織去主動的約束和控制生產活動的規模，沒有任何國家主動的去限制科技進步的邊界，並且人類正在把探索的目光伸向宇宙星球。

人類未來面臨的根本問題不是發展而是控制發展。

在這方面，中國古代的「天人合一」、「萬物同體」思想，應引起全球重視。

「天人合一」又稱「天人合德」、「天人相應」，是中國古代的一種哲學思想，儒、道、釋三家均有闡述。其基本思想是宇宙規律就是道德規律，道德規律也是宇宙規律，人類的生命、倫理、政治等社會現象是自然規律的直接反映和折射，人不能違背自然規律之道，也就不能違背人倫規律之德。最早起源於春秋戰國時期的莊子，漢朝董仲舒引申爲天人感應之說，程朱理學引申爲天理之說。

在中國傳統文化中，關於人與自然的關係，主要有兩種路線，一派是以莊子爲代表的道家思想，提出「不以人助天，無以人滅天的」主張，提倡依附自然、順從自然；另一派是以荀子爲代表的儒家宇宙論思路，提出「從天而頌之，孰與制天命而用之」的思想，主張利用自然、改造自然。

按照中國傳統文化的「天人合一」的思想，人與自然的關係不是主客體的關係，在先哲們看來，天與人，天道與人道，天理與人性是相類相通的，因此中國古代思想家一般都竭力反對把自然和人割裂、對立起來的做法，而是積極主張達到天人和諧的境界，中國早就有自己的「環境文化」。

而西方以人爲中心的做法是在中世紀文藝復興運動以後，它的進步意義在於推翻了神權，弘揚了人權，但是另一方面，人權的過度弘揚也帶來了惡果，隨著資本主義的到來，社會化的大規模生產成爲可能，科技的高度發展爲社會生產提供了條件，人類內心的私欲不斷的膨脹，帶來了資本主義發展的一系列的問題。除了政治、軍事、經濟上的矛盾，人類對地球資源無度的開發在進入21世紀以來面臨著深刻的挑戰，人們終於認識到環境與生態問題已經影響到人類的生存。

產生於中國先秦時代的「天地與我並生，萬物與我唯一」思想，發展到王陽明的「萬物同體」思想，內涵了中國古代聖賢對人與自然關係最偉大的闡述。在中國人眼裡，從來就不是一種置身於人之外的客觀環境，而是一種主客觀統一的生態觀，西方人用的詞是環境，是把環境作爲客觀存在；中國人用的詞是生態，包含著對生命的態度，一方面是人的生命，另一方面，是萬物的生命，這兩個生命，是息息相關，互相依存的。

王陽明說：我們要把天地萬物都當成自己身體和心靈的一部分，我們和天地萬物就是一體的，這不需要任何證明。「萬物一體」思想包含了自然、心靈和政治三個層面，並且三個層面水乳交融，一體多用。自然生態強調萬物和諧共生，心靈生態追求心靈的和諧愉悅，政治生態則突出爲政以民爲本。三者相互關聯、相輔相成，共同構成了陽明「萬物一體」論之生態蘊含，也是陽明心學的最重要的思想之一。

而陽明心學之「心」，實爲宇宙之絕對精神，也是人的靈明主宰。改變世界，無需外求，「吾性自足」，我才是良知的發出者，改變地球，改變生態，在於人類的一念之仁，這一念之仁，必須依靠人類的「知止」。

人與自然的矛盾是永恆的矛盾，人的一切活動就是認識世界、改造世界，使得世界的運行符合自己的需求，宇宙無限大，人的改造也永不停止。但人類不可能超越自然規律和社會規律而任意地改變環境，否則，改變的能量越大，所受的懲罰也越大。長期以來，人們對人口與環境的相互依存、相互制約的關係認識不足，重視不夠。在改造環境上，往往爲了局部的、眼前的利益而損害整體的和長遠的利益，導致生態危機。非常悲哀的是，儘管人類提高了認識，但是在全球化的環境與生態問題上，取得的實際成果還是非常緩慢的，各國之間，對全球性的環境問題基於各自的立場不斷扯皮、推諉責任，使得環境問題還在不斷擴大。

如果說政治經濟問題的核心是對人類物質的分配權問題，那麼環境與生態問題就是這個問題的延伸，人類的終極追問是：我們該如何停下或放慢自己索取的腳步，與這個星球和諧相處？

希望有一天，地球的人類應該共同制定一部環境全球憲法，以「止」的原則貫穿其中，把人類的一切生產活動制定邊界，把合理的需求和合理的開發制定標準，把一切人所不能做的事情明確下來，把人的生命態度與自然緊密聯繫起來，那樣人類才能做到德福一致，幸福圓滿。

未來的儒家，只有主動和廣泛的參與全球化事務，特別是在生態和環境問題上，提供自己的思路，用「止學」原則，對每一件全球性的環境問題，對每一個具體性的生態問題，都進行量化和標準化的處理，使儒家在實踐的道路上與科學擁抱，儒家的實踐論才會發展。

第三節　倫理止學與科技

科學與技術是人類智力和實踐的創造物，這兩者都代表人類集體成就的最高峰。如今的科學技術是豐富多彩、千變萬化的歷史進程產物，並且已經成為每一個存在過的社會中不可缺少的組成部分。

科技是人類認識世界和改造世界的思想結晶，科學與哲學的區別在於：哲學的興趣在於形而上學，越是抽象的、說不清楚的領域，越是哲學的戰場；而科學是對具體的、確定性的物質及其屬性進行剖析和說明。

但是，中國與西方，卻走出了一條不同的科學認識道路。

西方人把人和萬物都作為自然的組成部分，作為客體來研究，在很早的時候，就學會把客觀知識進行分類和細化，西方文化主張天人相分，二者是對立的關係。人要生存就必須從自然界中獲取物質生活資料。為了征服自然，首先得認識它。研究自然界中的各種問題和現象，導致了其哲學和科學的長足發展。西方人很早就把理性當作內在自主的活動，所以理性包含著一個辯證的過程，其自身發展受歷史發展的影響不大，西方科學發展就證明了西方文化在崇尚理性前提下方法意識的不斷突破，個人主義構成西方文化模式的基本特徵和主要內容。在西方，基督教肯定了上帝的絕對和永恆的存在。基督教追求人人自由平等的觀念，即上帝面前人人平等、眞理和法律面前人人平等。每個人都是自己信仰的主宰，都是獨立的個體。在上帝面前，人人施展才華，競爭、進取、冒險、開拓，取得成績後才能成為上帝的選民。

基於上述的文化方向，西方人在理性和邏輯推演方面走的很遠，在17世紀至18世紀前後，經驗論、唯理論、懷疑論得到了統一，關於科學知識是如何形成的這一類科學內在邏輯問題得到了解決，因此在工業革命之後，西方科學得到了飛躍式的發展，特別是19世紀，科學發展規模遠遠超過17世紀的科學革命，熱力學、光學、電磁學、化學、地質學、生物學、人類學等學科都取得了重大突破，並且大都進入到理論綜合的新階段。新學說、新理論如雨後春筍，使19世紀成爲名副其實的科學世紀。

中國人把人和自然作爲一個整體來把握，表現爲一種整體性傾向，將宇宙萬物理解爲一個整體的、發展的、和諧的有機整體，強調事物的相互聯繫和整體功能。在哲學中表現爲「觀象取物」的思維模式，以象徵和類比來把握認識對象。把整個世界作爲一個整體的「一」來把握而不去進行分析研究與認識。在構建思維方式的過程中，中國古代表現爲直覺性、經學性的傾向。直覺性指思維過程中依靠個人的直覺與體驗對事物的本質和規律做出認識，無邏輯過程，也無思維的連貫性，完全依靠思維主體的感覺，且認爲只有這樣才能認識到事物本質和規律，如莊子的「知者不言，言者不知」，主「坐忘」，禪宗的「直指本身」等。其實質是對道德知識與科學知識的界限不明。

中國人對事物直覺性思維另一個重要特點是極其重視個體的直覺，個體通過經驗、玄思，體悟得來的觀念被認爲是不可懷疑的，不需要通過外界客觀標準來評論。但個體的經驗、體悟往往具有很大程度上的主觀性，每個人的生活環境不同、知識結構不同，所經歷和體悟到的就很不一樣。由於排斥客觀的評價標準，每個人的觀念都可以被認爲是正確的，也都可被談爲是錯誤的，這與科學追求眞理的確定性大相逕庭，於科學的進步是極爲不利的，而近代科學則是建立在概念的明確定義、邏輯的嚴格推演，數據的精確測量基礎上的。這與中國傳統思維直覺方式格格不入。概念定義的模糊，推理的非邏輯，結論的似是而非，而且認爲只有這樣才能眞正領悟到事物的本質和規律，這樣的思維模式很難適合科學發展，使得近代科學思想從中國發生成爲不可能，也使得近現代以來，中國的科學創造日趨落後，陷入被動挨打，在西方船堅炮利進攻下，徹底改變了社會制度和歷史方向。

此外中國古代重實用、輕理論的實用主義思想，也影響了科學進步發展。

中國傳統的科學與技術主要體現在農業生產、天文學、軍事、醫學相關的問題上，突出特點是它極強的實用性，中國古代科技都只有其具有實用價値才會被認爲是必要的，而西方人不講實用，爲理論而理論，這就爲科學發展開闢了無限空間，古希臘人的數學和哲學時隔一千多年後仍然能推動歐洲科學的發展，充分顯示出理論的力量，而實用性科學眼光不夠遠大，爲自己設定發展空間是極小的，中國古代這種重實用，輕理論傳統，使得中國古代的科學知識缺乏系統性，只是一系列認識的堆積。所以中國古代科技史更多只能是史料的彙編，前後之間沒有邏輯連續性，缺乏內在統一性。總之，從內因角度分析，中國古代科學技術由於缺乏明晰的概念、系統的理論和可證實或證僞的方法，從而無法順利過渡到近代科學。

進入現代以來，特別是二次大戰以後，世界政治格局、經濟格局產生了巨大的變化，在全球化背景下，科技與文化交流成爲常態，科技發展成爲一個國家政治、軍事、經濟實力支撐，科技的內在邏輯，已成爲人類的共識，在重大科技專案上，各國之間已經體現了你中有我，我中有你的現象，掌握了科技思維的人類體現了科技無國界的特點，日新月異的科技進步，正在不斷助力人類把目光放到更遠的太空。

當前人類需要警惕的是嚴格區分科技界限，科技不能解決人類的心靈問題、價値問題、倫理問題、道德問題、信仰問題。相反，在科技發展過程中，時時刻刻需要引進科技倫理、科技道德和價値觀問題。這是科技發展中「止學」的領域。

另一方面，科技越發展，越能體現出人的有限性，人越來越清楚，我們並不能窮究宇宙之謎和心靈道德之謎，我們最應該警惕在科技上走的很遠，找不到回家的路。

未來科技最前瞻的三個方向，資訊科學、生命科學、太空科學就逐漸使人類呈現出「人將不人」趨勢，這也許是未來人類發展或者消亡的關鍵時刻，選擇與方向決定人類未來。我們將對此展開必要的討論。

以人工智慧、機器人、大數據應用、智能城市等爲核心的資訊科學，體現了科技發展從具體物質到資訊化發展的方向。

人工智慧（Artificial Intelligence），英文縮寫爲AI。它是研究、開發用於模擬、延伸和擴展人類智能的理論、方法、技術及應用系統的一門新技術科學。

人工智慧是電腦科學一個分支，它企圖瞭解智能的實質，並生產出一種能以人類智能相似方式做出反應的智能機器，該領域研究包括機器人、語言識別、圖像識別、自然語言處理和專家系統等。人工智慧從誕生以來，理論和技術日益成熟，應用領域也不斷擴大，可以設想，未來人工智慧帶來的科技產品，將會是人類智慧的「容器」。人工智慧可以對人的意識、思維的資訊過程模擬，人工智慧不是人的智能，但能像人那樣思考，也可能超過人的智能。

人工智慧是一門極富挑戰性科學，從事這項工作的人必須懂得電腦知識，心理學和哲學。人工智慧是包括十分廣泛的科學，它由不同的領域組成，如機器學習、電腦視覺等等，總的來說，人工智慧研究的主要目標是使機器能夠勝任一些通常需要人類智能才能完成的複雜工作。但不同時代、不同人對這種「複雜工作」的理解是不同的。

人工智慧模仿和複製、甚至超越的對象是人類智能，是以機器智能代替人類智能。在一般體力勞動和簡單智力勞動方面，無可厚非，必然能在勞動效率上極大解放人類，並且爲人類服務，問題在於，人類本身至今都無法解決自己在思想領域的局限性，甚至惡性，一個智慧型的機器，到底在什麼邊界範圍內，學習和模仿人類？一旦機器提煉出屬於自己的概念和觀念之後，這些抽象概念和觀念將會成爲機器自身的思考方式，這些機器自己抽象出來的概念就會形成一種不依賴於人的思考模式。當我們討論打敗李世石的阿爾法狗時，我們已經看到了這種機器式思維凌厲之處，這種機器學習思維已經讓通常意義上的圍棋定勢喪失了威力，從而讓習慣於人類思維的棋手瞬間崩潰。一個不再像人一樣思維的機器，或許對於人類來說，會帶來更大的恐慌。

此外，人類的情感，對眞善美的體悟，對愛的體悟，人類的倫理道德價值觀，信仰觀在多大程度上能被人工智慧取代？未來的人工智慧發展，會不會失去了控制，終將使人類成爲機器的奴僕？這到底是技術問題還是倫理問題，需要人們及早的進行思考。

我們現在所知道的是，正是由於人類對自己大腦開發還有許多未知領域，並且，這種未知領域帶來人對自己判斷的不確定性，構成了世界的豐富多彩。如果人工智慧發展最終導致「人腦不過是一個肉做的電腦」，那麼人工智慧有可能把人類目前的一切美好打破，如果機器的思維超越了人類，人類存在的意義何在？

人工智慧專家庫茲韋爾認爲：「到了2045年，人工智慧的創造力將達到巓峰，超過今天所有人類智能總和的10億倍。」到時我們會不會被人工智慧所毀滅或者取代？這是無數人們心中的問題，同時也是霍金留下來的預言之一：「人工智慧將會取代人類」。

可以設想，一旦程式和硬體達到一定程度，不需人類去教，人工智慧便可無師自通，當只要有一個人工智慧產生自我意識的時候，當機器人學會人類思考方式，懂得去掠奪資源的時候，便是人類眞正災難的來臨，物競天擇，適者生存，最好的例子將體驗在人類身上，而人類與產生自我意識的人工智慧眞正矛盾將在於資源上。

當然，也有人非常樂觀，認爲人工智慧永遠取代不了人類。

一、關於與人類搶工作。即使馬上人工智慧可以駕駛汽車，但相關研發和生產依然需要人類完成，就算將來人工智慧也可以進行相關研發，但審核與檢測仍然需要人類完成，人類的工作只會越來越高級，所以根本不用擔心大面積失業的問題，因爲科技發展是讓人類社會的供應鏈結構拉高拉長，人類依然需要吃飯、穿衣、居住、旅行等基本需求，所以科技越發展越提高工作效率，越增多工作崗位，人類也會越來越從體力勞動和腦力勞動中解脫出來，慢慢的人們會認識到其實那些工作根本就不應該是人幹的活，就該是機器人與人工智慧的工作，對人類來說就像當年奴隸制的消除一樣，那是一種解放。

二、關於對人類智力的超越。人工智慧再先進都不可怕，即使它可以思考，可以計算，可以創造，並且在這些方面超越人類，但是它工作的目標，是人類設定的。即使它可以很容易被駭客設定其實現自己設定目標的功能，但是當它的工作目標對人類無意義而虛耗電能和時間的時候人類是一定會及早發現並介入的，對其「拔電源」停止其行爲。

三、關於人工智慧造反。隨著人工智慧的發展將來相關法律法規也一定會健全，比如家用人工智慧都要萬物互聯接受監管，永遠不得用於武器的控制。軍用的要有N套自毀方案，接受嚴密的監控。所以人工智慧造反的事情我們也是不必杞人憂天的。

四、關於人工智慧+機器人構成新物種。如果自我意識出現那麼它們就眞的算是一個新物種了，我們由此會擔心憑藉它們的逐漸壯大和超常的能力而發生叛逃甚至反叛，而這也是不會發生的，因爲我們人類的自我意識是建立在精神的載體，也就是身體唯一不可複製基礎上的。

五、當有自我意識的人工智慧與人類的意見不統一。此事如果是意識形態問題了，該怎麼辦呢？會引發戰爭嗎？當然不會，因爲當人的意見與人工智慧的建議不統一時，按照人類的選擇進行，這是從始至終都會被遵循的規則。而機器人也不會因此承受任何損失，因爲其是可以隨時更換部件，隨時下載復活的。受到損失的只有其主人，而其主人會從一次次的抉擇中成長，直到可以探索並征服整個宇宙。

樂觀的人總是樂觀的看待世界，而我們其實看到，正是這些樂觀的理由，存在著很多漏洞，恰好說明我們對人工智慧發展缺乏一些總原則，我們不應該首先討論技術問題，而是應該討論價值和倫理問題，作爲人類，我們要什麼？不要什麼？哪些是對我們有用的？哪些是對我們沒有用的？

可不可以爲人工智能科技發展設定若干界限。

生命科學發展是人類科技發展的另一個方向。

生命科學（Life science/Biology），概括地說是研究生命現象和生命活動規律的科學。作爲繼物理、化學之後又一高速發展的學科，正朝著宏觀和微觀兩個方向發展。宏觀方面已經發展到全球生態系統的研究；微觀方面則向著分子方向發展。生物學與眾多科學結合形成了種類繁多的邊緣科學，呈輻射狀發展。

目前國內外尚無明確一致的生命科學的定義。特別是對生命科學的範疇，即生命科學包括哪些學科沒有明確一致的說法。但一般認爲，生命科學是將生命世界作爲一個整體來研究的一個科學分支，研究活著的生物和生命過程，包括生物科學——即生物學及其分支即醫藥學、農林牧漁業、人類學、社會學等。生物學的分支有動物學、植物學、微生物學、解剖學、生理學、生物物理學、生物化學、細胞生物學、分子生物學、神經生物學、發育生物學、社會生物學等。

20世紀40年代以來，生物學吸收了數學、物理學和化學的成就，逐漸發展成一門精確的、定量的、深入到分子層次的科學。

人們已經認識的生命是物質的一種運動狀態。生命的基本單位是細胞，它是由蛋白質、核酸、脂類等生物大分子組成的物質系統。生命現象就是這一複雜系統中物質、能量和資訊三者綜合運動與傳遞的表現。

生命有許多無生命物質所不具備的特性。比如，生命能夠在常溫常壓下合成多種有機化合物；能夠以遠遠超出機器的效率來利用環境中的物質和製造體內的各種物質；能以極高的效率儲存和傳遞資訊；具有自我調節功能和自我複製能力；以不可逆的方式進行著個體發育和物種演化等等。揭示生命過程中的機制具有巨大的理論和實踐意義。

生命科學發展對人類的巨大挑戰是倫理問題，特別是由輔助生殖技術、基因克隆技術、器官移植技術、人類胚胎幹細胞等生命科學和生物技術前沿領域的研究而引發的倫理和法律問題，已成爲全世界普遍關注的熱點之一。

在生命科學領域，每一項技術的發展，都面臨著改變人類生理結構，從而改變人類心理結構的巨大問題，甚至是人類至今都無法面對的結果，有些領域未加節制發展會改變人的自然發展歷史，用基因技術介入和干擾人類的自然狀態，就必然面臨著一個不可確定的後果——人類改變人類。我到底是誰？會成爲一種非常可怕的追問。

一段時間以來，大數據成爲全球科技集中關注的地帶，把大數據作爲一種科技是僞概念，大數據嚴格來說並不屬於科學的分類，而是資訊科學的基礎材料和資源。大數據（Big Data）是指無法在一定時間範圍內用常規軟體工具進行捕捉、管理和處理的數據集合，是需要新處理模式才能具有更強的決策力、洞察發現力和流程優化能力的海量、高增長率和多樣化的資訊資產。

事實上大數據就是資訊產業所產生的垃圾，大數據和大硬碟一樣，不具有科技的獨立性和產業的獨立性，大數據和超級運算結合可以產生大數據的某項應用產業，所以「大數據產業」才是正確的說法。

但是，由於大數據在資訊科技中不可或缺的基礎資訊作用，使得眾多科技，特別是運算科技集中到大數據產業領域，使得大數據在未來科技中的雙刃劍作用日趨明顯。

首先是關於數據儲存的倫理問題。

大自然每天都在發出資訊，風雨雷電都是大自然的資訊，人類也一樣，如果把人類產生以來放的屁都儲存起來就是屁的大數據，在資訊化之前的時代，人類的聲音、影像、語言、圖片等各類資訊，每天都在發生，每天都在回歸給大自然，不會形成大數據，偶爾只是一些關於文字、圖片的小數據。資訊科技的高速發展、電腦的應用、互聯網的普及、人類的生產行爲和消費行爲都會在資訊化中有所體現，並產生大量的資訊資料，這些資訊資料的疊加、累計儲存，就會形成的巨大資料庫，那就是大數據。在大數據的儲存中，有冷數據，有熱數據，有大量的垃圾數據，是分散的、碎片化的儲存在伺服器中。但是，這些數據，一旦被加以運算，加以目的，就會變得「有用」起來。目前這些數據都被應用商所儲存，而儲存後是否有權力再次應用，並沒有法律的嚴格界定，並且，這些數據中絕大多數存有個人的隱私，如何保護個人隱私？在多大程度上規範儲存，全世界並沒有任何有效的規定，除了已經公佈的個人隱私法之外，應用商所保留的大數據產權到底歸誰也沒有統一的說法，這使得當今世界，人人處在資訊被公開或洩密的處境之下，有的時候即使國家首腦也不能避免。

其次是關於大數據的應用倫理。

當今世界，儘管互聯網高度發達，互聯網所產生的消費數據還只是大數據總量的1/3左右，大量的數據基於管理的需要，儲存在政府手中。政府爲了提高效率，加強管理，服務人民的需要，必然要對大數據進行局部和全部打通，再加以篩選、清洗、分析、運算、集成等，形成一個高度集中，有超級效率的智能平臺，如智能運輸、智能醫療、智能教育、智能城市等。在每一個智能化的應用中，人的資訊隱私算不算一種權利？多大程度被應用開發？一旦安全出現問題，被壞人利用，個人的損害由誰來買單誰來賠償？這一切都是未知數。

大數據時代，每個人的資訊變成資訊的符號，但是這符號眞的與我們個人無關嗎？由人類資訊科技帶來的成果會不會成爲扼殺人類基本權利的剋星？

最後來談一下宇宙科學。

宇宙科學代表著人類從宏觀上追求無限的科學方向。內容包括宇宙如何產生、宇宙內在運行規律、星球結構、星球運行規律、外太空生命、黑洞，暗物質等等，可以說，在這個領域，人類的探索是極其渺小和微弱的。在過去，都付諸於上帝，在今天，我們依然認爲這是最難掌握和無法把握的科學領域，目前人類所觀察到的天體現象極其有限，最多在太陽系之內進行科研探索，對宇宙的認識多數付諸於科學想像，大量的科幻小說，產生在這個領域。

對外太空的探索，一方面是人類早期上帝崇拜的情結，試圖揭開宇宙之謎，另一方面，也是人類對地球命運的擔憂，爲未來的人類拓展生存空間。就我們人類目前的認知，要想達到宇宙空間探索，即使光速也是遠遠不夠的，那我們如何能達到遙遠的太空？宇宙是否存在三維以上的空間？未來的人類是意識的存在還是物質的存在？如果是一種意識狀態的存在，人類是演變成什麼樣的狀態？在宇宙科學的發展過程中，人類也許會走得很遠，人的外在形態會發生變化，這都是可以想像到的事情。

英國物理學家史蒂芬·霍金是繼愛因斯坦之後最受大眾矚目的科學巨人，他在對宇宙進行深入研究之後提出：「宇宙有限而無界」。比如在地球上，無論我們從南極走到北極，還是從北極走到南極，我們始終都不可能找到地球的邊界。這就是有限而無界，宇宙也可能是如此，但宇宙很可能比三維世界的地球多了好幾維。就像生活在二維世界的動物無法理解三維世界一樣，生活在三維世界的我們無法理解多維的宇宙。

而人類最關心的問題是，未來在宇宙空間中，我們會變成什麼樣？

在上述對未來科技的探討中，我們中心的觀點是科學和倫理是相互作用的，科學家在科學研究中應當自覺關注倫理問題，必須遵循科學研究服務於人類、造福於人類的根本倫理原則，即使是宇宙法也不能脫離人的本質，人的本質就是人的精神性，就是人的倫理、道德、價值與眞善美。

科學的研究對象是物，因爲科學要解決的是「事實世界」。

而這個「事實世界」是有條件和邊界的，就像牛頓萬有引力定律的第一推動力是「上帝」一樣，所有科學知識都有規定的前提：比如時間、空間、範疇等，離開這些框定，任何科學知識都無法成立。離開我們這個星球，重量學原理不復存在；在一種也許「可逆」的時間維度裡，「歷史」將不復存在；換一種條件，任何原理都會變，這是科學的前提。所以佛教認爲我們看到這個「實相」的世界，並無本性，是按條件（緣）生成，本質是空的，從科學的前提來看，很有道理。康德把這些科學的前提條件稱爲「先驗」，先天必須的驗證，離開這些「先驗」條件，科學的「定義」

將無法完成。

拋開科學的生成，就科學要解決的問題而言，科學也是有邊界的。因爲在科學之外，還有一個「價值世界」或「意義世界」，所有眞、善、美及道德宗教的源頭，這些價值領域的事不是科學能揭示或「界定」的，比如爲什麼要愛？爲什麼要孝？爲什麼行善？這不是理智能分析出來的，也不是科學的對象，這是人類心靈界的領域，不是西方那種外化的「心理學」，所以基督教說科學解決不了上帝的事情，而上帝無所不知。

就科學帶來的結果而言，科學給人類也帶來過原子彈、毒氣、地溝油，科學家也有離婚，也有自殺，還有發瘋，更有偏執。所以科學只是一種方法和手段，作用是給人類帶來方便，科學衝動那種創造力，其背後是人類的精神和心靈，沒有了精神及心靈，科學是冰冷無情無用的。

政治及社會治理也不能「唯科學論」。關於自然與物的領域，要尊重科學，關於人的領域，要以人的「幸福」爲目標，那些所謂爲了地區發展，按「科學規律」辦的事，很多並沒有站在「人」的立場，一個工程上馬，多少人離鄉背井，到底是科學爲人服務？還是人爲科學服務？這個基本問題，人類並沒有完全想清楚。人類爲了加速發展，可能最終加速的是了這個星球的毀滅。

在這一系列不確定中，我們應該堅定的確定：人的實踐信仰不會變，那就是「止學」的原則，那也是未來科技的立法原則，人類如果不變初心，保持本質，就必須保留這樣的原則。

第四節　修養止學與醫療、教育

醫療是最古老的職業，伴隨著人類出生到消亡，伴隨著一個人從生到死。

醫療最原始出發點是對人身體疾病進行診治，但是現代以來，人的精神性疾病也不容忽視。

醫療的三個最基本問題是：一、搞清楚病因。很遺憾的是，現代醫學發展了這麼久，關於人的病因來源絕大多數沒有搞清楚，只有天知道。二、想辦法治療——搞清楚藥理。非常遺憾，無論是中藥或是西藥，都有很多缺陷。三、弄清人體機能。這個就更不能說了，關於人的身體機能，肉體與精神，從來都是上帝的領域，人類最不能說清楚是自己的問題。

基於文化的方向，中西醫分別走出了不同的道路。

中醫誕生於中國原始社會，春秋戰國時期中醫理論已基本形成，之後歷代均有總結發展。以陰陽五行作爲理論基礎，將人體看成是氣、形、神的統一體，通過「望聞問切」四診合參的方法，探求病因、病性、病位、分析病機及人體內五臟六腑、經絡關節、氣血津液的變化、判斷邪正消長，進而得出病名，歸納出證型，以辯證論治原則，制定「汗、吐、下、和、溫、清、補、消」等治法，使用中藥、針灸、推拿、按摩、拔罐、氣功、食療等多種治療手段，使人體達到陰陽調和而康復。

中醫自古以來就有「醫道相通」說法。這種影響最早可以追溯到黃老道家的典籍——《黃帝內經》，它是中國傳統醫學四大經典著作，也是我國醫學寶庫中成書最早的一部醫學典籍。同時是研究人的生理學、病理學、診斷學、治療原則和藥物學的醫學巨著。在理論上建立了中醫學「陰陽五行學說」、「脈象學說」、「藏象學說」、「經絡學說」、「病因學說」、「病機學說」、「病症」、「診法」、「養生學」、「運氣學」及論治等學說，後來的中醫學和養生學則在先秦道家思想的基礎上，開始用陰陽五行解釋人體生理，出現了「醫工」、金針、銅鑰匙等。東漢出現了著名醫學家張仲景，他對「八綱」（陰陽、表裡、虛實、寒熱）有所認識，總結了「八法」。華佗則以精通外科手術和麻醉名聞天下，還創立了健身體操「五禽戲」。唐代孫思邈總結前人理論並總結經驗，收集5000多個藥方，採用辯證治療，因醫德最高，被人尊爲「藥王」。唐朝以後，中國醫學理論和著作大量外傳到高麗、日本、中亞、西亞等地。兩宋時期，宋政府設立翰林醫學院，醫學分科接近完備，並且統一了中國針灸由於傳抄引起的穴位紊亂，出版《圖經》。金元以降，中醫開始沒落。明清以後，出現了溫病派、時方派，逐步取代了經方派中醫。自清朝末年，中國受西方列強侵略，國運衰弱。同時現代醫學（西醫）大量湧入，嚴重衝擊了中醫發展。中國出現許多人士主張醫學現代化，中醫學受到巨大的挑戰，人們開始使用西方醫學體系的思維模式加以檢視，中醫學陷入存與廢的爭論之中。

現代西方國家醫學體系起源於近代西方國家，最早從古希臘、古羅馬發展而來，它是在近代西方國家否定並摒棄了古希臘醫學之後，以解剖生理學、組織胚胎學、生物化學與分子生物學作爲基礎學科所發展出來的一門全新的醫學體系，而且這一門全新的醫學體系就是現今中國人常說的「西醫」。現代西醫的診斷技術更多是借助先進的醫療儀器設備和實驗室做出對疾病準確的診斷。醫生利用自己的感覺器官通過視診、觸診、叩診、聽診、嗅診等方法或借助聽診器、叩診錘、血壓計、體溫表等簡單的工具對病人進行全面、系統的檢查來診斷患者的疾病。

從中西醫的文化起源上，我們大致可以看出，中醫是把個人生命與自然生命看作一個整體，從宏觀上把握身體的健康問題，是一種整體的有機論科學，通過辯證施法、陰陽平衡、精氣協和、正邪消長等原則，把養生與健康結合，整體性把握生命運行。其主要特點是：1.整體觀。認爲人是自然界的一個組成部分，由陰陽兩大類物質構成，陰陽二氣相互對立而又相互依存，並時刻都在運動與變化之中。在正常生理狀態下，兩者處於一種動態的平衡之中，一旦這種動態平衡受到破壞，即呈現爲病理狀態。2.辯證論治。所謂「證」是機體在疾病發展過程中某一階段的病理概括。包括病變的部位、原因、性質以及邪正關係，能夠反映出疾病發展過程中，某一階段的病理變化的本質，因而它比症狀能更全面、更深刻、更準確地揭示出疾病的發展過程和本質。所謂「辯證」，就是將四診（望、聞、問、切）所收集的資料，症狀和體徵，通過分析綜合、辯清疾病的原因、性質、部位以及邪正之間的關係，從而概括、判斷爲某種性質症候的過程。所謂「論治」又叫施治，則是根據辯證分析的結果來確定相應的治療原則和治療方法。辯證是決定治療的前提和依據。論治則是治療疾病的手段和方法。所以辯證論治的過程，實質上是中醫學認識疾病和治療疾病的過程。

西醫是從微觀入手，著力找出身體中發生病害的源頭，精確判斷其性質，並加以施治。西醫治病的特點有下面幾點：1.分科細緻，專業性強。由於人體組織結構不同，各器官、系統所承擔的功能也不一樣，治療方法就千差萬別。所以，西醫的分科有著極強的專業性。這種細緻分科，從學術與技術而言有著「術業有專攻」的道理。一方面，現代醫學發展迅速，某些專業領域需要「專家」去「專攻」。另一方面，「專病專治」更能讓某些疾病得到規範性治療，起到事半功倍的效果。2.取「證」診斷，對症施治。一個診斷或治療的過程，就是對患者疾病資訊的獲取、處理和利用的過程。病情資訊掌握的全面，診斷就相對準確，治療過程中正確處理資訊，就少走彎路。這種科學的醫學理念與方式告訴我們，醫療過程中，任何臨床的診治決策，必須建立在患者當前最新且真實的證據，獲取方式有病人（或陪診者）對自己病情的陳述，醫生對病人的直觀檢查、借助其他醫療設備的檢查等。由此可見現代西醫是重資訊、重分析、重探討的科學。它充分利用病人的資訊並綜合評估病人的狀態，優選出適合病人的治療方案，因此，它也應該是人們治療過程中值得信賴的主要手段。

回歸到醫學的基本問題，首先在找准病因的方面，中醫這種宏觀、整體的科學觀理論的思路道理講得通，人與自然萬物相互關聯，人體內部也是一個小宇宙，宏觀判斷五臟六腑出現的毛病方向大致也無誤，但缺乏精確性，特別是診斷是由中醫本人的經驗來得出的推論，主觀性較強，容易陷入經驗主義。其次，在治療方面，中草藥的特性雖然能大致掌握，但是由於病人的身體千差萬別，草藥的品質千差萬別，醫生下藥方對數量的把握基本靠經驗，也是一種模糊科學。最後，在對人體特徵的把握上，完全是由醫生的望聞問切，憑經驗性來推斷，缺乏定性和定量，這也是中醫飽受質疑的原因。

然而，我們也並不能輕易認爲西醫就是針對性解決了這些問題。首先在找准病因方面，西醫的方法是不斷從微觀推進，從細胞到DNA，似乎西醫的精確性更強，但是搞病理學的教授都清楚，隨便深入一個DNA就會發現，裡面也是一個小宇宙，由成千上億更細微的物質組成，即使動用大數據雲計算方法，一時也很難找出那個「肇事」源頭，所以迄今爲止，西醫的方法儘管致力於微觀精確性，從病理學角度看，世界上絕大多數的病，還沒有找到最終的病理來源，多數病採取的治療方法仍然是「取掉」壞的部位。其次，在對症治療方面，西醫採取的方法多數是割掉或者消滅，每一個割掉和消滅，都會引起整體生態環境的不平衡，導致新的病原產生，所以西醫的副作用是最大難點。最後在人體特徵把握上，西醫較少重視人的心理作用，把人體看作器官的綜合物，缺乏瞭解精神對肉體病態的干涉作用。

因此，現代中醫和西醫，都存在著相互學習，相互瞭解的問題。無論從宏觀角度還是微觀角度，這兩種醫療方法，都存在不盡人意的地方。從自然學角度，人體有病，一定是打破了某種自然的平衡，可是爲了恢復這種平衡，大量的施治，又會導致另一輪新的不平衡。現代人從總體上對大自然改造過度，導致大量不明原因的污染源，在這種總體不平衡情況下，人的病因更是日益創新，此起彼伏。因此，尊重自然和尊重身體規律、正確的面對疾病是養生的最基本理念。

人身體中大多數的病是可以自癒的，現代醫學實驗證明，一個正常人內部細胞有自我修復功能。而少量重大疾病，多數是有前兆的，是由先天遺傳基因或者後天不良習慣累積而成。一個人活得好，一方面要有先天之命，後天一定是跟良好生活習慣相匹配。

這又容易回到中國文化的傳統思路上，修身養性的好處，概出於此。現代人疾病，從總體上來說，來自於身心不能合一導致的分裂。對於一個忙碌的現代人來說，一天中除了睡覺，多數醒著的時間，身心是得不到統一的，這是一個很大的問題，想達到禪宗那種「砍柴就是砍柴，擔水就是擔水」對現代人來說是一種奢侈。

即使是身心合一，也需要是一種有良知保養的合一，一個人如果處心積慮、身心合一的害人，恐怕一定會殃及到他的身體。

我們並不想排斥任何科學的醫療，無論中醫或是西醫，在改善人類身體健康上面，都有著閃光的歷史，未來也不會存在著相互取代的問題，而是相互借鑒，共同發揚光大。我們需要提醒的是，過度的依賴醫療，忽視了自癒的力量、忽視了自我身心修煉是不足取的，因為這是人健康的基礎。而身心修煉，本質上來說要上知天理良知，下知做人做事，基本方法還是儒家那句熟悉的語言：「知止而後有定，定而後能靜，靜而後能安，安而後能慮，慮而後能得」。「止」也是人的養生之術，道家所強調的清心寡欲，也是一樣的道理。

教育是一個更古老話題。關於教育的起源，大致有幾種主要觀點：

一、生物起源說。主要代表人物——法國哲學家、社會學家利托爾諾。主要觀點：教育活動不僅存在於人類社會中，動物界也存在教育，人類社會教育的產生是一個生物學的過程，生物的衝動是教育的主要動力，人類社會的教育是對動物界的繼承、改善和發展。教育的產生完全來自於動物本能，是種族發展的本能需要。

二、心理起源學說。主要代表人物——美國著名教育家孟祿。主要觀點：從心理學的角度去解釋教育起源問題，認為原始教育的形式和方法主要是日常生活中兒童對成人生活的無意識模仿。

三、勞動起源說（社會起源說）。主要代表人物——蘇聯的教育家米丁斯基、凱洛夫。主要觀點：人類教育起源於勞動和勞動過程中產生的需要；教育是人類社會特有的一種社會活動；教育以人類語言和意識的發展為條件；教育從產生之日起，其職能就是傳遞勞動過程中形成的生產和生活經驗。

基本上來說教育含有傳承的意思，教什麼？一定是有內容的，這個內容就是人類認識世界的內容，人類有了認識世界的思維，就有了創造世界的勞動，就有了勞動的產品以及其創造物，爲了前人積累的知識後人不必重複浪費時間，就有一個傳承的過程，這就是教育的初始。

西方教育特點是一個不斷分類的過程，人類的知識從混合在一起到逐漸分類，學科越分越細，專業化程度越來越高，這個傳統從古希臘亞里斯多德開始就已經有了，越來越分有專業知識，好處是專業化程度帶來的精準性越來越高，不利處是綜合能力減弱，缺乏整體觀。

現代西方教育另一個特點是注重互動，強化學生自學能力和思考能力，這一件點符合教育規律的，教育的重要作用是發現和引導，而不是灌輸。

中國的教育方法曾經在很長歷史時期裡走到了前面，孔子創立的教育傳統，強調有教無類，因材施教，溫故而知新等教學方式，直到現在都不落後。並且儒家傳統對教育最高目標有著清晰的概念，《大學》開篇明義：「大學之道在明明德、在親民、在止於至善」。良知的方向就是教育的方向，這在世界教育史上是走到前列的。

中國古代教育的主要優點是：

一、「德教」與「修身」合一，修身與天理合一。

中國古代教育以「德教」爲主。堅持「德教」與「修身」合一，這是中國傳統道德教育思想的一大特點。「德教」是道德觀念、道德規範對人的教育、熏化與影響，而「修身」是重視主體內在的道德理性自覺，進行自我品行冶煉。把「德教」與「修身」過程結合起來，突出了道德認識和道德行爲自覺性要求，有益於調動人的主觀能動性，使道德教育落到實處。儒家十分重視把「德教」與「修身」統一起來的意義，提出了一套在道德教育中促進人們「修身」、「養心」的方法。孔子宣導「修己以敬」、「修己以安人」、「修己以安百姓」（《論語・憲問》）。孟子提倡「養性」，擴充內心的「善端』。《大學》則進一步認爲，「齊家、治國、平天下」的根本在於修身。「自天子以至於庶人，皆是以修身爲本。」而「修身」之道，又在於「正心」、「誠意」，也就是「欲修其身者，先正其心；欲正其心者，先誠其意」。所謂「正心」，即調節自己的道德情感、好善懲惡、端正認識，所謂「誠意」，即在主觀意志中趨善避惡，對仁義道德真誠信服，在任何情況下都堅持貫徹自己的善良意志。「正心」、「誠意」是「修身」的重要方法。堅持「德教」與「修身」的統一，是儒家道德教育論的一貫主張。道家儘管對道德與道德教育有與儒家不同的觀點，但也強調把人們道德水準的提高與「修德」一致起來，老子說：「修之於身，其德乃眞；修之於家，其德乃餘；修之於鄉，其德乃長；修之於國，其德乃豐；修之於天下，其德乃普。」（《道德經》第五十四章）把修身過程看作是一個道德提高與普及的過程，這是很有見解的。如果把「德教」與「修身」割裂開來，道德只是口號、教條，不能改善人的道德觀念和行爲品德，「德教」是虛浮的。

二、「知道」與「躬行」合一，明德與成德合一。

「知道」是指道德認識；「躬行」是指道德實踐。強調道德認識與道德實踐統一，道德意識與道德行爲一致，「知道」與「躬行」合一，是中國傳統道德教育思想的另一個明顯特點。在中國古代，「知」與「行」的問題，主要是一個道德倫理問題。湯一介先生認爲：「知行合一」要求解決人與人之間的關係，也就是關於人類社會道德標準和原則的問題，或者說是人對於社會的責任問題。中國古代哲學家、教育家大多認爲，「知」與「行」必須統一，否則根本談不到「善」。「知道」與「躬行」合一，不僅是我國傳統道德教育的基本原則，而且是道德教育所追求的一種境界。孔子認爲，道德教育應當增進人的道德認識見之於道德行爲實踐的自覺性。只說不做，言行脫節。知而不行，只是道德虛僞，毫無實際的道德價値而言。孔子說：「君子恥其言而過其行」（《論語．憲問》），「君子欲訥於言而敏於行」（《論語．裡仁》）。還說：「古者言之不出，恥躬之不逮也。」荀子認爲道德教育是要人們學習仁義道德，心中明理，表現行動，他說：「君子之學也，入乎耳，著於心，布乎四體，形乎動靜。」（《荀子．勸學》）朱熹認爲，道德上的「知」與「行」互相依賴，互相促進。他說：「知行常相須，如目無足不行，足無目不見。」（《朱子語類》卷九）王守仁更是強調「知行合一」的重要性。他說：「眞知即所以爲行，不行不足謂之知。」他認爲，道德上的知與行是「合一並進」的關係。「知是行的主意，行是知的功夫；知是行之始，行是知之成。」（《傳習錄》上）

中國傳統道德教育強調「知道」與「躬行」的合一，重視道德認識與道德實踐的統一，有利於人們精神生活的改善。

此外，中國古代教育對老師的定位也有明晰的概念。韓愈在《師說》裡提到：「師者，傳道、授業、解惑者也」。對學校功能亦有清晰的的概念。朱熹在《大學章句集注》提到：「人生八歲，則自王公以下，至於庶人之子弟，皆入小學，而教之以灑掃、應對、進退之節，禮樂、射御、書數之文；及其十有五年，則自天子之元子、眾子，以至公、卿、大夫、元士之適子，與凡民之俊秀，皆入大學，而教之以窮理、正心、修已、治人之道。此又學校之教、大小之節所以分也。」

朱熹特別提到一個觀點，可以說至今閃爍著思想的光芒，他認爲，人生而有天賦差別，不能同一樣的教育，對於教育者來說，重要的是發現被教育者的才華特點，給予引導。「蓋自天降生民，則既莫不與之以仁義禮智之性矣。然其氣質之稟或不能齊，是以不能皆有以知其性之所有而全之也。一有聰明睿智能盡其性者出於其閑，則天必命之以爲億兆之君師，使之治而教之，以復其性。此伏羲、神農、黃帝、堯、舜，所以繼天立極，而司徒之職、典樂之官所由設也。」

又曰：「自是以來，俗儒記誦詞章之習，其功倍於小學而無用；異端虛無寂滅之教，其高過於大學而無實。其他權謀術數，一切以就功名之說，與夫百家眾技之流，所以惑世誣民、充塞仁義者，又紛然雜出乎其閑。使其君子不幸而不得聞大道之要，其小人不幸而不得蒙至治之澤，晦盲否塞，反復沈痼，以及五季之衰，而壞亂極矣！」

這裡面朱熹談到一個重要的概念叫「復性」，人從天理本性上是兼備仁義禮智之全部特性的，但是由於每個人的氣質稟賦不同，後天形成差異，教育的功能是讓其恢復本性。也就是說，教育並不能讓一個人憑空生長出什麼，而是擦亮其良知，恢復其本性，使其成爲對社會有用的人才。

爲什麼這些非常好的教育思想，在當今社會趨於衰落？

一個客觀的事實是，我們當今教育體系全部是西方化的，無論是學科的分類，教學的方法，教育的理念全部是近現代以來從西方傳來的，但是我們只是學了其形式，並沒有得到西方教育的精華，至少在塑造學生的個性，獨立思考能力方面，差的太遠。僵硬的教育考核體制使一大批優秀老師被動捲入學分制的競爭中，也使得一大批孩子過早失去了快樂的童年，失去了獨立思考和生活能力，培養了一大批高分低能的孩子。

西方的教育精髓沒有得到，而本民族的教育思想更沒有傳承。在培養人的最高目標上，我們全部背離了「在明明德在親民，在止於至善」的方向。

我們發現一大批孩子學習的目的並不清晰，即使大學畢業走向社會也是一種被動的學習態度，我們培養了一大批精緻的利己主義者、甚至培養了一批道德人格低下的高分主義者，在著名的高校裡，既有殺死下鋪兄弟的大學生，也有用高科技給同學下毒的大學生，還有用高智商殺死母親的大學生，還培養了隨時舉報老師教育方法的大學生。雖然這只是個案，但是教育的現狀令人堪憂是個不爭的事實。

我們發現，高分數政策培養出來的大學生走向社會眼高手低、不切實際、好高騖遠，解決問題的能力極差，唯上不唯實，乖巧於上，暴虐於下，對普通老百姓以及對生活不如自己的人毫無同情心。

我們發現，好的分數，並不能讓一個人善良，甚至可能成爲作惡的工具。一批人，用他們所謂的知識投機取巧，泯滅良知，假話連篇，專心爲惡，知識成爲其可恥的遮羞布。

教育走向了時代的轉點，在當今時代，中西方的教育有了進一步溝通的時代背景，一切培養人，塑造人，使人走向幸福快樂的教育都是好的教育。

教育無國界，善良爲本色，拋棄一切巧，復性即初心。

凡是在心上立教的，必在「止」處入手。凡是在道德上奠基的，必先懂得「知止」的原則。

第五節　美與藝術的止學

「美學」作爲一個概念，並不來自中國，而來自西方，在18世紀，德國哲學家鮑姆加通，用拉丁文寫了一本書，這本書名來自古希臘文，意思是感性，所以按照原文的意思來說，應該譯作感性學，這本書通常被看作作爲一門學科「美學」的第一次命名，但是它的本來意思並不是「關於美的科學」，而是關於「感性的科學」。從中也能看出，美學初始就有強烈的感性意識。

美的初始來自於人類與自然界的對話。

對於人類來說，壯美的天空自古以來都是一個沉默的舞臺，向人們展示著晝夜、朝夕、陽光和雨露。孔子曾感慨：「天何言哉？四時行焉，百物生焉，天何言哉？」。沉默是宇宙間最高的神祕，也是人類最原始的宇宙意識，萬物是沉默的，人才有語言。

自從有人類以來，人們就試圖與宇宙和自然界對話，人類正是在和宇宙的對話中才發展起來的，人是製造工具的動物，但人所製造的最重要、最有本質意義的工具就是他們的語言。最初的人類，通過對自然界的觀察，用他們所理解的手段，去打動天、討好天、利用天，這是人類科學思想的最早萌芽。

然而面對同樣一個沉默的天空，古代中國人和希臘人，卻產生了不同的態度，中國人的天是倫理等級的天，希臘人眼裡的天是一種可以客觀考察和研究的自然現象。泰勒斯認爲：靈魂是作爲組成部分存在於全宇宙中的。這種泛靈論的觀點，最初是被當作一種自然科學的觀點來加以客觀認眞探討，希臘人想像自己與天地萬物有精神上的相通，是由於有物質構成上的相同，他們充滿信心去認識整個自然界，去尋找支配萬物那個最終本源或始基。而中國人的「天人合一」，只是人類情感與上天的相通，至於天體和人體是由什麼構成的？怎麼構成的？具有何種性質並無理論興趣。

遠古時代，人類在沒有建立起有關美的理論之前，都已經開始對美的事物感受，並產生了普遍的關注，希臘民族也不例外，希臘的第一個哲學家泰勒斯，就曾經在一首詩中寫道：「去找出一件唯一智慧的東西吧，去選擇一件唯一美好的東西吧」。而在其後的畢達哥拉斯，是古希臘第一個使科學精神從感性世界轉向理性的人，他提出了古希臘第一個美學問題，也是一個奠基性的美學命題：「美是數的和諧」。對美的這樣一種認識，已經不再是一種偶然的尋找和隨心所欲的感受，而是一種規律性、本質性的把握，這一認識奠定了古希臘美學的客觀原則。

另一位古希臘偉大的哲學家蘇格拉底將自然客觀美學轉向到了精神客觀美學領域，把美學與倫理和神學發生聯繫。他提出了一個新的美學定義：「美就是合適的」。從中可以看出蘇格拉底首次不在把美當作一種客觀事物的屬性，而是作爲一種關係，人與自然的關係。他提出的「美德即知識」首次把美和「善」等同起來，他說：「任何美的東西從同一角度來看也是善的」。

把精神客觀美學發展到極致的是柏拉圖，他的客觀美學是一個從低級到高級不斷上升的目的系統，最低級的美是自然事物或器具的美；其次是文字、歌曲、舞蹈的美，對於人類來說都能表達心靈的盡善盡美；最高的美是正義，它是美的本體，在這種最高等級上，美和善都是統一的、永恆的、絕對的美。柏拉圖認爲，絕對的美要從具體的美開始培訓和訓練才能達到；絕對的美，並不來自於具體的美；絕對的美先天的存在於理念世界中，當人來到世界後，由於感性的遮蔽就把這些先天的固有知識忘記了，需要不斷的通過感受的觸發回憶起來，雖然抽象的美是通過努力而獲得的，但一切具體的美，都不過是通過學習的回憶罷了。這個認識與中國哲學家朱熹的「復性」說，有高度的相同性。

在柏拉圖之前，古希臘美學的思路，總是從確定美的本質出發，然後從中推出藝術的性質，從美學自上而下地擴展到藝術，這種情況在亞里斯多德這裡被顛倒過來，美的本質被看出藝術本質的一個邏輯結果，美學第一次成爲一種自下而上的，以經驗爲基礎的學科。古希臘人所理解的「藝術」一詞，與我們今天的理解有所不同，它包括一切人工製品，如工藝、技術、技巧，甚至政治、法律，總之，凡是包含人的目的的活動都叫做藝術。亞里斯多德則從神學目的論著眼，把這一概念進一步擴大，推廣到整個自然界去，認爲整個自然都是神的藝術作品，實際上他把神看作一個偉大的藝術家，把任何事物的形成都看作一種有目的的藝術創造，這種藝術世界觀，即是從蘇格拉底、柏拉圖以來的神學目的論進一步系統化，也是後世基督教世界神學目的論以及近代萊布尼茨、康德等人目的論的奠基，由此建立起來的美學基本模式影響了西方美學兩千多年。

亞里斯多德奠定的這個西方美學模式就是：萬物皆爲神的藝術品，人本身則是神的最優秀的作品，人的藝術是對神的藝術的模仿，因而也帶有神的藝術的特點，藝術的本質特徵就是有機的整體和多樣的和諧，這不但反映著萬物的本質，也恰恰體現了神的目的，因爲神的目的正是在萬物的和諧協調有機聯繫中顯現的，因此，亞里斯多德對於美的本質的觀點可以歸結爲有機的整一性，就此而言一切美，都必須是有目的的創造物，都必然是藝術美。在這個概念中，和諧、適合、理念都由廣義的「藝術」統一起來，在這種意義上，美與善也達到了本源的統一。在這裡，藝術已經上升爲一種本體論的概念。

亞里斯多德認爲人的藝術與神的藝術本質區別在於它的模仿性。人的藝術的主要特徵就是模仿，並且這種模仿歸於人的本能或者天性。柏拉圖認爲既然藝術不過是模仿，它就不是眞實的，從而貶低藝術，亞里斯多德恰恰從藝術的模仿中看出了藝術對於認識眞實事物具有的重要作用，他認為既然人的藝術是模仿自然，而自然物又是神的作品，那麼人的藝術就可以通過反映自然而反映出神的意圖，不僅具有對自然的認識作用，而且具有對神的認識作用。恰恰因為模仿，而使人更能接近神。亞里斯多德認為，藝術的愉悅性和美的魅力，本身就是具有道德作用的，具有教育淨化和精神享受的功能。

亞里斯多德的美學是古希臘美學的最高峰。我們也從中可以看出，古希臘人對美的本質認識經歷了自然屬性、關係屬性、精神屬性和藝術屬性這幾個階段。古希臘美學所代表的西方美學的萌芽，總體還停留在客觀美學的階段，人的主體性還處於一種被剝奪，被埋藏的階段，藝術還處於以神為目的的模仿階段，而古希臘的神還處於「無限的、普遍的，不具有擬人性質」的特點，與中世紀基督教，具有超越本體的上帝還有認識的差距。

進入中世紀的西方美學本質上是基督教美學，不是人的美學，而是神的美學，但是，從「神的本質不過是人的本質」這個意義上來說，基督教高於其他宗教的地方，就是承認每個人和神在本質上的同一性，不是人按照自己的模樣創造了神，而是神按照自己的模樣創造了人。中世紀美學特點一方面拋棄物質世界回到人的主觀心靈，從這一點上說它屬於主觀美學，另一方面他又從人的心靈走向客觀的上帝，這一點，又是客觀美學。從而使中世紀的西方美學，排除了柏拉圖式的迷狂，狂喜而變得沉靜和沉思，具有純粹的精神性特點。這一點，在著名的基督教「教父哲學家」奧古斯丁身上得到了體現。作為基督教文學理論的奠基人奧古斯丁的美學思想，也必然摒棄一切現實世界的美，在美的本質上，他認為萬物之所以美，是因為它們都是至善至美上帝的創造物。最高的美是上帝的美，是需要通過信仰才能獲得，而具體美是低層次的美。奧古斯丁通過他的懺悔意識，向人們說明，美不是客觀物質世界的屬性，而是精神的屬性，但是正因為如此，上帝越崇高，人類越卑微，上帝越完美，人類越醜陋。因此中世紀基督教美學對具體的事物的美是具有摧毀作用的。

歐洲文藝復興的先驅但丁，是中世紀最後一個思想家，也是新時代的第一個思想家，他不是一個純粹的哲學家，也不是一個眞正的美學家，他是一個神學家詩人，但是它對於中世紀的美學思想，起到了一個總結和突破的作用，因爲它將中世紀神學家們停留在抽象理論和對上帝讚美之上的美學原理，付諸於詩的藝術實踐，在他的著名的《神曲》中，如他自己所說：詩篇的主體是人而不是神。藝術只是基於模仿，而美是由於愛。在但丁眼裡，藝術與情感才是引導凡人向上帝之城邁進的嚮導，由於這種愛的主體被喚醒，猶如一次壯麗的日出，個人主義作爲一種人道主義，對基督教美學進行了巨大的反抗，正因爲如此，神學不能再扼殺詩的激情，中世紀美學，乃至整個基督教精神在但丁這裡經歷了一個從神學到詩的大轉變。

度過了中世紀漫長的黑暗，關於人的解放和人的知識開始萌芽。但丁以後，彼得拉克、薄伽丘、達文西、米開朗基羅和拉斐爾以及其他一系列巍峨屹立的文學藝術巨匠，無不以自己燦爛的才華，過人的經歷描繪著人、刻畫著人、歌頌的人。彷彿一夜之間，聲勢浩大的運動波及整個西歐。在英國，莎士比亞借著哈姆雷特之口發出了這樣的驚呼：「人是多麼了不起的一件作品」。藝術從此從神的藝術轉到了人的藝術。伴隨著科學文化的發展，認識論美學開始崛起。法國哲學家狄德羅就美的根源問題和美的本質問題進行了探討。他認爲美的根源在於關係，而美的本質是對關係的覺醒。這其實是把美的本質，歸結爲主觀相對的感覺，包含經驗主義美學的因素。這一時期，歐洲大陸對美學與藝術的探討，還主要是伴隨著認識論的發展而引起的，如同科學認識論沿著感性和理性兩條道路前行一樣，美學也是沿著感性和理性異殊同歸，最終走向了人的主體精神。德國最偉大的哲學家康德集英國經驗派美學和歐洲大陸理性派美學之大成，發展了人本主義的美學，第一次將美學站在了人類學的高度進行了研究。

在康德著名的認識論三大批判中，《純粹理性批判》爲科學知識的成立建立了理性法庭；《實踐理性批判》爲道德和信仰奠定了基礎，但是也留下一個巨大的問題：既然人的認識只涉及客觀事物的現象，而不能深入到人的本體，那麼，知識與道德，現象與本體，就產生了斷裂，形成了巨大的矛盾。爲了緩解這一矛盾，他在晚年寫出了《判斷力批判》，作爲兩者之間過渡的橋樑，其中第一部分審美批判力批判，便是他整個美學觀點的系統展示。

康德認爲判斷力本身屬於人的認識能力中一個必要環節，人在認識中必須用普遍概念範疇去規定個別的感性的材料，這中間的仲介就是判斷力，它的作用就是把雙方連接在一起，形成我們的知識。人除了「規定性的判斷力」之外，還有一種「反思性的判斷力」，而這種「反思性的判斷力」就是審美的判斷力。實際上這種審美的判斷力，是在人的科學知識認識和道德意志的之間建立了橋樑。把人對客觀事物的美的感覺與自由意志和道德信仰建立了聯繫。康德的美學批判，試圖把西方美學中客觀美學與主觀美學調和，並且基於西方的傳統，美學也成爲認識論的組成部分，同時也是與道德意志、價值、信仰相關聯的人類的基本能力。

從這裡也能看出中西方美學的巨大的差別，西方美學的歷程是從客觀到主觀逐漸發展的過程，而中國美學從根本上是主觀心靈的體驗。中國傳統美學認爲：審美活動就是要在物理世界之外建構一個意象世界，即所謂於天地之外，別構一種「靈奇」，這個意象世界，就是審美對象，也就是我們平常所說廣義的「美」。中國傳統美學給予「意象」最一般的規定是「情景交融」，但是這裡說的「情」與「景」，不能理解爲互相外在的兩個實體化的東西，而是「情」與「景」的欣合和暢、一氣流通。

從發揮人的主觀意志和主觀能動性上看，中國人在審美能力和美的感悟上，很早就走到了西方人的前面，在西方，是經過近千年的發展，到了近現代以來在康德哲學裡，才得到了統一，才得到了客觀美學和主觀美學的調和。但是，在藝術性上，特別在藝術的模仿性上，基於對客觀世界傳統的探索精神，西方人的藝術表現形式，呈現了多樣化的特徵，其雕塑藝術，建築藝術，顯然優於中國。

進入近現代以來，隨著哲學精神和科學精神的發展，西方的美學思想和藝術思想進入了高峰。德國著名的哲學家黑格爾，把藝術和宗教、哲學並列作爲通向「絕對精神」的三個具體形態，進一步闡明了藝術是對世界本體的一種展現，藝術不再是一種在客觀世界之外，對世界本體眞相進行模仿的技藝，而其本身是通過人對美的審美能力，去展示世界眞相的載體。其後哲學家費爾巴哈在其《基督教的本質》一書中提到：審美、欣賞和藝術都是人類「族類本質」的需要。他認爲，人必須要把自己的本質在一個對象上展現出來，同時又在這個對象上看到自己「公開的本質」，藝術和審美表現的是人的情感寄託。馬克思在此基礎上提出，只有在勞動中，人類的本質才能全面展開，人的「內在固有尺度」才能完備起來，人的精神感覺和實踐感覺才能被衡量和確認。美的對象就成爲「人的對象」，成爲對人類來說凝聚著自己本質的對象。馬克思美學觀與費爾巴哈美學觀最大區別在於把人的精神性、審美能力、情感能力都建立在實踐的基礎上。

從東西方美學的發展歷程我們看到，在客觀事物與人的情感能力之間，美學建起了一座橋樑，這個橋樑有效的融合了審美與藝術，使主觀與客觀得到了統一，而這種藝術的開展，必須是人類的實踐過程。和哲學、宗教的原理一樣，人對於世界本體的展示也是一個實踐的「還原」過程，是從感性到理性，從理性上升到崇高信仰的過程。

人對事物的美感，首先來自於感性直覺，是身體和心靈、主觀與客觀的默契與融合，其次就是理性昇華，從具體美中昇華到抽象美，從一般中抽象出特殊，把理性原則立在感性認識之上，最後就一定會對美建立一種崇高熱愛，這種愛，就是道德、價值、信仰領域的昇華，一個偉大的藝術家一定是對所從事的藝術有一種偉大的愛的能力，並願意爲之付出生命的信仰般的熱愛。在這裡，美與眞、美與善得到了同一，美就成爲信仰。

藝術家對美的展現，就如同哲學家對世界的解釋和虔誠教徒對上帝的愛一樣，必須是由實踐才能「還原」本體的。就如一個講授美學的教授不一定是一個藝術家，因爲學習藝術是一個漫長的實踐過程，基本不能通過遺傳來複製，最多只能是影響，而且必須通過個人的主觀努力和客觀經驗積累，通過一種天然的領悟能力才能達到藝術的高峰。頂級藝術家與普通藝術家的最大區別不在於技藝部分，而在於對藝術本體天然的一種領悟能力，也就是所謂的天賦或者天才，藝術家在特殊情境下有如「神助」，即是這樣的情形。但是即使是天賦或者天才，在藝術的領域，也必須經過漫長的實踐。

同樣，這種實踐還原，也是美的價值、道德、倫理、信仰的還原過程，並沒有一種絕對客觀的美存在。一個在劇痛中的病人並不會有心情欣賞一彎美麗的月亮、一個在雪地裡摔斷腿的人也不會體會到雪花的美麗，凡是美的東西，一定是人類內在的道德、價值、情感相聯繫。

那麼這種與眞善相聯繫的美最高的境界應該是什麼樣子呢？其實就是藝術的「張力」，一種天然賦予的掙扎的力量，表現出人的有限性和本體無限性的矛盾，表現出一種含蓄的、逆向於人類欲望的力量，表現出一種善良本質下人的不懈追求，是人的吶喊，是人對永恆的渴望，是人不變的本性，所以，好的藝術都是一種「克制」的藝術，表現出來的美感都是人類內心深處的願望和仰望。

如果一個人有一定審美能力和經驗，就會發現在任何藝術領域裡，眞正能撼動人心的藝術，都具有這樣的「張力」，似乎在撐開一種有限性的束縛，去追求無限的光明，那種堅定的信念、善良美好的願景、深沉的情感、不屈的意志就是最高的美，在這個意義上，好的美學就是「止學」，止學就是有「內在張力」的美學。

反過來講，止學也應該具有美學的特徵，眞正的「止學」，一定內涵著美、內涵著善、內涵著眞，內涵著道德光明與自覺，被動的，暴力的「止學」，如監獄、綁架、脅迫就不會產生美。

實踐中的美學，也是實踐中的「止學」，也是實踐中的生命哲學，只有用生命去體驗，才能把握。

第六節　作爲生命哲學的止學

止學，是儒家的實踐思想，也是符合人類其他信仰體系的實踐原則。

止者，約束和控制也，止學就是人類用此實踐原則展現生命的過程，用此實踐原則完成生命全過程之哲學與信仰，就是止學。

人類走過的歷史，就是一部「人文化成」的歷史，人是這個化成天下的主體，人類進入高級文明，以其精神獨立肇始，而其獨立性之特徵，不是順向人肉體欲望，而是逆向人肉體欲望之「止」，懂得約束和控制欲望，人的精神性即開始展現，這就是儒家「文明以止」的由來。

儒家所開闢的一切道德倫理和價值原則，如仁義禮智信、溫良恭儉讓等，都不是順成人的肉體物欲方向，而是逆向於人的肉體物欲方向，以此開發人類之精神光芒，非外力所爲，非上帝賜予，乃人類自我之內在力量，此所謂「吾性自足」，亦可以爲人類全部之光明。

人類一切文化方向之分歧，在於解釋世界本體的形而上學，在此領域一切本體論述，皆爲一家之言，上帝、道、心、阿賴耶識等一切本體位格，都因爲各有擁躉，而分裂爲不同文化、不同宗教，並造成人類之相互煩擾和排除異己，究其根本，都爲不可知論，其總精神是眞善美之最高體現，亦是人類精神向善本質所特有，但因爲宗教團體之利益，衍化成爲人類實際之對立，誠爲人類自身認識局限，爲利益蒙蔽所故。

即以各自民族本體論述而言，確立本體位格，無非是人類對不可知世界的解釋，爲安心立命、確立信仰而已，探究各信仰體系，本體位格一旦確認，其在教化人類生命實踐中，都有一種路徑體認，人類的一生就是無限接近本體，返回到「本體位格」的一生。

上帝超然在上，人類領會上帝的絕對眞善美，最高實踐理想即是回到「天國」，與上帝同在，爲達到目標，必須遵守上帝與人類的約定，遵守戒律，懺悔「原罪」，懷向善之心，行向善之事。

道之所在，玄之又玄，眾妙之門，人欲得道，需要遵循「道」之運行規律，此規律即「反（返）者道之動」，且「周行不殆」，必須保持「知止」才能「不殆」。

阿賴耶識爲世界眞相本體，實相般若，人類一切修行，都是爲了進入「涅槃」，觀照此實相般若，欲完成此理想，必須通過修行「六度」、「止觀」才能回到彼岸。

儒家之「心」本體或「理」本體，亦或「心即理」，達到此本體境界，人類都要有「復性」、「成德」之實踐，通過人類「愼獨、克己、知止」等實踐工夫，達到本體境界。

就此全部觀察，人類在實踐哲學上，無論那種信仰，都是一致精神，那就是控制和約束人類的物質肉體欲望，並且無論哪種信仰，人一生的生命實踐，都是在各自「本體」信仰之下，用全部生命實踐，回到「本體」之過程，這個人類「修止、克己」的實踐過程，是人類用此約束和控制欲望原則還原本性，用生命之全部過程展現出的哲學和信仰，即是「止學」所覆蓋之內容。

儒家揭示的這一實踐原則，無疑是人類一切信仰的共同實踐路徑。

就認識論而言，人類一切探求知識本身，其實就是發現世界本體眞相的過程。人類的語言、文字、藝術、科學、哲學等一切形式的知識，無非是實現瞭解和解釋世界的目的，而由這些「材料」組成的「知識」，並不是世界實相本身，是理解世界的工具，人類通過前人所積累的知識來完善對世界的認識，不過是日復一日的重複勞動，在此基礎上的覺悟，最多是「明德」的境界，是理論的知道，是一個「理入」的過程。眞正變成自我的覺悟，自覺的實現你所知道的眞理，必須要有一個行動的過程，這個過程，是一個「成德」的過程，是「行入」的境界，通過人類的生命實踐完成你所知道的眞理，完成你所知道的信仰，用行動來驗證信仰，用生命來實踐信仰，這個生命寫就的哲學就是「止學」。

「止」學內涵兩大基本原則，一是逆向於人的肉體欲望，實現精神的自我提拔；二是以至善良知爲其本，不違背人類普世價值。這是人類進入文明以來的共同實踐規則，也是人類共同創造的實踐歷史。

儒家從「人文化成」起始，就高舉人文大旗，走出神本，爲人類實現了精神斷奶，創造了自信光明。人的自然、自強、自化就成爲人立足於世界的「定海神針」，人在任何時候，走出自己的困境，都是自我力量的彰顯，依靠神的力量走出困境，其實是人類天然軟弱的結果，人對自己有限性懷疑而自卑，把力量借助到外力之上，把心靈皈依到超越之上，只是人從消極方面的延伸。而其實人是兩面性的，從肉體性而言，必須承認自己的有限，謙卑而遵從自然規律的生活是符合大道的生活，另一方面，就精神性而言，可以無限拔高，與道合一，與天合德，這也是可以做到的精神歸宿。

儒家從「文明以止」開始，明確了「人文」的要旨，從「知止而後有定，定而後能靜，靜而後能安，安而後能慮、慮而後能得」中明確了「止」與「得」得關係；從「格物、致知、誠意、正心、修身、齊家、治國、平天下」中明確了「止」的實踐路徑；從「愼獨、克己、存理去欲」中明確了「止」的方法；從「復性、至誠、中庸」中明確「止」的方向；從「仁義禮智信、溫良恭儉讓」中明確了「止」的價値標準。儒家之所以顯得沒有宗教特徵、沒有哲學特徵，就是因爲儒家從頭到尾就是實踐的宗教，就是貫徹「止學」的哲學。

儒家從孔子開創以來，到王陽明及至今日，爲「心學」理論完成階段，「止學」雖然從始至終貫穿儒家實踐，但是若隱若現，爲其埋伏之「暗線」，並不突出，且沒有理論總結。而未來儒學之發展，必然由「心學」到「止學」，這是人類發展的必然。

孔子依「仁」立意，言「仁者，人也」，是爲人的本質做了規定，人的本質就是「向善的精神性」，孟子在此基礎上闡發「心」意，樹立儒家心性學方向，乃至陸九淵、王陽明一路，逐步完善了儒家在本體論上面的論述——「心」的絕對精神性特徵，以此對應西方「上帝」說，其在德國古典哲學家黑格爾那裡也完成了終結，西方宗教之「上帝」在理性宗教的最後形式就是「絕對精神」，此與儒家千年之前論述內涵趨同。

而儒家從易經起始，依據宇宙生生不息之創生性，另有一條主線，發展到朱熹那裡，集大成爲「理」學，天理之客觀及絕對存在，涵括了宇宙的物質性與精神性，也是儒家文化另一種本體論的論述。

王陽明完成的「心即理」，是從認識論上對兩種本體論的統一，天下無「心外之理」，也無「理外之心」，乃言每個人心中存在的「天理」，都是由其「心」的高度和認識決定的，「心」有多寬廣，「理」就有多寬廣，存在於「心」外之理，對於具體人而言，沒有價值的意義。

上述階段儒家完成了形而上學天空的論述，而其在實踐領域卻一直遵守著「止學」的原則，對人類施行道德教化，然「止學」之幕後地位，造成儒家在實踐領域與現代文明發展產生了距離，儒家有漸成爲紙堆裡學問之勢。

從信仰的角度而言，一切信仰對於人類的教化，都是從內在道德處入手，解決人的精神性問題，而對當時現實的社會制度來說，是一種精神層面的影響，並不能直接取代社會制度。人類都走過「政教合一」時代，如歐洲的中世紀以來千年歷史，如中國漢武帝到清朝末年，即使在「政教合一」時代，宗教信仰裡的戒律與政治法律也是有所不同，一者爲人類道德守則，一者爲保障政治社會運行之法條，只是道德律條籠罩社會法律而已，絕不是取代，「政教合一」時代的信仰體系和社會法律體系是精神統一的。西方社會在進入現代文明以來，宗教與現實政治實現了分離，宗教立足於人類精神領域，政治立足於人類生活領域，各得其所。儒家在進入現代文明後，卻顯得進退失據，在人的精神領域，由於長期有計畫的被現實政治打壓和背鍋，儒家之創新鮮活精神蕩然無存，而社會現實之一切不如人意地方又給儒家背鍋，成爲儒家之不幸。

因此，在現代文明時代，儒家並不要試圖恢復以前的政教合一，也不要試圖發展新的社會治理模式來改變社會，而是應該承擔起文化哲學在人類心靈和精神上的作用，承擔起人類內在修養、內在修行的作用，藉此來改變浮躁墮落的社會風氣。

具體而言，儒家在實踐領域的「止學」原則，應該大放其道，對人類一切實踐行爲進行抽象的原則規定，而不應該對具體的社會規則拿出指導方案，法律、條文、措施都是在社會治理領域的事情，儒家要尊重社會發展制度選擇，尊重人類發展階段，但是一定保持道德立法和監督者的作用，不僅要從道理上講明白，也要從實踐上起到無形化有形的作用。

原則怎麼化爲行動？怎麼指導實踐，其中的「度」是根據每一件事情的對應情況而不同，絕不能萬事一理，應該一事一理，萬事萬理，萬理不變其宗，其宗即爲「止」，知止才能不殆。

對於人的身體而言，五色五味令人沉迷，爲人帶來健康隱患，把握「止」的原則，處處控制與約束，通過「止功」的修煉，可以把身體積極起來，達到與精神的共同愉悅。至於如何落實到每一人、每一天，都要因人因事而定。

對於家庭而言，「止學」是婚姻制度之上的抽象實踐原則，是保持家庭和睦的道德法則，是需要家庭成員共同秉承的家風、家規。

對於國家與社會治理而言，「止學」是一切現行制度背後的原則，人類不能違背自然規律和社會規律去過度開發資源，過度消費百姓，應該遵循「止」的原則，並且把這個原則深入到所有治理領域，指導各領域具體管理。

對於未來人類在政治、經濟、軍事、生態、科技、教育、醫療、藝術等諸多領域的發展，我們可以確定的是，一切以解釋世界的形而上學哲學、宗教都將不斷被終結，都會隨著宇宙與人類發展，得到新的和諧和統一，又產生新的矛盾，形成新的問題。而實踐於人類內在規則的「止學」是決定人類未來走「人將不人」的道路或者走「人將永恆」道路的關鍵，堅持「止學」，人類將會保持其本質規定性，邁向宇宙三維以上空間，失去「止學」，人類的規定性特徵將蕩然不存，人就會以「不是人的形式或人的內容」而存在。

凡是願意以身相許，甘願一生去犧牲自我，實踐「止學」的人，都是能進入精神層面和信仰層面的人，是道德高尚的人，是擺脫了低級趣味的人，是值得尊敬的人，是眞正的人。

從「心學」到「止學」，儒家將擺脫形而上學的困擾，積極參與社會實踐，眞正發揮實踐哲學的魅力，堂而皇之走上人類實踐舞臺，用生命去體驗愛，用生命去驗證善、用生命去展現眞、用生命去享受美、用生命書寫哲學、用生命感悟信仰，用有限的生命完成無限的使命，用螢光之亮去點燃宇宙，這是眞正的宇宙之光，那是人類的未來。

後記
方寸之間

2019年深秋的一天，我在成德書院完成了本書的初稿，書院的二樓是一個四方形大廳，命為「方寸廳」，中間有天地柱，人只能按回字形走動，我習慣性繞著天地柱來回走動，想起兩年之間，我幾乎每天都若干次在這裡徘徊，思想無限悠遠，而生命半徑只在方寸之間，一時潸然淚下。

人生而嚮往自由，自由也非常簡單，把自己放逐在這片悄無聲息的小屋，居然是一生中最快樂的時光。

方寸之間，這是身體的牢房，卻是心靈的歸宿。

學會了「止」，心與宇宙有了相通，幸福就藏在「方寸」之間。

曾經是快樂少年，有過激情奮鬥的歷程，最大的理想就是報效家國，很多年以後才知道，「家國」其實是一個很抽象的文化概念，我們經常效忠的是「政府」，是一個人類的利益組織。

曾經是陽光少年，用感性去接觸社會，用真心去溝通人心，很多年以後，才感覺到，這個社會就和陰陽兩極一樣，有多少陽光，一樣有多少黑暗，黑暗也許戰勝不了光明，但是黑暗是我們必須面對世界的一部分，與黑暗為伍，需要的是智慧，有時也需要妥協，難免也會一聲歎息。

曾經是努力的少年，相信天生我才必有用，相信努力必有回報。很多年以後才知道，努力不一定有回報，也有失敗，有才不一定有用，也許是危險的前兆，生活需要的很多結果與努力無關，與有才更遠。

曾經是相信的少年，相信一切美好的東西都與希望相連，相信這個社會的善良與美德是戰勝一切邪惡的力量，很多年以後才知道，社會的整體發展有時呈現的倒退性和惡性，作為個人是很無力地，過分激烈的行為和思想有時候會導致危險。「有道則現，無道則隱」一直以來都是知識份子的宿命。

曾經是迷惘的少年，面對紅塵欲望，一樣分不清高尚和庸俗的界限，分不清善良和功利的界限，弄不懂奮鬥的目標和內心快樂的關係，在自以為是的進步中，喪失了很多應該享受到的幸福，在自以為是前行的過程中，與快樂漸行漸遠。

如今，那些往日時光歷歷在目，混成一杯濃濃的咖啡，人生就是這樣的婉轉和瑰麗，只有年輪才讓我們有一點反思，似乎命運從來就不在我們手裡掌握，但是我們依然願意按自己的理解前行。

見慣了高樓起，高樓落、見慣了財富和權力的崛起和衰落、見慣了人生大起大落，就會明白，雖然沒有一種庸俗應對的因果報應關係，但似乎有一種內在規律若隱若現，過度就會不及，繁華過後就是蕭條。

人類社會似乎就是這樣，那些宏大敘事並不能掩蓋實際生活真相，每一個人都想痛痛快快的活著，過一種暢意人生，但是起著決定作用的是一種內在的約束力量，這種力量既像是天意，又像是人類的自覺。

於是那些聖賢的提示就會源源不斷的湧現出來，原來人類社會自古以來都是一樣，聖賢都不是說教知識，而是揭示生命的真諦——人無「止」而不立。

有多少統治者生前尊榮無比，死後禍及子孫，「恨生帝王家」，是帝王後代多麼傷感的哀歎。

有多少富可敵國之人，一夜之間大廈傾倒，災禍起於細節，源於囂張，死於奢侈。

有多少愛欲之人，就有多少欲望中的流浪靈魂。

有多少愛名之人，就有多少名望中的過眼雲煙。

金庸先生在《天龍八部》裡提到一個星宿派掌門人丁春秋，武功也算的上頂級高手，很願意讓手下人阿諛奉承，竭盡拍馬屁之功，須知天下最不缺獻媚之徒，結果下場很慘，他一旦慘敗後，手下人立刻變臉無情，又有了新的獻媚主人。原來這個世界是你愛什麼，就會有軟肋，就會迷失在欲望之中，可惜有些人並不能自明，志大才疏者最喜歡小人吹捧。

歷史一定不是我們已經知道的歷史，掩藏在迷霧中有多少「隱形高手」，他們才是智慧歷史的主人。

智者，止者也，學會約束和控制欲望，是世界真正的智者，是主宰內心的強者，是推動社會發展的中流砥柱。

身體走的越遠的人，靈魂越荒涼，強者如亞歷山大和成吉思汗，走遍了半個世界，卻慘死在了異國他鄉一張很窄的軍床之上，都不是正常死亡。

而身體活動範圍狹窄的人，靈魂卻可能走的遙遠，如孔子和司馬遷，在方寸之間，思想的光芒照亮了民族的天空。

究竟做一個社會實踐者或者一個思想者，是人的選擇，或者是歷史的選擇，但是無論走什麼樣的人生道路，懂得了「止」的原則，靈魂就更加滋潤一些，身體和靈魂的合一是保證生命和諧的根本。

年少時，喜歡孟子慷慨激揚「捨身取義」之說，進而崇拜岳飛、文天祥等英雄人物，老來讀書，情感依然不改，但內心柔軟而脆弱，如此真性情之人，對於大勢與生命的判斷是否貼切？他們可否讀過莊子的《人間世》？可否還有其他之選擇？歷史會因為他們的犧牲變得更好嗎？生命應該如何與宇宙相通潤？

兩年多時間，無數個日日夜夜，在白天、在夜晚，在月色中，在燈光下，能聽到生命的聲音，思想如水，來來往往，往事如風，如琢如磨。

在思考中，大腦時而清晰、時而混沌，寫作就是與心靈對話，呢呢喃喃，與生命惜惜相依，理論是蒼白的，生活是艱難的，自古「言易而行難」，人類的發展，是由思想家點亮火種，由實踐者負重而行，社會在運動中實現著動態的平衡。給予社會理解、給予人類命運的同情，就是本書宗旨，本書不期待做什麼理論指導，有人有所啓發而為其中一個原則信念努力，則足矣。

每個人的生命都有缺憾，缺憾的人生也是值得咀嚼的人生，修行就是對不完善處的完善。作為生命體，我們註定要與有情世界分離，只是時間點的不同，大格局之人天高海闊，小心眼之人脆弱敏感。有的人雖然天天見，但是漸行漸遠，有的人從來不見，但心愈加緊密。據說人與人的交流，語言和表情只占一小部分，大多數是暗物質的交流，有些人我們註定無法合得來，有些人註定是我們的同類，最艱難的回憶是因為我們自己的錯誤，傷了好人的心，有些人，一旦傷了，就咫尺天涯。信仰中的人都知道真正的懺悔是什麼，沒有懺悔怎麼可能有真正的信仰？沒有懺悔怎麼可能有真正的人生？為此書付出的努力在我看來也是對自己過去缺憾生活一種反省，希望能使那些在人生道路上受到傷害的人給予諒解。

剩下的都是感恩，生命自有神奇，總是關上一扇門同時，為你開一扇窗，生命中的貴人應該是那些給予精神引路的人或者伴你同行的人。

我的博士導師張廷國就是這樣的人，他是帶我走上哲學道路的師者，師傅出身農村，性格耿直憨厚，開朗大氣，從不計較物質得失，他的品格無時不刻影響著眾弟子，他對於我們這些半路出家的學生經常給予同情，相對要求寬厚，但是讀博期間，因為我的師爺、我師傅的師傅，當代哲學巨匠鄧曉芒老師調動到了華中科技大學，師傅鄭重其事把我叫到辦公室，要求一定要多讀書，不要壞了師爺的名聲，弄得我好一陣緊張。師傅學術性格與生活性格正好相反，生活中大大咧咧，學術上精益求精，因為他是受過嚴格西方哲學訓練的老師，對於我們幾個主要研究中國哲學的學生，經常用「非歧視」語言調侃，戲說中國哲學的不足之處，每當這時，我們從來不爭論，常常默契的相對大笑一通，頗不像哲學界習慣。在我看來，師傅的作用不是傳授知識，而是傳授人格，知識是傳不來的，然人格力量是可以感染的，跟從師傅學習過程中，我走出了一段最黑暗的心靈掙扎，乃至以後的生活中，無時不刻踐行著獨立思考的習慣，希望這本書不給師傅丟臉，如能得到師傅肯定，幸莫大焉。

我的愛人桐桐是上天賜給我的禮物，在我最暗淡的人生時刻，她來到我身邊，我們相濡以沫，共同牽手走過艱難歲月，最好的愛就是相伴，就是理解，她已經是我生命中最重要的部分，我願意與她牽手白頭，此生永愛。

由由是上帝賜予我的寶貝，和她優秀的姐姐妞妞一樣，兩個女兒是我生命的延續，我對她們的愛是無條件的，與生命相聯繫，我給她們的唯一遺產就是精神，願她們在成長中，能體會到爸爸的愛和思考，將永遠祝福和伴隨著她們。

祖先賜給我血液中流淌著家族的精神，我的父母及家人們善良、淳樸、好學。良好的家風給了我滋養，我的每一個努力都是為了家人們安心，願所有家人都能健康快樂，平安幸福。

在學術探求過程中，我有幸認識了一批當代偉大的哲學學者，他們給予我很多支持和鼓勵，孔子研究院楊朝明老師、北京大學李超傑老師、山東大學何中華老師、北京師範大學張曙光老師、臺灣雲林科技大學吳進安老師等名師給予我很多指導和關照，在學校學習期間，華中科技大學鄧曉芒老師、歐陽康老師、董尚文老師、李耀男老師以及武漢大學郭齊勇老師、趙林老師、浙江大學董平老師、復旦大學張汝綸老師、中央黨校於曉非老師、臺灣大學杜保瑞老師等名師的課程和學術精神給我很大影響，使我哲學生涯充滿了快樂的收穫。

書稿完成之後，當代著名儒學學者、孔子研究院楊朝明院長百忙之中給予學術指導和建議，並且為本書寫了序言，作為受到最高領導人接見過的儒學大家、學界前輩，楊老師肯屈尊提攜，展現了老師對儒學發展的殷切關注之心和對後學晚輩的抬愛之意，我銘感在心。

當代著名學者、北京大學哲學系李超傑老師堪稱學界「隱士」，他的學問、人品深為學生景仰，是我多年良師益友，曾經給我很多無私的幫助，不辭辛苦閱讀本書並提出了很多建設性意見，亦欣然為本書做了序言，讓我受益匪淺，深受鼓舞。

臺灣雲林科技大學吳進安教授是我又一位亦師亦友的生命貴人，我們多次就中華文化做過深入探討，成為兩岸學者共同期待文化復興的真實寫照，吳教授為我的書籍能在臺灣出版付出了極大努力，慨然為本書做了後跋，實乃名士風範，真人風采也。

一生中，能有這麼多良師益友關照，夫復何求？

陽明先生曾有言：吾性自足，你的定海神針就是良知，就是靈明主宰，生命走向何方，是我們自己的選擇，此刻我願用一首題贊王陽明先生「吾性自足」的七律詩來結束思想的旅程，與同道共勉。

身在紅塵魂繫夢，由來吾性最賢良。
千帆擊浪誰持穩，一葉知秋我足強。
何畏烏雲遮碧野，長癡白羽渡蒼茫。
江流浩蕩仙人扇，不信人間總是霜。

羅軍
2020年2月12日於成德書院

後跋

鵬翔無疆

初識羅軍院長是在2009年仲夏，華中科技大學哲學系張廷國主任於內蒙古呼和浩特開辦管理哲學博士點，我應張主任及羅軍院長之邀側身講座之林，與學員們共同研習中國哲學的管理智慧，並分享人生體驗，課餘之暇馳騁於草原與沙漠之間，領略大漠豪傑當年英雄事蹟；當時羅軍院長仍服務於公部門，而其英姿煥發，主動積極，講課生動盎然活潑，至今仍然令我印象深刻，就在杯觥交錯之間，暢談古今天下事，對其慧眼獨具用功不懈，反思中國文化與文明之發展，已有「作《易》者，其有憂患乎！」之觸動，不因其在公門，而失知識份子「家事國事天下事，事事關心」之豪情，亦因其毅力卓絕，克服諸多困難，而能在內蒙古春風化雨，弦歌不輟。

光陰似駒過隙多年之後，去歲（2019年）再訪羅軍院長已是在陰山腳下的成德書院，多次秉燭夜談，敬佩其不忘初衷，春風化雨，作育英才，慷慨允贈《中國人的文化仰望》一書，其多年來為學求知、反思文化之赤忱，實令我敬佩不已。而今有幸拜讀其耕讀之作—《止學—揭示信仰的奧秘》，更加感佩其對人類文明的反思，並且對中國文化與人類文明之未來作出蠡測與提出前瞻性的思考，在此領域中這樣的思維，以「止學」之說闡述信仰的奧秘，必有其發人深省、暮鼓晨鐘、意義深遠之效。

英國哲學家羅素（Bertrand Russell）曾說：「人類自古以來有三個敵人，一個是自然，一個是他人，另一個則是自我。」這句話說明了在生活中，我們不僅面對來自外在自然環境的挑戰，也必須克服人際間的問題，以維持和諧的社群生活；同時還要設法克服自己在感情上、心理上種種挫折和不安，並且要滿足人對於超自然現象的好奇和探索。因此，舉凡食、衣、住、行、家族組織、社會結構、倫理道德、文學藝術、宗教信仰等，無一不是人類為了解決生存問題、提升生活品質、探索生命意義，在面對各種環境時的創造發明，人之意義與價值亦是經由此道而得彰顯。

在中國「文化」一詞古已有之，文化之名的出現可溯源至東周時期。古籍《周易》言：「觀乎人文，以化成天下」。就含有文化的意思；孔子曾極力推崇周朝的典章制度，他說：「周監於二代，鬱鬱乎文哉。」（《論語．八佾》），這裡「文」已經有文化的意思。就詞源而言，漢語「文化」一詞最早出現於劉向《說苑．指武篇》：「聖人之治天下也，先文德而後武力。凡武之興，為不服也；文化不改，然後加誅」（《文選》），其後，南齊王融在《三月三日曲水詩序》中寫道：「設神理以景俗，敷文化以柔道」（《文選》）。從這些最古老的用法來看，中國最早「文化」的概念是文治和教化的意思。在古漢語中，文化就是以倫理道德教導世人，使人發乎情止於禮。由此可知中國古代所謂「文化」實際上即是指文治教化，乃與武功相對而言，和目前我們所講的「文化」概念或許有些不同。

現今較為人們所普遍接受的文化定義是1871年英國人類學者泰勒（Edward Burnett Tylor）在《原始文化》（Primitive Culture）一書中所稱的內容：「所謂文化和文明，若從最廣泛的民族志之意義來考慮，它包括了知識、信仰、藝術、道德、法律、習慣以及作為社會成員的人所掌握的其他能力之總體性的複合。」這個定義非常廣泛的描述文化的概念和範圍，所以常成為人們在論述文化的概念時所採用。而目前對於「文化」一詞，較有共識的意義是：文化指特定民族的生活方式（A culture is the way of life of a group of people.）（Victor Barnouw, 1982）。此種定義不管在東方或西方的社會基本都能夠達成一定的共識。如果我們將文化定義為特定族群的整體生活方式，那麼它就可以包括物質的內涵、觀念形態、行為方式、提供道德和理智的規範的一整套模式。簡言之，即是外在的行為模式，以及內在的價值系統二部份所構成。

其次，在西洋文化中談到「信仰」的概念，無可避免地皆會回到基督教的話語世界，但是釐清信仰的本質，找到「正信」的依據，本是解釋各種「宗教」的敲門磚。德國學者布魯格（Brugger）原著《西洋哲學辭典》（項退結教授編譯）一書中對於信仰（Faith）和相信（Believe）兩詞長久以來已被用來傳譯聖經中的Fides和Credere；因此帶有宗教的內涵、尤其是基督宗教的色彩。在布魯格的定義中，信仰共有七種定義，其中在第六種定義中，他提出信仰的「非宗教性意義」是「肯定某事的真實和實際的確切性」或可做為參考。中國文化中的各個宗派，他們透過經典語錄和聖賢教訓，提供一個對某事、某物的真實與肯定，無論是透過內在體證（儒家與道家）、或是外在的修為（道教與佛教），抑或是一種超驗的直覺（禪宗），為人類指示一種成善求全的人生道路。羅軍院長在其巨著中的上部—「信仰世界的理論定義概述」上著墨甚深，可以為人類文化中的信仰體系提供一種參照和對比，透過他的生花妙筆，雋永之言，鞭辟而入裡。

在下部的「作為實踐信仰的止學」脈絡鋪陳，他依循著殫精竭慮而得的「信仰公式」而作論述，建構了「止學」的理論體系，這個建構的脈絡與架構仍然是中國式的，突出「人文，就是文明以止」的核心觀念，爬梳了儒家、道家、佛學諸觀念，以證成「止學」的形上依據和形下實踐兩重世界，這樣的思想精粹，在羅軍兄的窮理鑽研之下，為我們找到隋朝王通（文中子）所著的《止學》寶典，並以此書為參照展開他的《新止學》身法與心法。在這一部浩瀚廣闊的論述體系，最後歸結為「作為生命哲學的止學」，即是羅兄嘔心瀝血的巨著，藏之名山，將為學界提供另一頗具本根性、詮釋性、價值性與創新性的思考。

餘觀此書，有此體認，「止」之奧妙，存乎一心。可謂「大智知止，小智惟謀。過猶不及，知止不敗。」「知止不殆」更是人生最高智慧；「敬人敬心，德之厚也」，看出人的雍容大度；「人困乃正，命順乃奇。以正化奇，止為樞也。」化逆境為順境，有所不為是關鍵，的確發人深省。走筆至此，突然而有《莊子．逍遙遊》之「鵬翔無疆」之自由與奔放，羅軍兄之大作確是以哲學深邃窮理盡性之心，展開其哲學與宗教信仰的對話和境界，即如巨大的鵬翼，引導著讀者領略其逍遙無待的自由，以及高深幽遠的哲思奇境，在愛智之學的天地裡騰空而起，扶搖直上，無疆飛翔，劃開一個博大浩渺的哲思時空，引發無盡的喝采、追慕與再探究竟的欲望。餘有幸能先睹為快，樂於與讀者共用哲思悅樂之泉。更感謝臺灣五南圖書股份有限公司楊董事長榮川之慧眼獨具與成全，慨然允諾付梓，將是讀者之福，特以為謝。

國立雲林科技大學

漢學應用研究所

吳進安教授謹志

2020年6月20日

國家圖書館出版品預行編目資料

止學／羅軍著. 一一初版. 一一臺北市：五南圖書出版股份有限公司, 2021.02
面； 公分
ISBN 978-986-522-180-5（平裝）

1.中國哲學史 2.文集

120.9 109011606

1XJX 五南當代學術專刊

止學
揭示信仰的奧祕

作　　者— 羅軍
發 行 人— 楊榮川
總 經 理— 楊士清
總 編 輯— 楊秀麗
副總編輯— 黃惠娟
責任編輯— 范郡庭
封面設計— 姚孝慈
出 版 者— 五南圖書出版股份有限公司
地　　址：106台北市大安區和平東路二段339號4樓
電　　話：(02)2705-5066　　傳　　真：(02)2706-6100
網　　址：https://www.wunan.com.tw
電子郵件：wunan@wunan.com.tw
劃撥帳號：19628053
戶　　名：五南圖書出版股份有限公司
法律顧問　林勝安律師事務所 林勝安律師
出版日期　2021年2月初版一刷
定　　價　新臺幣430元